AF347078

TABLE

DES
EDITS, DECLARATIONS,
ARRESTS ET REGLEMENS,
CONCERNANT
LES FERMES ROYALES-UNIES,

Rendus pendant la quatriéme année du Bail de

PIERRE CARLIER.

Commencée le premier Octobre mil sept cens vingt-neuf, & finie le dernier Septembre 1730.

A PARIS,

Chez la Veuve SAUGRAIN & PIERRE PRAULT, Imprimeur des Fermes & Droits du Roy, Quay de Gesvres, au Paradis.

M. DCC. XXXIII.

TABLE
DES EDITS, DECLARATIONS;
ARRESTS ET REGLEMENS,

Rendus pendant la quatriéme année du Bail
de Mc Pierre Carlier.

*Commencée le premier Octobre 1729. & finie le dernier
Septembre 1730.*

Concernant les Cinq Grosses Fermes, Domaines
d'Occident, Tabac, Commerce & Manufactures.

Du 4. Octobre 1729.

ARREST du Conseil, par lequel Sa Majesté
évoque à icelui l'appel interjetté par les nommés
François Brin, & Mathurin Rotureau, Habitans
des Marches communes, du Poitou, d'une Sentence renduë en la Jurisdiction des Traittes de Montaigu,
le 18. Juin 1729. par laquelle lesdits Brin & Rotureau ont
été condamnés chacun en trois cent livres d'amende, & en la
confiscation des Bleds sur eux saisis, & qu'ils faisoient passer
en Bretagne en fraude des Droits de sortie des Cinq Grosses
Fermes: Et fait défenses aux Parties de proceder ailleurs qu'au

TRAITTES. A

Conseil, à peine de nullité, caffation de Procedures & de tous Dépens, Dommages & Interefts.

Du 11. Octobre 1729.

    Arreft du Confeil, qui déboute Loüis Bourgeois, Adjudicataire des Fermes Generales, de fa demande en caffation de l'Arreft du Parlement de Bretagne, du 13. Juillet 1726. par lequel il a été fait main-levée au nommé Mathurin Terrien, Négociant à Nantes, d'une Saifie faite fur lui de deux Coffres remplis de Mouchoirs, provenans de la Compagnie des Indes, & de quelques Chapeaux chargés dans le Vaiffeau, la Dianne fans déclaration, &c.

Du 11. Octobre 1729.

    * Arreft du Confeil, qui ordonne que les Articles III. de la Declaration du 6. Decembre 1707. & XXX. de celle du premier Aouft 1721. feront executés felon leur forme & teneur; ce faifant, que les Commis du Tabac, ceux des Gabelles, Aydes, Traittes, enfemble tous autres Employés ayant ferment en Juftice, pourront en quelque lieu qu'ils fe trouveront, même hors du Reffort de la Cour fuperieure ou Jurifdiction fubalterne, où ils auront prêté ferment, arrêter tous Vendeurs ou Porteurs de faux Tabacs, faifir lefdits Tabacs, & en dreffer des Procès verbaux; lefquels étant bien & duëment affirmés, feront crû & feront foy en Juftice jufqu'à infcription de faux, dont la connoiffance néanmoins appartiendra à l'Election & aux Juges des Fermes, dans le Reffort defquels la Saifie aura été faite; en conféquence caffe & annulle les Sentences renduës en l'Election de Pont-Levêque, les 7. Mars & 28. Avril 1729. au profit des nommés Charles Bougon & fa Femme, la Veuve Paulmier, Gilles & fa Femme, la Veuve Lictou, Olive Ifabelle & fa Femme, & Charles Boutard; confifque les Tabacs de fraude fur eux faifis, & les condamne chacun en mille livres d'amende, & aux dépens, conformément aux Articles I. de la Declaration du 6. Decembre 1707. & II. de celle

du premier Aouſt 1721. Défend aux Elûs de Pont-Levêque & à tous autres Juges d'annuller les Procès verbaux des Commis des Fermes, & de la Regie du Tabac, ſous pretexte que leurs noms n'auroient point été inſcrits dans des Tableaux dépoſés aux Greffes des Elections, Greniers à Sel, Juriſdictions des Traittes & autres Sieges, à peine de nullité des Sentences, de mille livres d'amende, & de tous Dépens, Dommages & Intereſts contres leſdits Juges.

Du 18. Octobre 1729.

* Arreſt du Conſeil, qui réduit & modere pendant trois années, à commencer du 18. Octobre 1729. les Droits ſur Cacao, provenant de l'Iſle de Carak, à quatre ſols la livre peſant, qui feront payés à toutes les Entrées du Royaume, quand même ledit Cacao ſeroit apporté ſur des Vaiſſeaux de retour des Iſles & Colonies Françoiſes, à l'exception de celui que les Négocians déclareront à l'arrivée vouloir faire paſſer à l'Etranger; lequel ſera reçû par forme d'entrepôt, ainſi & aux mêmes conditions qu'il eſt porté en l'Arreſt du 12. May 1693. & fait défenſes à tous Négocians, Capitaines, Maiſtres de Navires & autres, de déclarer ledit Cacao de Carak être du crû des Iſles Françoiſes, à peine de confiſcation.

Du 18. Octobre 1729.

Arreſt du Conſeil, qui ordonne avant faire droit ſur la Requeſte de Pierre Carlier, Adjudicataire des Fermes Generales Unies de Sa Majeſté, que ſon Procureur general au Parlement de Bretagne envoyera inceſſament au Sieur Controlleur General des Finances, les motifs de l'Arreſt de ladite Cour, du 20. Aouſt 1729. confirmatif d'une Sentence du Juge des Traittes de Saint Brieux, du 12. Aouſt 1727. par laquelle il a été ent'rautres choſes fait main-levée de 6. Ballots de Moruë ſeche, trois Caiſſes de Savon, un Baril de Raiſin ſec, un Baril de Figues, un Baril de Gaudron, de neuf Bûches de Bois de Campêche, excedant la Declaration faite au Bureau de Saint Malo, par Jacques Cahurel, Maiſtre

de Barque, & reclamées par le nommé de Renne & sa
Femme; pour lesdits motifs vûs & examinés, être par Sa Majesté ordonné ce qu'il appartiendra, toutes choses jusqu'à ce,
demeurant en état.

Du 25. Octobre 1729.

* Arrest du Conseil, par lequel Sa Majesté sans avoir
égard à un Arrest de la Cour des Aydes de Bordeaux, du
7. Septembre 1729. ordonne la confiscation de cinq milliers
cent trente-trois livres de Tabac d'Espagne, & autres Effets
saisis le 24. Fevrier 1728. dans un Magasin appartenant
au nommé Raby, & le condamne, ensemble le prétendu
Locataire du Magasin, où lesdits Tabacs étoient entreposés
dans ladite Ville de Bordeaux, en l'amende de mille livres.

Du 8. Novembre 1729.

* Arrest du Conseil, qui ordonne que la basse Ville de
Dunquerque sera ajoutée aux Villes, par lesquelles l'Entrée
de l'Estain a été permise dans le Royaume par l'Ordonnance de
1681. & par l'Arrest dudit Conseil du 15. Fevrier 1729. En
conséquence permet l'Entrée par ladite Ville, de l'Estain en
bloc & non travaillé, accompagné de Certificats de la Compagnie des Indes Orientales de Holande, ainsi qu'il est prescrit
par celui du 12. Avril 1723. & ce pour la consommation de la
Flandre Françoise, en payant au Bureau qui y est établi, six
livres du cent pesant, au lieu de douze livres dix sols portés
par ladite Ordonnance de 1681. à condition que lesdits
Estains ne pourront être transportez de ladite Flandre Françoise dans l'étenduë des Cinq Grosses Fermes, que par
les Bureaux, & aux mêmes conditions énoncés audit Arrest
du quinze Fevrier 1729.

Du 11. Novembre 1729.

* Départemens de Messieurs les Fermiers Generaux, pour

le service des Fermes Royales-Unies, pendant la quatriéme année du Bail de Carlier.

Du 6. Decembre 1729.

Arreſt du Conſeil, qui liquide à la ſomme de cinquante cinq mille livres, l'indemnité dûë à Mᵉ Pierre Carlier, Adjudicataire des Fermes Generales de Sa Majeſté, pour la non-joüiſſance des Droits ſur les Huilles de Poiſſon, provenant de la Pêche Françoiſe, & arrivées dans le Royaume pendant la deuxiéme année de ſon Bail. Ordonne que les Pieces juſtificatives de l'entrée deſdites Huiles, au nombre de cent quatre-vingt treize, cottées & paraphées par premiere & derniere, ſeront remiſes au Greffe du Conſeil: Enſemble l'Etat general ſigné & certifié de quatre des Cautions dudit Carlier; & ordonne en outre que pour valeur de ladite ſomme de cinquante-cinq mille livres, à laquelle monte la liquidation, il ſera expedié au profit dudit Carlier une Ordonnance de comptant ſur le garde du Tréſor Royal, en exercice, laquelle ſomme lui ſera payée en une Quittance comptable, ſur & en déduction du prix de ſon Bail.

Du 20 Decembre 1729.

* Arreſt du Conſeil, qui revoque celui du 18 Octobre 1729, en conſequence ordonne que les Droits ſur le Cacao de l'Iſle de Carak, ſeront perçûs ainſi & de la même maniere qu'il eſt porté par l'Arreſt du 21 May 1693; & qu'il en ſera uſé pour le Cacao venant des Iſles & Colonies Françoiſes de l'Amerique, conformément aux Lettres Patentes du mois d'Avril 1717, tant pour les Droits que pour l'Entrepôt &c.

Du 20 Decembre 1729.

Arreſt du Conſeil, qui ordonne, conformément à l'Arreſt du 23 Janvier 1706. que les Cautions du Bail de Pierre Pointeau, remettront aux Sieurs Fagon, Dormeſſon, de Gaumont,

Conseillers d'Eſtat, & Amelot de Chaillou, Intendant des Finances, le compte des Effets reſtans à recouvrer dudit Bail,
montant à neuf cens vingt-un mille deux cens ſoixante-dix
livres huit ſols quatre deniers; enſemble les Pieces juſtificatives dudit Compte, pour être par leſdits Commiſſaires, dreſſé
Procès verbal des Recettes & Dépenſes dudit Compte,
après avoir entendu le Sieur Pigné, Controlleur des Bons
d'Eſtat du Conſeil, pour ſur le tout être fait droit aux Cautions dudit Pointeau, au rapport du Sieur Controlleur General des Finances.

Du 20. Decembre 1729.

* Arreſt du Conſeil, qui caſſe celui de la Cour des Aydes
de Paris, du huit Fevrier 1729. ordonne que l'Article ſept
du titre neuviéme des Magaſins & Entrepôts de l'Ordonnance ſur le fait des Cinq Groſſes Fermes, du mois de
Fevrier 1687. qui défend tous Magaſins ou Entrepos dans
les huit lieuës, proche de la Ville de Paris, à peine de confiſcation & de trois cent livres d'amende, ſera executé ſelon
ſa forme & teneur; en conſéquence que les 115. Pieces,
tant Toiles que Siamoiſes, Montichoux & Mouchoirs, &
les 42. Pieces de Ruban de fil, ſaiſies ſur la Veuve le
Vacher, Cabartiere à la Chapelle Saint Denys, dans la
Banlieuë de Paris, demeureront confiſquées au profit de Mr
Pierre Carlier, Adjudicataire General des Fermes de Sa
Majeſté, auquel ladite Le Vacher ſera tenu de rendre leſdites 115. Pieces de Toilles & 42. Pieces de Ruban de
fil, à la délivrance deſquelles Marchandiſes Elle ſera contrainte, comme pour les propres deniers & affaires de Sa
affaires de Sa Majeſté, ſinon & à faute de ce, ordonne
qu'elle ſera contrainte par les mêmes voyes de payer audit
Carlier, la ſomme de deux mille livres, pour la valeur deſdites Marchandiſes; la condamne en outre en trois cent
livres d'amende pour tous ćépens, dommages & intereſts;
lui fait très-expreſſes défenſes de récidiver ſous plus grande
peine.

Du 20. Decembre 1720.

Arreſt du Conſeil, qui ordonne que quatre Pieces d'E-toffes de Drap neuf d'Angleterre, ajuſtées en forme de Man-teaux, & deux Pieces de Calamande de même fabrique, en forme de Robbe de Chambre, ſaiſies ſur Georges Edouarr, Capitaine du Bâtiment appellé les trois Amis d'Elfort, ſeront confiſquées, & que par grace & ſans tirer à conſéquence, il ſera fait main-levée dudit Navire, de ſes Agrès & appa-raux, & du ſurplus de ſa Cargaiſon ; & enjoint aux Officiers de l'Admirauté de Morlaix, de ſe conformer audit Arreſt.

Du 3. Janvier 1730.

Arreſt du Conſeil, qui proroge la levée du troiſiéme Sol pour livre d'augmentation, établi par celui du ſept Janvier 1728. en conſéquence ordonne qu'il continuera d'être perçû, conjointement avec les deux Sols pour livre ci-devant établis ſur tous les Droits d'entrée & de ſortie qui ſe perçoivent dans les Bureaux des Fermes de la Generalité de Bordeaux, & ce juſqu'à concurrence de ce qui peut reſter dû par les Maire & Jurats de la Ville de Bordeaux, tant à Gabriel-Nicolas Bourié, & Jean-Baptiſte Hermant, pour le Droit de Confirmation, à cauſe de l'avenement de Sa Majeſté à à la Couronne, & pour l'extinction & ſupreſſion du Titre des Offices de Receveurs & Controlleurs des Deniers pa-trimoniaux & d'Octrois, & la réünion de leurs Fonctions, Droits & Taxations, au Corps & Communauté de ladite Ville, qu'à Pierre Carlier, Adjudicataire general des Fermes Unies, pour ce qui lui reſte dû de l'abonnement des Droits de Courtiers Jaugeurs, & Inſpecteurs des Boiſſons, & aux Boucheries, & ce juſqu'à concurrence des ſommes dûés auſdits Bourié, Hermant & Carlier ; ordonne qu'après l'ac-quittement des Parties deſdits Bourié & Hermant, le mon-tant du produit du troiſiéme ſol d'augmentation, ſera remis ainſi que le produit des deux premiers ſols audit Carlier, ſes Commis & Prépoſés, juſqu'au parfait payement de l'a-

bonnement defdits Droits de Courtiers Jaugeurs & Infpecteurs des Boiffons & aux Boucheries ; le tout à la charge
qu'il fera prelevé , par chacun an , fur le produit defdits trois
fols, la fomme de cent mille livres, refervée aux Hôpitaux;
& qu'après l'entier acquitement defdites fommes , la levée
& perception tant defdits Deux Sols pour livre que du
troifiéme fols d'augmentation , ceffera & demeurera éteinte.

Du 11. Janvier 1730.

* Jugement Souverain, rendu parMonfieur de Pommereu,
Intendant de la Generalité de Tours , contre Michel &
Mathurin Clavereau , Jean Befnard , Olivier Beaujouin , &
Jean Sallin , Voituriers par Eau de la Ville d'Angers ; qui
les condamne au payement des Droits de Parifis , fol &
fix deniers pour livre des Droits des Officiers des Traittes
d'Anjou , fuprimés , & de ceux concedés & alienés fur
les Vins & Eaux-de-Vie qu'ils ont voituré & voitureront
à l'avenir d'Angers à Laval ; maintient le Fermier dans la
joüiffance & poffeffion defdits Droits , & condamne en outre lefdits Voituriers en trois cens livres d'amende pour
fauffes déclarations & fraudes par eux commifes , & en
tous les dépens.

Du 17. Janvier 1730

Arreft duConfeil,qui proroge pendant trois années, à compter du premier Avril 1730. la permiffion cy-devant accordée
aux MarchandsDrapiers, Manufacturiers de la Ville de Sedan,
d'envoyer leurs Draps directement de Sedan ou de Paris ,
en Efpagne, Portugal, Italie, Genêve & Flandre Efpagnole,
en paffant au travers du Royaume,fans payer aucuns Droits
de fortie , tant des Cinq Groffes Fermes, que des Provinces
reputées Etrangeres, en obfervant toutes fois les formalités
prefcrites par l'Arreft du 29 Mars 1718. qui fera au furplus
executé felon fa forme & teneur.

Du 17 Janvier 1730.

Arreft du Confeil , qui ordonne que le Sieur Etienne
le

le Cordier, chargé de la recette generale du Droit d'un pour cent, ordonné estre levé par la Declaration du 10. Novembre 1727. sur les Marchandises venans des Isles & Colonies Françoises, remettra ès mains du Garde du Trésor Royal, en exercice la somme de quatre-vingt seize mille neuf cent soixante dix-neuf livres huit sols, du montant de laquelle somme, ledit Garde du Trésor Royal expediera sa Quittance audit Sieur le Cordier, auquel elle sera passée en dépense dans le compte qu'il rendra de sa gestion.

Du 31. Janvier 1730.

Arrest du Conseil, qui déboute Pierre Carlier, Adjudicataire des Fermes Generales Unies, de sa demande en cassation de l'Arrest de la Cour des Aydes de Paris, du 12. Aoust 1729. par lequel il a été fait main-levée d'une Saisie de 54 Pieces & Coupons de Mousselines, faite par les Employés des Fermes de la Brigade de Vitry le François, le 2. Juillet 1728. sur les nommés Etienne Louard, & René Fontaine, Marchands Forains, &c.

Du 31. Janvier 1730.

* Arrest du Conseil, qui ordonne qu'à commencer du premier Fevrier 1730. & jusqu'à pareil jour de l'année 1731. il ne sera perçû de Droits d'Entrée sur le Charbon de Terre, venant d'Angleterre, d'Ecosse & d'Irlande, que douze sols par Baril du poids de deux cent cinquante livres, poids de Marc, & ce tant, dans l'étendüe des Cinq Grosses Fermes, que dans les Bureaux des Provinces reputées Etrangers.

Du 14. Fevrier 1730.

Arrest du Conseil, qui ordonne qu'avant faire droit sur la Requeste de Pierre Carlier, Adjudicataire des Fermes Generales de Sa Majesté, que son Procureur General en la Cour des Aydes de Paris, remettra au Sieur Controlleur General des Finances, les motifs de celui de ladite Cour, du seize Decembre 1729. confirmatif d'une Sentence du Siege des Traittes d'Angers , par laquelle ledit Carlier a été condamné en trente livres de Dommages Interests, & à délivrer au nommé Jean Preard Marchand à Candé , un Certificat de décharge , d'un acquit à caution , délivré pour sept cent livres pesant de Cire , quoiqu'il n'en fût representé que cinq cent quatre-vingt livres , pour lesdits motifs vûs & examinés , être par Sa Majesté ordonné ce qu'il appartiendra, toutes choses, jusqu'à ce demeurant en état , &c.

Du 14. Fevrier 1730.

*   Arrest du Conseil, qui ordonne qu'à compter du 19. Mars 1730. jusqu'à la fin du Bail de Me Pierre Carlier, il ne sera perçû pour Droits d'Entrée, d'abord & de consommation , dans la Province d'Anjou , sur chaque Barique de Sardines venant de Bretagne , que quatre livres quinze sols six deniers , au lieu de ceux fixés par les Tarifs de 1664. & 1681. sçavoir , pour Droits d'Entrée vingt-cinq sols par Barique de cinq milliers chacune , à raison de dix sols le Baril de deux milliers ; pour celui d'abord , trente sols par chaque Barique du poids de trois cent livres, à raison de dix sols du cent pesant ; & pour celui de consommation, deux livres six deniers, à raison de treize sols six deniers aussi du cent pesant , par barique.

Du 14. Fevrier 1730.

* Arrest du Conseil, & Lettres Patentes , *registrées à la Cour des Aydes de Paris , le 22. May , en celle de Rouen , les 23, & 26. du même mois, au Parlement de Dijon le 10. Juin , en celui de Grenoble , le 23. à la Cour des Aydes de Clermont Ferrand , le 13. Juillet, en celle de Provence , le 12. Juin, en celle de Bordeaux, le 28. & en celle de Montpellier, le 24. May* 1730. qui ordonnent que les Sucres rafinés à Bordeaux , la Rochelle , Roüen, Dieppe & Sette , provenant des Sucres bruts des Isles & Colonies Françoises, qui font destinés pour passer par Transit en Franche Comté,

Alsace, Genéve, Savoye, Piedmont, Italie & Espagne, ne pourront sortir que par les Bureaux d'Auxonne ou de Sainte Menehould, pour la Franche Comté, l'Allace, les trois Evêchés & la Loraine ; par les Bureaux de Louans, Colonges ou Seissel, pour Genéve ; par ceux du Pont de Beauvoisin ou Chaparillan, pour la Savoye & le Piedmont ; & par ceux d'Agde ou Sette, pour l'Italie & l'Espagne : tous autres Bureaux, à cet égard demeurant interdits, & que les Certificats de la sortie desdits Sucres, seront écrits & signés au dos des acquits à caution par les Commis du dernier Bureau ; ce qu'ils ne pourront faire qu'après qu'ils auront reconnu les plombs & visités lesdits Sucres, & quils les auront vû sortir, sous peine de destitution & autre glus grande s'il y échet.

Du 14. Fevrier 1730.

Arrest du Conseil, qui casse & annulle la Sentence du Juge des Traittes de Quimper, du sept Octobre 1729. confisque au profit du Fermier, huit aulnes & demie d'Indienne saisis au domicile du nommé Desplaces, au Port de Launay, le 25. Avril 1729. ordonne que lesdites Marchandises seront envoyées à la Doüanne à Paris, conformément à l'Article IV. de l'Arrest du premier Fevrier 1724. condamne ledit Desplaces en trois mille livres d'amende portée par l'Edit d'Octobre 1726. aux dépens & au coust de l'Arrest ; & fait défenses au Juge de Quimper de rendre de pareilles Sentences à l'avenir, à peine d'interdiction & de tous dommages & interests, &c.

Du 15. Fevriee 1730.

Arrest de la Cour des Aydes, qui déclare nulle la Procedure faite en la Jurisdiction des Traittes de Laval, sur une inscription de faux, formée par le nommé René Bauhereau, Marchand, contre un Procès verbal des Employés des Fermes ; confisque trois milliers de Cassonades, ensemble les Chevaux, Charretes & Harnois sur lui saisis, & le condamne en cinquante livres d'amende & en tous les dépens.

Du 28. Fevrier 1730.

Arreſt du Conſeil, qui déboute Pierre Carlier, Adjudicataire des Fermes Generales-Unies, de ſa demande en caſſation de celui du Parlement de Bretagne, du 20. Aouſt 1729, par lequel la Sentence du Juge des Traittes de Saint Brieu, du 12. Aouſt 1727. a été confirmée, & main-levée accordée au nommé de Rennes, Négociant à Saint Brieu, des Marchandiſes de Savon, Moruës, Figues, Raiſin, Gaudron & Bois de Campêche par lui reclamés ; leſquelles avoient été ſaiſies ſur le nommé Cahurel, Maiſtre de la Barque, la Carherine du Legue, comme excedant ſa Déclaration, & pour avoir été accompagnés de Marchandiſes de Conrrebande.

Des 28. Fevrier & 7. Mars 1730.

* Arreſt du Conſeil & Lettres Patentes, *regiſtrées en la Cour des Aydes le ſix May* 1730. qui ordonnent qu'à la diligence de Pierre Carlier, Adjudicataire General des Fermes-Unies, il ſera inceſſamment établi un Bureau de Controlle dans la Ville d'Angoulême, à l'inſtar de ceux étabis à Limoges & Clermont Ferrand, par Arreſt & Lettres Patentes des 13. Mars & 29. May 1725. & en conſéquence que les Marchandiſes provenant de la Vente de la Compagnie des Indes, déclarées pour ladite Ville d'Angoulême & Province d'Angoumois, reputées étrangeres, ſortant par la Frontiere du Poitou, ne pourront joüir à l'avenir du benefice du tranſit, qu'à la charge d'être conduites directement de Nantes au Bureau de Controlle, établi dans ladite Ville d'Angoulême, pour y être viſitées: à l'effet de quoy elles ſeront ſicellées & plomblées à Nantes, & expediées pour ladite Ville, par acquits à caution, dont la décharge devra être rapportée, ſignée du Commis dudit Cortrolle, dans le temps preſcrit par la Soumiſſion, à peine du quatruple des Droits ; leſquels Acquits à Caution ſeront ſimplement viſés ſans retard ni frais, au dernier Bureau de ſortie du Poitou, après que le nombre de Ballots, Caiſſes & Futailles aura été trouvé

conforme, & les plombs reconnus fains & entiers; défendent aux Commis du Bureau de fortie de faire ouverture
defdits Ballots, Caiffes & Futailles expediés en tranfit, à
moins qu'il n'y eût alteration de blombs. Ordonnent en outre
qu'en cas de fraude & verfement reconnu, foit audit Bureau
de fortie, lorfqu'il y aura lieu de faire la vifite, foit audit
Controlle d'Angoulême, où la vifite doit être faite, lefdites
Marchandifes, enfemble les Voitures & Equipages, foient
& demeurent confifquées, & les Contrevenans condamnés
en l'amende de cinq cent livres, & que la connoiffance des
contraventions foient jugées en premiere inftance par les
Officiers de l'Election de ladite Ville, & par appel en la
Cour des Aydes, &c.

Du 28. Mars 1730.

Arreft du Confeil, qui commet le Sieur de Pommereu,
Intendant en la Generalité de Tours, pour inftruire & juger
en dernier reffort, le Procès aux Auteurs & Complices
de la fraude & contravention commifes à l'occafion du
tranfport illicite de cent fournitures de Bled, au-delà de
celles de cinq cent Fournitures mentionnées dans un Paf-
feport accordé au Sieur Condouguan, Entrepreneur pour
la Province de Guyenne.

Du 4. Avril 1730.

Arreft du Confeil, qui ordonne que le Sieur Eftienne le
Cordier, chargé de la Recette Generale du Droit d'un pour
cent, fur les Marchandifes des Ifles & Colonies Françoifes,
remettra ès mains du Garde du Tréfor Royal, une fomme
de dix mille livres.

Du 4. Avril 1730.

* Arreft du Confeil, qui ordonne que celui du 30. Aouft
1718. & les Ordonnances des Sieurs Intendans & Commiffaires départis dans les Provinces de Flandres & Artois,

14 des 16. & 20. Avril 1726. celle des Magiſtrats de la Vile
de Lille, du 28. Aouſt 1728. ſeront executés ſelon leur forme
& teneur , & conformément à icelles , enjoint aux Magiſtrats , Baillifs & Gens de Loy , des Villes , Bourgs & Villages de l'étenduë de la Province d'Artois & de la Flandre
Françoiſe , Cambreſis & Haynault, d'appoſer ou faire appoſer
ſur chaque Piece de Toilles commune & groſſe , qui ſe
fabrique dans leſdites Villes & Lieux , une Marque ou
Plomb , qui porte d'un côté les Armes , & de l'autre le
nom du lieu où leſdites Toilles ſeront fabriquées ; leſquels
Plombs ou Marques ſeront appliqués ſans frais ſur leſdites
Toilles , auſſi-tôt qu'elles ſeront miſes ſur le métier & non
autrement ; Ordonne en outre qu'il ſera envoyé & remis,
ſi fait n'a été, auſdits Sieurs Intendans & Commiſſaires départis dans les Provinces de Haynault , Flandre & Artois,
par leſdits Magiſtrats & Gens de Loy , vingt Empreintes
de chacune deſdites Marques ou Plombs, avec pareil nombre de Certificats ſignés d'eux, pour en aſſurer la verité ;
& fait très-expreſſes inhibitions & défenſes auſdits Magiſ-
tras de la Ville de Lille , & à tous Magiſtrats & Gens de
Loy des autres Villes , Bourgs & Villages de l'étenduë
de la Province d'Artois & de la Flandre Françoiſe, Cambreſis & Haynault, d'appoſer ou faire appoſer leur Plomb
ou Marque ſur aucunes Pieces deſdites Toilles , que dans
le temps qu'elles ſeront miſes ſur le métier , & d'en marquer
d'autres que celles qui ſeront fabriquées dans le lieu de
leur réſidence , ſous peine de cent livres d'amende pour
chaque contravention ; & fait auſſi défenſes à toutes perſonnes de contrefaire leſdits plombs ou Marques, à peine
d'être procedé contr'eux extraordinairement.

Du 11. Avril 1730.

* Arreſt du Conſeil , qui ordonne que celui du 5. Juin 1725.
par lequel le nommé Laurent a été condamné en l'amende
de mille livres, & en la confiſcation de 219. livres peſant de
Tabac ſur lui ſaiſis , ſera executé ſelon ſa forme & teneur ,
& que faute par lui d'avoir conſigné ladite amende dans

le mois du jour, de la prononciation, elle sera convertie en la peine des Galeres, par les Officiers de l'Election de Tonnerre, conformément aux Declarations des 6. Decembre 1707. & premier Mars 1723.

Du 18. Avril 1730.

* Arrest du Conseil, par lequel Sa Majesté sans s'arrêter à la Sentence de la Jurisdiction des Traittes de Dijon du 4. Aoust 1729. qui admet la preuve testimoniale pour détruire un Procès verbal, sans aucune inscription de faux préalable, ni à l'Arrest du Parlement de Dijon, confirmatif d'icelle, qui sont cassés & annullés, confisque cinq Chevaux, appartenans aux nommés Nicollas Drouet, Étienne le Fevre, & François-Loüis faux Tabatiers, quoique le Tabac sur eux saisi ne se soit point trouvé chargé sur lesdits Chevaux; condamne lesdits Particuliers en mille livres d'amende solidairement, & aux dépens faits tant en la Jurisdiction des Traittes qu'au Parlement de Dijon; & enjoint en outre ausdits Officiers & à tous autres de se conformer aux dispositions des Articles III. & V. de la Declaration du 6. Decembre 1707. & de l'article XXXII. de celle du premier Aoust 1721. dans le cas où il s'agit de prononcer sur la validité des Procès verbaux des Employés de la Ferme du Tabac.

Du 25. Avril 1730,

Arrest du Conseil, qui liquide à la somme de trois cent soixante douze mille cinq cent quatre vingt quinze livres douze sols un denier, le remboursement dû à Pierre Carlier, Adjudicataire General des Fermes Unies de Sa Majesté, pour le montant des Droits des Marchandises & autres effets mentionnés aux Passeports qui ont été expediés par les Ordres de Sa Majesté, pendant la troisiéme année du Bail dudit Carlier, commencée le premier Octobre 1728. & finie le dernier Septembre 1729. ordonne que pour le montant de ladite somme de trois cent soixante douze mille cinq cent quatre-vingt quinze livres douze sols un denier, il sera expedié au profit dudit Carlier une Ordonnance de Comptant de pareille somme, sur le Garde du Tréfor Royal en exercice, laquelle lui fera payée en une Quittance comptable, sur & en déduction du prix de son Bail? & que les Passeports & Certificats y joints, au nombre de deux mille quatre cent quatre-vingt-trois Pieces, cottées & paraphées par premiere & derniere, ensemble l'Etat certifié de quatre des Cautions dudit Carlier, contenant cent cinquante quatre feüilles, aussi cottées & paraphées, seront remis au Greffe du Conseil.

Du 15. May 1730.

* Arrest du Conseil, qui ordonne que jusqu'au premier Juin 1731. les Bœufs, Vaches, Moutons, Brebis, Agneaux, Porcs, Boucs, Chevres, & Chevrotins, qui viendront des Pays Étrangers dans le Royaume, seront & demeureront déchargés de tout Droits, tant des Cinq Grosses Fermes qu'autres dépendans de la Ferme Generale. Fait défenses à tous Particuliers de quelque qualité qu'ils soient, de faire sortir hors du Royaume aucuns Bestiaux de touttes especes, à peine de confiscation, de trois mille livres d'amende, & autres peines portées par les Arrests des 16. Juin 1711. 15. Mars 1712. 19. Janvier 1715. 30. Avril 1716. & 17. Juin 1717. à l'exception néanmoins des Bestiaux du Pays de Gex, dont la sortie est permise par l'Arrest du quatre Janvier 1718. des Bœufs & Vaches qui pourront passer de la Flandre Françoise dans les Chatellenies d'Ypres, Furnes & Furnembac, en payant les Droits du Tarif 1671. conformément à l'Arrest du 5. Septembre 1713. & des Bestiaux des Generalités de Montauban & d'Ausch, qui pourront continuer d'être commercés sur la Frontiere d'Espagne, en payant les Droits ordinaires, conformément à l'Arrest du 24. Juillet 1717. à condition de passer par les Bureaux y désignés, &c.

Du 16. May 1730.

Arrest du Conseil, qui déboute les nommés François Brin, & Mathurin Rotureau, Habitans des Marches communes

munes du Poitou, de l'appel par eux interjetté de la Sentence contradictoire du Juge des Traittes de Montaigu, du 18. Juin 1729. par laquelle ils ont été condamnés en la confiscation de trois charges de Froment & deux de Seigle, avec cinq Chevaux ou Jumens, & les Equipages servans à la Voiture sur eux saisis, en faisant passer lesdits Grains de Poitou en Bretagne, & en trois cent livres d'amende ; & ordonne que ladite Sentence sera executée selon sa forme & teneur, &c.

Du 23. May 1730.

Arrest du Conseil, qui nomme M. de la Porte du Plessis, Fermier General, à la place de feu M. de la Porte de Ferrancourt.

Du 29. May 1730.

* Reglement pour l'établissement d'un Conseil Royal de Commerce, lequel se tiendra tous les quinze jours, & sera composé de M. le Duc d'Orleans, de M. le Cardinal de Fleury, de M. de Charolois, de M. le Garde des Sceaux, de M. le Maréchal du Villars, du Secretaire d'Estat de la Marine, de M. d'Angervilliers, de M. le Controlleur General des Finances, & de M. Fagon.

Du 31. May 1730.

Arrest du Conseil, portant qu'il sera fait un nouveau Bail des Fermes Generales, aux Cautions de Pierre Carlier, actuellement Adjudicataire desdites Fermes, pour six années, à commencer du premier Octobre 1732. pour les Gabelles, Cinq Grosses Fermes, Aydes, Entrées & Droits y Joints, & du premier Janvier 1733. pour les Domaines, Controlle des Actes, Greffes, Amortissemens, Francs-Fiefs, Nouveaux Acquests, Droits reservés & autres y joints,

Du 31. May 1730.

Réfultat du Confeil, portant Bail des Fermes Generales aux Cautions de Pierre Carlier, fous le nom de Nicolas Desboves, aux prix, charges, claufes, conditions, & pour les temps portés, tant audit Réfultat, que par l'Arreft du Confeil du même jour.

Du 13. Juin 1730.

Arreft du Confeil, qui déboute les Abbé, Prieur & Religieux de l'Abbaye de Beauport, Ordre de Prémontré, Diocefe de Saint Brieux en Bretagne, des fins & Conclufions de leur Requefte; & en conféquence, fans avoir égard aux Titres par eux reprefentés en execution de l'Arreft dudit Confeil du 18. Septembre 1725. ordonne qu'ils payeront les Droits d'Entrée & de fortie, tant des Vins & autres Provifions, qu'ils feront venir par Mer pour leur ufage & confommation, que des Bleds & autres denrées provenans des Fonds de leur Abbaye, qu'ils vendront & feront tranfporter par Mer, &c.

Du 13. Juin 1730.

Arreft du Confeil, qui ordonne que le Sieur Abbé le Vigneur fera tenu de remettre au Sieur Gaultier Receveur General des Fermes Unies de Sa Majefté à Paris, une fomme de trois mille livres, faifant partie d'une refcription de trois cent livres, tirée fur le Receveur General des Fermes à Lyon, qui avoit été falfifiée & remplie d'une fomme de treize mille livres, dont le Payement avoit été fait par ledit Receveur General.

Du 13. Juin 1730.

Arreft du Confeil, par lequel Sa Majefté fans s'arrêter à l'appel interjetté par Jofeph Siron, Marchand du lieu de Salles, Terre Etrangere, des Ordonnances du Sieur de Sechelles, Intendant & Commiffaire départy en Haynault, des 23. Decembre 1727. & 17. Juillet 1728. ni à la Requeſte d'intervention de Norbert Hauſſi, & de Marie-Anne Mercier, Veuve Jean Finet, de Pont ſur Sambre, Caution dudit Siron, dont ils ſont déboutés; ordonne que leſdites Ordonnances portant confiſcation de 43. livres peſant de Filet de Mulquinerie, & condamnation de trois cent livres d'amende pour avoir voulu faire paſſer ladite Marchandiſe à l'Etranger, ſeront executez ſelon leur forme & teneur.

Du 20. Juin 1730.

Arreſt du Conſeil, qui évoque à icelui l'appel interjetté par François Brin, & René Paſquet, Habitans des Marches communes de Poitou, d'une Sentence renduë le quatorziéme Janvier 1730. par le Juge des Traittes de Montaigu, portant confiſcation de trente-ſept boiſſeaux de Froment, ſept boiſſeaux de Seigle & un mauvais Cheval ſaiſi ſur leſdits Brin & Paſquet, le treiziéme du même mois de Janvier 1730. & qui condamne leſdits Brin & Paſquet en trois cent livres d'amende, & tout ce qui s'en eſt enſuivi; & fait défenſes aux Parties de proceder ailleurs qu'aux Conſeil, à peine de nullité, caſſation de Procedures & de tous dépens, dommages & intereſts, &c.

Du 20. Juin 1730.

*Arreſt du Conſeil, qui déboute Marie-Magdelene Latouche, Veuve de Pierre Le Vacher, Hoſtelliere demeurante à la Chapelle, près Saint Denys, de l'oppoſition par elle formée, à celui du 20. Decembre 1729. par lequel l'Arreſt de la Cour des Aydes du 8. Fevrier 1729. a été caſſé; & ordonne que l'Article 7. du Titre 9. des Magaſins & Entrepôts de l'Ordonnance des Cinq Groſſes Fermes, du mois de Fevrier 1687. qui défend tous Magaſins & Entrepôts, dans les huit lieuës aux environs de Paris, ſera executé, avec confiſcation ſur ladite veuve le Vacher, de pluſieurs Marchandiſes entrepoſées & ſaiſies chez elle par Procès verbal des Commis des Fermes, des 29. Octobre 1728. condamnation de trois cent livres d'amende, & défenses de recidiver sous plus grande peine.

Du 4. Juillet 1730.

Arrest du Conseil, qui commet M. de Pommereu Intendant & Commissaire départy en la Generalité de Tours, pour instruire & juger le Procès au nommé Desaubus Négociant à Saumur, & autres Auteurs, complices, participes & Adherans, tant de la falsification faite dans un Passeport du 10. Mars 1730. mentionnée dans le Procès verbal du 24. Juin suivant, que de plusieurs autres Passeports alterés & surchargés, à la faveur desquels ledit Dasaubus a fait sortir de la Province de Tourraine, depuis le premier Fevrier precedent, plus de 150. Fournitures de Grains, sous differens noms, au-delà des quantités portées par les Passeports expediés à cet effet, pour être le tout par lui jugé souverainement & en dernier ressort, en appellant avec lui le nombre de Gradués requis par l'Ordonnance ; lui permet de subdeleguer pour l'instruction, & de commettre pour faire les fonctions de Procureur du Roy, en la presente Commission, tels Officiers ou Gradués qu'il voudra choisir ; ordonne que les informations & autres Procedures seront remises au Greffe de ladite Commission, à ce faire tous Greffiers & Dépositaires contraints, quoy faisant, ils en demeureront bien & valablement quittes & déchargés.

Du 11. Juillet 1730.

Arrest du Conseil, qui déboute les Maire, Sous-Maires & Jurats de Bordeaux de l'opposition par eux formée, à celui du 18. Mars 1727. ordonne qu'icelui, ensemble celui du 3. Janvier 1730. seront executés selon leur forme & teneur, sauf ausdits Maire & Jurats à se faire rendre compte de la Recette & Dépense des trois sols pour livre des Droits d'entrée & de sortie des Marchandises qu'ils ont été autorisés à percevoir, pour servir au payement de l'abonnement par eux fait des Droits de Courtiers Jaugeurs, Inspecteurs aux Boucheries & aux Boissons ; à quoi faire les Commis par eux préposés à la perception desdits trois fols pour livre feront contraints, &c.

Du 16 Juillet 1730.

Arreft du Confeil qui ordonne qu'à commencer du premier Aouft 1730. les Sons de Farines fervant à faire de l'Amidon, qui pafferont des Provinces de Flandres, Haynault & Artois à l'Etranger, payeront pour Droits de fortie vingt-cinq fols par Raziere, du poids de foixante - deux livres, poids de marc; & fait défenfe à l'Adjudicataire des Fermes de faire aucune remife ni compofition defdits Droits.

Du 22. Juillet 1730.

Arreft du Confeil, qui permet aux Négocians de la Province de Bretagne, de faire fortir hors du Royaume les Graines de Lin & de Chanvre, provenant de leur Recolte, en payant les Droits ordinaires, jufqu'à ce qu'autrement il en ait été ordonné par Sa Majefté, &c.

Du premier Aouft 1730.

Arreft du Confeil, qui liquide à la fomme de feize mille foixante feize livres, l'indemnité dûe à Pierre Carlier, Adjudicataire General des Fermes Unies, pour l'exemption accordée par Sa Majefté à differens Habitans de l'Ifle de la Martinique, du Droit de Capitation, pendant l'année 1727. & dont ils ont joüi; & ordonne que les Pieces y mentionnées, au nombre de quatre, feront remifes au Greffe du Confeil, & que pour valeur de ladite fomme de feize mille foixante feize livres, il fera expedié au profit dudit Carlier une Ordonnance de comptant fur le Garde du Tréfor Royal en exercice, laquelle Ordonnance lui fera payée en une Quittance comptable, fur & en déduction du prix de fon Bail.

Du 8. Aoust 1730.

Arrest du Conseil, qui y évoque l'appel interjetté par Pierre Carlier, Adjudicataire General des Fermes de Sa Majesté, des Sentences renduës les neuf & treize Juin 1730. par les Officiers de la Table de Marbre à Dijon, en faveur de Loüis Bernard, Marchand à Ville Franche en Beaujollois; & fait défense aux Parties de proceder ailleurs qu'audit Conseil, à peine de nullité, cassation de Procedures, & de tous dépens, dommages & interests, par lesquels Jugemens le Fermier avoit été obligé de recevoir les Droits de sortie sur des Toiles de Beaujollois, à raison de vingt-cinq sols du cent pesant, au lieu de trois livres dix sols qu'elles doivent, suivant le Tarif de 1664.

Du 22. Aoust 1730.

* Arrest du Conseil, qui proroge pendant trois ans, à compter du 23. Octobre 1730. la faculté cy-devant accordée aux Négocians François qui font le commerce des Isles Françoises de l'Amerique, de la Coste & Banc de Terre neuve, & autres Colonies de l'obéïssance de Sa Majesté, de faire venir pendant ledit temps des Pays Etrangers dans les Ports désignés par les Lettres Patentes du mois d'Avril 1717. & dans ceux de Marseille, Dunkerque & Vannes, dont les Négocians ont depuis obtenu la liberté de faire le commerce desdites Isles & Colonies, & ce, sans payer aucuns droits d'entrée, les Lards, Beurres, Suifs, Chandelles & Saumnons salés, qu'ils destineront pour lesdites Isles & Colonies, à la charge que lesdites Denrées & Marchandises seront mises à leur arrivée dans les Magasins d'Entrepôts, de même que le Boeuf salé, conformément à l'Article XI. desdites Lettres Patentes du mois d'Avril 1717. &c.

D 22. Aoust 1730.

* Arrest du Conseil, qui ordonne qu'à commencer du premier Octobre 1730. jusqu'à pareil jour de l'année 1733.

tous les Droits qui se perçoivent , tant sur les Beurres & Fromages venant des Païs Étrangers , que sur les Beurres & Fromages provenans du crû du Royaume , qui se transportent d'une Province dans une autre , seront & demeureront réduits aux deux tiers seulement , à l'exception des Peages ordinaires, qui continueront d'être levés en la maniere accoûtumée.

Du 22. Aoust 1730.

* Arrest du Conseil & Lettres Patentes , *Regiſtrées en la Cour des Aydes le 25. Octobre 1730.* par lesquels Sa Majesté declare en interprétant en tant que besoin seroit l'Article X I V. des Lettres Patentes du 13. Decembre 1728. n'avoir entendu rien innover aux attributions particulieres données par ses Ordonnances & Reglemeus concernant les Gabelles de France , & autres Droits unis aux Fermes ; lesquelles attributions continuëront d'avoir lieu comme avant lesdites Lettres Patentes , tant en premiere Instance que par appel , ainsi qu'il a été reglé par lesdites Ordonnances & Reglemens ; Fait défenses aux Officiers de l'Election d'Artois , de connoître en premiere Instance des Procès concernant lesdites Fermes , & à ceux du Conseil Provincial de les juger par appel , à peine de nullité , &c.

Du 22. Août 1730.

Arrest du Conseil, qui fixe tant pour le passé que pour l'avenir, l'exemption du Droit de Capitation , dont doivent joüir les Secretaires du Roy , Habitans dans les Isles du Vent , à celle reglée pour les Nobles , par l'Ordonnance du Sieur de Baas , du 12. Fevrier 1671. ordonne en conséquence qu'ils seront tenus de payer ledit Droit pour les Domestiques & Negres , excedant le nombre pour lequel l'exemption est accordée aux Nobles par ladite Ordonnance ; à quoi faire , ils seront contraints en la maniere accoûtumée.

Du 29. Aoust 1730.

Arrest du Conseil, qui ordonne que par le *Sieur Chau-*

velin, Conseiller d'Estat, Intendant & Commissaire départi en la Generalité d'Amiens, il sera incessamment procedé à l'Adjudication au rabais & moins disant en la maniere accoûtumée, des Ouvrages à faire pour la reconstruction à neuf du Corps-de-Garde de la Valée Picard, & des grosses Reparations à faire à cel ui du Moulin bleu, conformément au Devis qui en a été dressé le 17. May 1730. à la charge par l'Adjudicataire de rembourser aux Ouvriers qui ont déja fait quelques ouvrages, ce qu'ils peuvent avoir fait, suivant ce qui sera reglé par des Experts qui seront nommés par ledit Sieur Commissaire départi, du montant desquels ouvrages les Entrepreneurs seront payés sur les Ordonnances dudit Sieur Commissaire, au fur & à mesure, ou après la reception desdits Ouvrages, par Pierre Carlier, Adjudicataire des Fermes Generales Unies, auquel il en sera tenu compte sur le prix de son Bail, en rapportant l'Expedition ou copie collationnée dudit Arrest, le Devis estimatif, les Procès verbaux d'Adjudication & de Reception desdits Ouvrages, les Ordonnances dudit Sieur Commissaire départi, & les Quittances des Entrepreneurs sur ce suffisantes, &c.

Du 29. Aoust 1730.

* Arrest du Conseil, qui permet pour un an, à compter du 15. Septembre 1730. aux Marchands & Habitans tant de la Provence, que des autres Provinces, de faire voiturer en Provence des Grains des autres Provinces du Royaume, à la charge seulement par ceux qui feront passer des Grains en Provence pendant ledit temps, de faire pardevant les Sieurs Intendans ou leurs Subdelegués, déclaration de la quantité de Grains qu'ils feront transporter dans ladite Province, & leur Soumission de rapporter la preuve du déchargement qui aura été fait desdits Grains; Ordonne que tous lesdits Grains qui seront voiturés & conduits en Provence, soit par la Saone, le Rhône, & autres Rivieres, ou par terre, seront & demeureront francs & exempts, tant des Droits des Fermes de Sa Majesté, que de tous les Droits locaux, de Travers, Peages, Passages, Pontonnages, Coûtumes, &

autres

autre de toute nature, soit qu'ils appartiennent à des Villes &
Communautés, ou à des Seigneurs Ecclesiastiques & Laïques,
& fait très-expresses défenses à tous Receveurs, Commis &
autres Préposés à la Perception des Droits, tant de Sa Majesté, que des Villes & Communautés, & des Seigneurs
particuliers, d'en exiger aucuns pour raison desdits grains,
à peine de concussion, & de restitution du quatruble, même
d'être poursuivis extraordinairement.

Du 5. Septembre 1730.

Resulat du Conseil, portant Bail de la Ferme Generale
du Privilege exclusif de la vente & distribution du Tabac,
dans toute l'étenduë du Royaume, pour huit années, à commencer du premier Octobre 1730. jusqu'au dernier Decembre 1738. Sçavoir, les deux premieres sous le nom de Pierre
Carlier, & les six dernieres, sous celui de Nicolas Desboves,
aux prix, charges, clauses & conditions portées audit Resultat.

Du 5. Septembre 1730.

Arrest du Conseil, qui liquide à la somme de soixante-
dix-neuf mille livres l'indemnité dûë à Maistre Pierre Carlier,
Adjudicataire general des Fermes de Sa Majesté, pour la non-
joüissance des Droits sur les Huiles de Poisson, provenant de
la Pêche Françoise & arrivées dans le Royaume pendant
la troisiéme année de son Bail; ordonne que les Pieces y
mentionnées, au nombre de deux cent quarante-cinq, cottées & paraphées par premiere & derniere, seront remises
au Greffe du Conseil; ensemble l'Etat general, signé & certifié de quatre des Cautions dudit Carlier; & ordonne en outre
que pour le montant de ladite somme de soixante-dix-neuf
mille livres à laquelle a été reglée la Liquidation, il sera expedié
au profit dudit Carlier une Ordonnance de comptant sur
le Garde du Trésor Royal en Exercice; laquelle ordonnance lui sera payée en une Quittance comptable, sur & en de-
duction prix de son Bail, en vertu dudit Arrest seulement,
&c.

Du 9. Septembre 1730.

Arrest du Conseil , qui ordonne qu'à la diligence de Pierre Carlier , Adjudicataire des Fermes-Unies de Sa Majesté , il sera incessamment procedé à la réparation des Travaux à faire pour la conduite des Eaux d'Arcüeil , depuis le Regard de la Croix du Trahoir , jusqu'au Reservoir de l'Hôtel des Fermes , rüe du Bouloir , conformémenr au Devis qui en a été dressé par le Sieur de Coste ; & en conséquence autorise ledit Carlier à en faire les avances , desquelles il lui sera tenu compte sur le prix de son Bail , en rapportant l'Expedition ou Copie collationnée dudit Arrest , & les Quittances sur ce suffisantes.

Du 12. Septembre 1730.

*   Arrest du Conseil , pour la prise de possession de la Ferme generale du Privilege exclusif de la vente & distribution du Tabac dans le Royaume , sous les noms de Pierre Carlier & Nicolas Desboves , pendant huit années , à commencer du premier Octobre 1730. Sçavoir , les deux premieres années , sous le nom de Carlier , & les six dernieres , sous celui de Desboves ; dispense les Employés actuellement en place , de prêter nouveau Serment , & regle les Droits d'Enregistremens d'icelui , & ceux de Reception & prestation de Serment desdits Employés , &c.

Du 12. Septembre 1730.

Arrest du Conseil , qui ordonne que par le Garde du Trésor Royal en Exercice , Pierre Carlier , Adjudicataire des Fermes Generales-Unies , sera remboursé de la somme de trois cens quarante-deux mille quatre vingt livres seize sols deux deniers , à quoi montent les payemens faits des deniers de la troisiéme année de son Bail , pour le supplement des Rentes des Paroisses de Paris , Versailles , Marly & Saint Germain en Laye , indemnités des reductions faites des nouvelles Rentes desdites Paroisses de Paris , sur les Aydes & Gabelles , & sur les Tailles , Remedes fournis , tant par le Sieur Helverius , Medecin , que par le Sieur Girauldy , & envoys defdits Remedes dans les Provinces ; Droits accordés à la Ville de Lyon fur les Etoffes Etrangeres , confection des Etats du Roy des petites Cabelles , & autres appointemens & frais de voyage du Sieur de Cofte , Architecte des Bâtimens du Roy , au fujet de la conftruction des nouveaux Dépôts des Sels à Roüen , Rentes fur les anciens Dépôts de ladite Ville , conftruction de Corps-de-Garde, Barrieres, & autres Ouvrages pour le fervice des Fermes , Emprunt à un demi pour cent d'une fomme de trois cens mille livres remife à la Foire de Beaucaire ; indemnité audit Carlier , pour deniers volés dans la Caiffe du Bureau de Bayonne ; Reglemens coucernant les Manufactures raffemblées , & mis en ordre , Achat & Voiture , de Roüets à filer de la laine & du cotton , Echantillons levés fur chacune des pieces de Drap de Languedoc & d'Angleterre , envoyés à Paris de l'ordre du Confeil ; Appointemens de Commis & frais d'Impreffions pour le Bureau , des Tarifs & generalement toutes les dépenfes ci-deffus mentionnées , à l'effet de quoi il fera expedié audit Carlier une Ordonnance de comptant de ladite fomme de trois cens quarante-deux mille quatre-vingt livres feize fols deux deniers , fur le Garde du Trefor Royal en Exercice , lequel donnera en payement audit Carlier fa Quittance comptable , fur le prix de ladite troifiéme année de fon Bail , & que l'Etat defdites dépenfes , enfemble les Pieces juftificatives d'icelles au nombre de fept cens huit , cottées & paraphées par premiere & derniere , feront dépofées au Greffe du Confeil , pour y être le tout annexé à la Minutte dudit Arreft.

Du 12. Septembre 1730.

Arreft du Confeil , qui nomme le Sieur Charles-Claude Ange Dupleix de Bacquencourt, en qualité de Fermier General des Fermes-Unies de Sa Majefté , au lieu & place du Sieur Louis Teffier , à commencer du premier Octobre 1730. à l'effet de quoi ledit Dupleix fera au Greffe dudit Confeil , les Soumiffions néceffaires pour l'execution des deux

années qui resteront à expirer du Bail de Pierre Carlier , &
des six années de celui de Nicolas Desboves ; & en conséquence décharge ledit sieur Teissier de l'execution, tant desdites deux années restantes à expirer dudit Bail de Pierre Carlier , que des six de celui dudit Nicolas Desboves , &c,

Du 19. Septembre 1730.

Arrest du Conseil qui nomme , du consentement des
Fermiers Generaux , le Sieur Charles-Claude Ange Dupleix
de Bacquencourt , en qualité de Fermier General de la Ferme du Tabac , au lieu & place du Sieur Louis Teissier , à
commencer du premier Octobre 1730. à l'effet de quoi ledit Sieur Dupleix fera les Soumissions necessaires pour l'e-
xecution dudit Bail , & en conséquence decharge ledit Sieur
Teissier de l'execution d'icelui , &c.

Du 22 Septembre 1730.

* Arrest de la Cour des Aydes , qui ordonne que Pierre
Carlier , Adjudicataire des Fermes Unies , sera mis en possession du Privilege de la Vente exclusive du Tabac ,
pour en jouir par ledit Carlier , ainsi qu'en ont joui ou dû
joüir les précedens Fermiers dudit Privilege, conformément
aux Ordonnances , Edits , Declarations , Arrêts & Reglemens intervenus jusqu'à ce jour , au sujet de ladite Vente
exclusive du Tabac ; & permet audit Carlier d'établir les
Bureaux convenables pour l'Exploitation de ladite Ferme ;
en conséquence que les Commis de Pierre Lesueur qui ont
déja prêté Serment , & qui sont actuellement employés à
l'Exploitation dudit Privilege , continueront les fonctions de
leurs Employs , sans être obligés de prêter nouveau Serment :
Enjoint aux Officiers des Elections , Juges des Traites , des
Ports , & autres Jurisdictions du Ressort de ladite Cour , qui
connoissent en premiereInstance dudit Tabac , de recevoir
les Procès verbaux desdits Commis, rendre les Sentences sur
iceux au nom dudit Carlier , à peine de tous dépens , dommages & interêts.

Des 26 Septembre & 3. Octobre 1730.

Arrest du Conseil & Lettres Patentes, *regiſtrées en la Cour des Aydes le 12. Decembre* 1730. qui ordonnent que la Perception du Droit d'un pour cent ordonnée par la Declaration du 10. Novembre 1727. être faite ſur les Marchandiſes venant des Iſles & Colonies Françoiſes de l'Amerique, pendant trois ans, qui doivent expirer au premier Janvier 1731. ſera continué pendant trois autres années, qui expireront au premier Janvier 1734. de la même maniere qu'il eſt ordonné par ledite Declaration du 10. Novembre 1727.

Du 26. Septembre 1730.

Arreſt du Conſeil, qui liquide à la ſomme de quatre-vingt-dix-ſept mille huit cent vingt-cinq livres dix-huit ſols quatre deniers, l'indemnité dûe aux Cautions de Pierre Carlier, Adjudicataire general des Fermes Unies, à cauſe de la diminution arrivée en conſéquence de l'Arreſt du 28. Novembre 1729. ſur les ſols de trente deniers, qui ſe ſont trouvés lors de la publication dudit Arreſt, tant dans leurs Caiſſes à Paris, que dans celles des Receveurs Generaux & Particuliers de leurs Bureaux des Provinces, du produit des grandes & petites Gabelles, Gabelles & Domaines de Franche Comté, Alſace, & trois Evêchés, Traittes & Droits ſur les Huilles & Savons dans l'étenduë du Royaume, y compris les pertes qu'il y a eu ſur les vieilles Eſpeces portées aux Monnoyes depuis le 23. Novembre 1726. juſqu'au 29. May 1729. déduction faite de vingt-ſix mille deux cens cinquante-deux livres dix ſols ſix deniers, qui reviennent à Sa Majeſté pour l'augmentation ſurvenuë en execution dudit Arrêt du 28. Novembre 1729. ſur les ſols de vingt deniers, qui étoient alors dans les Caiſſes deſdites Recettes, y compris anſſi les benefices des vieilles Eſpeces portées aux Monnoyes depuis le onze Octobre 1726. juſqu'au ſix Juin 1730. pour valeur de laquelle ſomme, Ordonne qu'il ſera expedié aux Cautions dudit Carlier, une Ordonannce de comptant de quatre

vingt-dix-sept mille huit cens vingt-cinq livres dix-huit sols
quatre deniers, pour en être payé par le Garde du Trésor Royal
en exercice, des fonds à ce destinés, & que les Procès verbaux,
Extraits de Comptes, Borderaux, Certificats, & autres Pieces qui ont établi & justifié lesdites diminutions & augmentations sur lesdites Especes de Billon, au nombre de quatorze
cent soixante-deux soient jointes & années à la Minutte dudit
Arrêt pour y avoir recours, &c.

Du 26. Septembre 1730.

Arrest du Conseil, par lequel Sa Majesté avant faire droit
sur la Requête de Pierre Carlier, Adjudicataire des Fermes
Generales-Unies de France, tendante à la cassation d'une
Sentence de l'Amirauté de Nantes du 23. Juin 1730. par
laquelle il a été fait main-levée de trois pieces de Calmande
& Serges d'Angleterre, saisies sur le Sieur Hendrick Coquelan,
Capitaine du Navire le Leonor de Kinsal en Irlande, faute
de declaration, & comme Marchandises de contrebandes,
ordonne que ladite Requête sera Communiquée audit Sieur
Hendrick Coquelan pour y fournir de réponses, & remettre sesdites Réponses & Pieces dans deux mois pour tout délai, ès mains du Sieur Controlleur Général des Finances,
pour lesdites réponses vûës, ou à faute par ledit Sieur Coquelan de les remettre dans ledit délai, être par Sa Majesté
ordonné ce qu'il appartiendra, &c.

Du 26. Septembre 1730.

* Arrêt du Conseil, qui révoqne pour un an à compter du
15. Octobre 1730. jusqu'au 15. Octobre 1731. celui du 13.
Avril 1728. en conséquence ordonne que les bleds, fromens,
méteils, seigles, orges, baillarges, & autres grains, Farines &
legumes, qui passeront des Provinces des Cinq Grosses Fermes, dans les Provinces réputées Etrangeres, & des Provinces réputées Etrangeres, dans celles desdites Cinq Grosses
Fermes, seront & demeureront exempts de tous Droits d'Entrée & de Sortie, Droits Locaux, Droits d'Aydes, & autres

qui se perçoivent au profit de Sa Majesté, même des Droits d'Octrois appartenans aux Villes lorsque lesdits grains, farines & legumes, ne feront que passer par lesdites Villes, & n'y seront point consommés; Et fait défenses à toutes personnes de quelque qualité & condition qu'elles soient, de transporter aucuns grains, farines ou legumes dans les Païs Etrangers, sous les peines portées par les Arrests du Conseil des 27. Septembre 1710. 5. Decembre 1711. & premier Octobre 1712 &c.

Du 26. Septembre 1730.

* Arrest du Conseil, qui ordonne que celui du 14. Aoust 1727. sera executé selon sa forme & teneur, & en conséquence que les Proprietaires des Marchandises des Indes, provenans des Ventes de la Compagnie, dont le débit & l'usage sont permis dans le Royaume, seront tenus defaire marquer lesdites Marchandises, de la seconde marque ordonnée, avant de les pouvoir exposer en vente, àpeine de confiscation desdites Marchandises, & de trois mille livres d'amende, défend aux Marchands & Negocians & tous autres, qui achetent lesdites Marchandises aux Ventes que ladite Compagnie des Indes en fait, de rompre les plombs qui ont été apposés au Bureau de la Prevoté de Nantes sur les Balles, ni déballer lesdites Marchandises qu'en presence du Preposé à la seconde marque, auquel ils seront obligés de representer les Acquits des Droits, pour constater la quantité & qualité desdites Marchandises, afin que verification puisse en être faite. Ordonne en outre que les Commis des Fermes qui sont en droit d'ouvrir lesdites Balles pour les visiter dans les lieux où il y a des Bureaux de Doüanne, y reapposeront de nouveaux plombs, & n'en permettront l'enlevement que sur le Billet du Preposé à ladite seconde Marque; que lorsqu'un Marchand ou Négociant voudra envoyer une ou plusieurs desdites Marchandises pour les faire blanchir ou dégorger, il sera tenu de faire sa declaration de la quantité & qualité desdites Marchandises, & sa soumission de la representer au retour au Preposé à ladite seconde Marque, lequel apposera

gratis à chaque piece defdites Marchandifes un plomb avec
une ficelle pour pouvoir au retour reconnoître ladite Mar-
chandife , & y appofer ladite feconde Marque ; le tout à
peine de trois mille lilvres d'amende , & de confifcation de
ladite Marhandife ,.

Du 28. Septembre 1730.

* Départemens de Meffieurs les Fermiers Generaux , pour
le fervice des Fermes Royales-Uunies, pendant la cinquieme
année du Bail de Pierre Carlier.

F I N.

A P A R I S,

Chez la Veuve S A U G R A I N & P I E R R E P R A U L T
Imprimeur des Fermes du Roy, Quay de Gefvres
au Paradis. 1733.

TABLE

DES EDITS, DECLARATIONS,

ARRETS ET REGLEMENS,

Rendus pendant la quatriéme année du Bail
de Me Pierre Carlier.

*Commencée le premier Octobre 1729. & finie le dernier
Septembre 1730.*

Concernant les Gabelles de France, Lyonnois, Dauphiné,
Provence, Languedoc, Roussillon, Auvergne, Salines
de Moyenvick, Gabelles des Evêchez de Metz, Toul &
Verdun, Gabelles & Domaines de Franche - Comté &
d'Alsace, & Droits Manuels.

Du 4. Octobre 1729.

ARREST du Conseil, qui déboute Pierre Carlier
de sa demande en cassation de l'Arrest du Conseil
superieur de Roussillon du 14. Février 1728. par
lequel les nommés Tardin & Martin, Bayle & Sous-
Bayle de Rivesaltes, ont été déchargés des Decrets, Empri-

ſonnemens & dommages & intérêts prononcés contr'eux par
Sentence du Viſiteur General des Gabelles de Rouſſillon du
2. Mai 1727. pour avoir fait empriſonner le nommé Bartez,
Employé des Fermes, ſans que pour raiſon des dépens, dommages & intérêts adjugés auſdits Tardin & Martin par ledit
Arreſt du 14. Février 1728. ils puiſſent ſe pourvoir contre
d'autre que ledit Bartez.

Du 4. Octobre 1729.

Arreſt du Conſeil, qui défend au Prevôt de la Maréchauſſée du Foreſt, & à tous autres, de prendre connoiſſance ni
de juger les Procès intentés contre le nommé Remy Choſ-
ſade, Garde de la Brigade des Gabelles établie à Pontem-
peyrat, & un Bourgeois du Bourg de Saint-Pal & Chalançon,
accuſé du meurtre commis en la perſonne d'un Habitant des
environs dudit Lieu, & d'un autre Habitant bleſſé d'un coup
de fuſil, le tout ſous les peines portées par les articles 35.
36. & 37. du titre commun de l'Ordonnance des Fermes du
mois de Juillet 1681. & ordonne que les charges, informations & autres procedures, ſeront portées au Greffe de la
Viſitation des Gabelles du Foreſt, pour être leſdites Inſtan-
ces inſtruites & jugées en premiere Inſtance par le Sieur de
Rochemac, Viſiteur General des Gabelles du Foreſt, & par
appel à la Cour des Aydes de Paris, le tout en la forme &
maniere preſcrites par les Ordonnances & Reglemens, à ce
faire tous Geoliers & Greffiers contraints, quoi faiſant déchargés, &c.

Du 11. Octobre 1729.

Arreſt du Conſeil, qui évoque & renvoye pardevant le
Sieur de Pomereu, Intendant & Commiſſaire départi en la
Generalité de Tours, les procedures faites, tant par les Officiers du Grenier à Sel de Châteaugontier, que par le Lieutenant Criminel du Preſidial de la même Ville, à l'occaſion
de la mort du nommé Jean Pineau fils, arrivée dans les Priſons dudit Châteaugontier, où il a été conſtitué priſonnier
par les Gardes des Gabelles de la Brigade de ladite Ville,

pour raiſon d'une rebellion faite par lui & ſon pere, en refu-
ſant la viſite que les Employez vouloient faire de deux po-
ches ou ſacs qu'ils apportoient du côté de la Province de
Bretagne, pour être leſd. procedures, circonſtances & dépendances par lui continuées & jugées ſouverainement & en
dernier reſſort, en appellant avec lui le nombre de Graduez
requis par l'Ordonnance ; lui permet de commettre pour faire
les fonctions de Procureur du Roy en ladite Commiſſion, tels Officiers ou Graduez qu'il voudra choiſir, & ordonne que les charges, informations & autres procedures commencées, tant au Grenier à Sel de Châteaugontier, qu'au
Preſidial de ladite Ville, ſeront remiſes au Greffe de ladite
Commiſſion, à ce faire tous dépoſitaires contraints, quoi faï-
ſant ils en demeureront bien & valablement quittes & déchargés.

Du 11 Octobre 1729.

Arreſt du Conſeil, qui révoque l'augmentation de cinquante
ſols ſur chaque minot de Sel qui ſera diſtribué dans la Chambre de Millau, établie par l'Arreſt & Lettres Patentes du 9.
Mai 1724. en conſequence ordonne que le prix du Sel dans
ladite Chambre de Millau ſera & demeurera fixé ſur le même
pied qu'il étoit avant ledit Arreſt & Lettres Patentes dudit
jour 9. Mai 1724. leſquels ſeront au ſurplus executés ſelon
leur forme & teneur, en ce qui concerne les Chambres à Sel
de Mende, Marevejols & Langogne.

Du 11 Octobre 1729.

Arreſt du Conſeil, qui commet le Sr de Pomereu, Intendant & Commiſſaire départi en la Generalité de Tours, pour
inſtruire & juger les Procès, tant aux Faux-Sauniers du lieu de
Brenezais qui ont attaqué les Employés de la Brigade des
Gabelles établie à Oiron qui s'étoient refugiés dans la maï-
ſon du Curé de Saint Hilaire des Trois-Montiers, & à ceux
qui les commandoient, leſquels s'étoient évadés des Priſons
de la Ville de Loudun, où ils avoient été conſtitués priſon-
niers en vertu des ordres de Sa Majeſté, qu'au Geolier &

A ij

autres auteurs & complices de l'évasion desdits Faux-Sauniers, pour être le tout par lui jugé souverainement & en dernier ressort, circonstances & dépendances, en appellant avec lui le nombre de Graduez requis par l'Ordonnance ; lui permet de subdeleguer pour l'instruction, & de commettre pour faire les fonctions de Procureur du Roy en la presente Commission tels Officiers ou Graduez qu'il voudra choisir ; & ordonne que les procedures qui pourroient avoir été commencées en quelque Jurisdiction que ce soit, seront incessamment envoyées au Greffe de ladite Commission, à ce faire tous Greffiers & dépositaires contraints, quoi faisant ils en demeureront bien & valablement quittes & déchargés.

Du 11. Octobre 1729.

Arrest du Conseil, qui ordonne que dans les Etats des Gabelles de Languedoc qui seront arrêtés au Conseil pour les années 1730.1731.1732.1733.1734. 1735.1736. 1737. 1738. & 1739. il sera fait fonds de la somme de sept mille neuf cent soixante-huit livres ; sçavoir, de sept mille six cent soixante-huit livres pour le montant de l'entretien des Canaux de Silvereal, Bourgidon & la Radelle, laquelle somme sera payée & délivrée par le Fermier des Gabelles à l'Adjudicataire de l'entretien desdits Canaux de Silvereal, Bourgidon & la Radelle, & du prolongement dudit Canal de la Radelle, sur les Ordonnances particulieres du Sieur de Bernage de Saint-Maurice Commissaire départi en la Province de Languedoc, & trois cent livres à quoi Sa Majesté a reglé par chacune année les journées que l'Ingenieur commis à l'inspection desdits Canaux employera à la visite d'iceux, laquelle somme lui sera aussi payée sur lesdites Ordonnances particulieres dudit Sieur de Bernage de Saint-Maurice, &c.

Du 11. Octobre 1729.

Arrest du Conseil, qui ordonne avant faire droit sur la Requête de Pierre Carlier, Adjudicataire des Fermes Generales-Unies de Sa Majesté, que son Procureur General en la Cour des Aydes de Paris remettra au Sieur Controlleur General des Finances les motifs de l'Arrest de la Cour des Aydes du 9. Aoust 1729. par lequel les Officiers du Grenier à Sel de Tours ont été autorisés à ne faire l'ouverture de leur Grenier que deux fois par semaine, au lieu de trois fois qu'ils étoient en usage de l'ouvrir, & de se taxer des épices & vacations plus fortes que celles fixées par les Reglemens; pour lesdits motifs vûs & examinés, être par Sa Majesté ordonné ce qu'il appartiendra, toutes choses cependant demeurantes en état, &c.

Du 29. Novembre 1729.

* **Declaration du Roy**, portant que la conversion des peines & amendes établies contre les Faux-Sauniers ne pourra être prononcée par les Juges, que sur la requisition, ou du consentement du Fermier, *registrée aux Parlemens de Dijon, Grenoble & Bretagne les 24. & 30. Janvier & 27. Février 1730. aux Cours des Aydes de Provence, Clermont-Ferrant, Montpellier & Montauban les 4. 9. & 17. Janvier & 6. Février, au Conseil de Roussillon le 14. Janvier de la même année 1730. & à la Cour des Aydes de Roüen les 19. & 24. Avril 1731.*

Du 16. Decembre 1729.

Arrest du Parlement de Bretagne, qui déboute le nommé Jean Paroisse, Faux-Saunier, de l'appel par lui interjetté d'une Sentence de la Jurisdiction des Fermes de la Guerche du 19. Juillet 1728. par laquelle il avoit été condamné aux Galeres, pour n'avoir pas executé l'exil ou bannissement contre lui prononcé par autre Sentence du 20. Aoust 1727. & le condamne en l'amende & aux dépens.

Du 20. Decembre 1729.

Arrest du Conseil, qui déboute les Habitans de la Paroisse de Mancigné, de l'opposition par eux formée à celui du 13. Mai 1727. par lequel Sa Majesté en évoquant audit Conseil l'appel par eux interjetté en la Cour des Aydes de Paris de la

Sentence du Grenier à Sel du Lude du 28. Septembre 1726.
qui les condamne en cinq cent livres d'amende pour n'avoir
pas sonné le tocsin sur des Faux-Sauniers; ordonne que ladite Sentence sera executée selon sa forme & teneur , &c.

Du 20. Decembre 1729.

Arrest du Conseil , qui approuve l'adjudication faite le 6.
Janvier 1725. au Sieur Puyseur, des Ouvrages & Réparations
qui étoient à faire aux Canaux , Chaussées & Bâtimens dépendans de la Saline de Moyenvick , & ordonne qu'il sera tenu
compte à Pierre Carlier Adjudicataire des Fermes generales sur le prix de son Bail de la somme de quarante-huit
mille cent quatre - vingt - cinq livres douze sols deux deniers , pour raison desdits Ouvrages , en consequence de l'Ordonnance du Sieur de Creil du 13. Octobre 1727, en rapportant l'expedition ou copie collationnée dudit Arrest , le
devis estimatif , les Procés verbaux d'adjudication & de reception desdits Ouvrages , les Ordonnances dudit Sieur de
Creil , & les quittances de l'Entrepreneur.

Du 3. Janvier 1730.

Arrest du Conseil , qui ordonne que les nommés Antoine
Plagnol , Alexis de la Place , Guillaume Gramaise & Antoine Piot , Gardes & Contre-Gardes du Grenier à Sel du
Saint-Esprit & Chambres en dépendantes , representeront
dans un mois , à compter du jour de la signification dudit
Arrest , au Sieur de Bernage de Saint-Maurice , Intendant &
Commissaire départi en la Province de Languedoc , leurs
Quittances de Finances , Provisions & autres titres de pro-
prieté desdites Charges & Offices , de laquelle representa-
tion il sera par ledit Sieur de Saint-Maurice dressé Procès
verbal , pour icelui vû & rapporté au Conseil être par Sa
Majesté ordonné ce qu'il appartiendra.

Du 3. Janvier 1730.

Arreſt du Conſeil, qui ordonne que la ſomme de ſeize mille ſix cent quarante-quatre livres ſix deniers à laquelle s'eſt trouvé monter le prix total des Réparations & Ouvrages qui ont été faites par André Perſy, aux Étangs & Chauſſée de Bru & Onnueray, lui ſera payée ſur l'Ordonnance du Sieur de Creil, Intendant & Commiſſaire départi en la Generalité de Metz du 8. Novembre dernier, par Mᵉ Pierre Carlier Adjudicataire des Fermes generales, auquel il en ſera tenu compte ſur le prix de ſon Bail, en rapportant avec ladite Ordonnance, l'expedition ou copie collationnée dudit Arreſt, l'adjudication faite audit André Perſy, les Procès verbaux de toiſé & reception deſdits Ouvrages, & la quittance ſur ce ſuffiſante.

Du 10. Janvier 1730.

Arreſt du Conſeil, qui ordonne, que pour le montant des dépenſes faites aux Salines de Salins & de Moyenvick, il ſera expedié au profit de Mᵉ Pierre Carlier Adjudicataire general des Fermes-Unies, une Ordonnance de comptant ſur le Garde du Tréſor Royal en exercice, de la ſomme de quatre-vingt-cinq mille neuf cens ſoixante-quinze livres onze ſols ſept deniers, pour valeur de laquelle il lui ſera délivré une quittance comptable de pareille ſomme, ſur & en déduction du prix de ſon Bail, moyennant quoi Sa Majeſté en demeurera déchargée, & que les pieces juſtificatives deſdites dépenſes au nombre de quarante-trois, cottées & paraphées par premiere & derniere, enſemble l'état deſdites pieces certifié de quatre des Cautions dudit Carlier, ſeront remiſes au Greffe du Conſeil.

Du 31. Janvier 1730.

* Arreſt du Conſeil, qui ordonne que les Edits, Declarations & Arreſts concernans les Revendeurs de Sel à petites meſures, & l'art. 11. du titre commun pour toutes les Fermes de l'Ordonnance du mois de Juillet 1681. ſeront execu-

tés selon leur forme & teneur, & en conſequence caſſe &
annulle la Sentence des Officiers de l'Election de Moutreuil-
Bellay du 2. Decembre 1729. en ce qui concerne la nomi-
nation de Leonard - David Naudin , Revendeur de Sel à
petites meſures, à la Collecte des Tailles de la Ville & Paroiſſe de Saint-Pierre de Montreuil-Bellay pour l'année 1730.
leur fait défenſes d'en rendre à l'avenir de ſemblables , à
peine de mille livres d'amende ; ordonne que ledit Naudin
ſera déchargé de la Collecte des Tailles de ladite Ville, à laquelle il a été nommé pour ladite année 1730. & défend pareillement aux Maire, Echevins, Conſuls, Habitans & à tous
autres de le troubler dans la joüiſſance des exemptions qui
ont été accordées auſdits Revendeurs par leſdits Edits , Declarations & Arrêts , ſauf à eux à nommer au lieu & place
dudit Naudin tel autre Collecteur que de raiſon ſuivant l'ordre du tableau , &c.

Du 31. Janvier 1730.

Arreſt du Conſeil , qui ordonne que Pierre Carlier Adjudicataire des Fermes generales , & ſes ſucceſſeurs, feront délivrer annuellement dans la Ville de Geneve aux Magiſtrats
de la Republique de Valais, la quantité de douze cent minots
de Sel de Peccais qui feront partie des quatre mille cinq
cens minots à quoi la proviſion du Valais eſt fixée par chacun
an , dont ladite Republique ne payera audit Pierre Carlier,
& à ſes ſucceſſeurs, que le prix de trois mille trois cent minots, à raiſon de cinq livres le minot ; & pour les douze
cent minots reſtans, montans à ſix mille livres monnoye de
France, ſur le pied de cinq livres le minot, ordonne que ledit Carlier , & ſes ſucceſſeurs, recevront en payement chacune année une quittance de ladite ſomme de ſix mille livres
pour valeur deſdits douze cent minots, pardevant Notaires,
ſignée deſdits Magiſtrats de ladite Republique de Valais , à la
décharge de Sa Majeſté , legaliſée par l'Ambaſſadeur de
France en Suiſſe , de laquelle ſomme de ſix mille livres il
ſera fait emploi annuellement dans les états de Sa Majeſté,
des charges aſſignées ſur les Gabelles de Languedoc, ſous le

nom.

nom de ladite Republique de Valais, à commencer en l'état
de l'année 1730. & ce à compte des trente-neuf années d'arrerages de la pension dûë par Sa Majesté à la Republique,
laquelle somme de six mille livres sera passée & allouée
dans les états au vrai & comptes qui seront rendus par ledit
Carlier & ses successeurs, tant au Conseil qu'à la Chambre
des Comptes de Montpellier, en rapportant la quittance desdits Magistrats du Valais en la forme ci-dessus prescrite, &
copie collationnée dudit Arrest, &c.

Du 7. Février 1730.

* Arrest du Conseil, qui ordonne que les Officiers des
Elections & des Dépôts des Sels, établis dans la Generalité
de Poitiers, seront tenus de faire enregistrer leurs Provisions,
& de prêter serment au Bureau des Finances de ladite Generalité, à peine de radiation de leurs gages, & de suspension de
leurs Offices, conformément aux anciens Reglemens.

Du 14. Février 1730.

Arrest du Conseil, qui ordonne que par le Sr de Pomereu,
Intendant & Commissaire départi en la Generalité de Tours, il
sera procedé à l'adjudication au rabais, & moins disans, en la
maniere accoutumée, des réparations indispensables à faire aux
Prisons de la Tour Grenetiere de Saumur, conformément au
devis qui en a été dressé par le nommé Jean Minet; du prix
desquelles Réparations les Entrepreneurs seront payés sur
les Ordonnances dudit Sieur de Pomereu par Pierre Carlier,
Adjudicataire des Fermes generales du Roy, auquel il en sera
tenu compte sur le prix de son Bail, en rapportant copie collationnée dudit Arrest, le devis susdatté, les Procès verbaux
d'adjudication & reception desdits Ouvrages, les Ordonnances dudit Sieur de Pomereu, & les quittances des Entrepreneurs sur ce suffisantes.

Du 14. Février 1730.

Arreſt du Conſeil, qui ordonne que par les Collecteurs de l'impôt du Sel de la Paroiſſe des Eſſarts, Election d'Angers, en charge pendant l'année 1730. il ſera fait une impoſition de la ſomme de cent quarante livres ſeize ſols quatre deniers ſur tous les Habitans de ladite Paroiſſe, par un Rôle particulier, au marc la livre de l'impôt du Sel de ladite année, lequel ſera verifié & rendu executoire par le Sieur de Pomereu, Intendant & Commiſſaire déparri en la Generalité de Tours, ou par ſon Subdelegué, pour être les deniers provenans de ladite impoſition, remis par leſdits Collecteurs au nommé Pierre Robin Métayer de ladite Paroiſſe, qui avoit été condamné ſolidairement à payer ladite ſomme, dont les Collecteurs de l'année 1727. s'étoient trouvés redevables, &c.

Du 14. Février 1730.

Arreſt du Conſeil, qui commet le Sieur Chauvelin Commiſſaire départi en la Province de Picardie & Artois, pour inſtruire & juger le procès au nommé Jacques Dinois, ſe diſant Blâtier, demeurant à Saint-Amand, Province d'Artois, détenu dans les Priſons d'Amiens, au nommé Hatté Raffineur à Arras, & à leurs Complices & participes du crime de Faux-Saunage mentionné dans le procès verbal du 13. Novembre 1729. évoque en tant que de beſoin les procedures qui pourroient avoir été commencées en quelque Juriſdiction que ce ſoit, & icelles, circonſtances & dépendances renvoye pardevant ledit Sieur Chauvelin, pour être le tout jugé ſouverainement & en dernier reſſort, en appellant avec lui le nombre de Graduez requis par l'Ordonnance, lui attribuant à cet effet toute cour, juriſdiction & connoiſſance, & icelle interdiſant à toutes Cours & Juges : Permet audit Sieur Chauvelin de ſubdeleguer pour l'inſtruction, & de commettre pour faire les fonctions de Procureur du Roy en ladite Commiſſion, tels Officiers ou Graduez qu'il voudra choiſir ; & ordonne en outre que les procedures qui pourroient avoir été commencées en quelque Jurifdiction que ce foit, feront inceffamment envoyées au Greffe de la Commiffion, à ce faire tous Greffiers & dépofitaires contraints, quoi faifant ils en demeureront bien & valablement quittes & déchargés, &c.

Du 14. Février 1730.

Arreft du Confeil, qui liquide l'indemnité düe à Pierre Carlier, Adjudicataire general des Fermes de Sa Majefté, pour le fupplément du prix des Sels par lui fournis aux Cantons Suiffes Catholiques, en confequence des Traités faits par les Ambaffadeurs de Sa Majefté, & au Chapitre de Befançon pendant la feconde année de fon Bail, commencée le premier Octobre 1727. & finie le dernier Septembre 1728. à la fomme de foixante-douze mille huit cent treize livres dix-fept fols neuf deniers, pour valeur de laquelle, ordonne qu'il fera expedié au profit dudit Carlier une Ordonnance de comptant fur le Garde du Tréfor Royal de pareille fomme qui lui fera payée en une quittance dudit Garde du Tréfor Royal, à la décharge du prix de fon Bail, & que les quittances defdits Cantons Suiffes & du Chapitre de Befançon, avec l'ordre du Sieur de Bonnac, le tout au nombre de douze pieces, feront annexées à la minutte de l'Arreft, & dépofées au Greffe du Confeil pour y avoir recours fi befoin eft, &c.

Du 28. Février 1730.

Arreft du Confeil, qui accepte les offres faites par les Proprietaires des Salins d'Hyers, de fe charger de la conftruction d'un Angar le long des murailles dans l'enceinte defdits Salins, moyennant la fomme de quatre mille livres; en confequence ordonne, que l'Entrepreneur ou les Ouvriers qui feront employés par lefdits Proprietaires à la conftruction dudit Angar, feront payés de ladite fomme de quatre mille livres fur les Ordonnances du Sieur le Bret, Intendant en Provence, au fur & à mefure, ou après la confection dudit Angar, par Pierre Carlier, Adjudicataire des Fermes Generales-Unies, de laquelle fomme de quatre mille livres il lui fera tenu compte sur le prix de son Bail, en rapportant l'expedition, ou copie collationnée dudit Arrest, les Ordonnances dudit Sieur le Bret, & les quittances de l'Entrepreneur ou des Ouvriers sur ce suffisantes ; ordonne en outre que les Proprietaires seront tenus à l'avenir de l'entretien & des réparations annuelles dudit Angar.

Du 14. Mars 1730.

Arrest du Conseil, qui commet le Sieur de Pomereu, Intendant de la Generalité de Tours, pour instruire & juger le procès aux auteurs & complices de la Rebellion faite par les Habitans de Brenezais, contre les Employés des Fermes, à dessein de favoriser les Faux-Sauniers.

Du 28. Mars 1730.

* Arrest du Conseil, qui ordonne que celui du 18. Février 1727. & les Lettres Patentes expediées en consequence le 4. Mars suivant, registrées en la Cour des Aydes le 28. des mêmes mois & an, seront executés selon leur forme & teneur, & subroge le Sieur André Mathie, Bourgois de Paris, au lieu & place du Sieur Marcel, pour faire le recouvrement des sommes dûës en principaux & interêts aux Interessés en la Ferme des Gabelles, commencé en 1656. sous le nom de Simon Lenoir & Cautions dudit Bail, & des précedens Baux faits sous les noms de Hamel & Dattin commencés en 1632. jusques & compris 1658. & aux mêmes clauses & conditions portées ausdits Arrests & Lettres Patentes, sous le cautionnement passé devant Bailly & son Confrere Notaires à Paris le 16. Mars 1730. à la charge par ledit Mathie de rendre compte au Conseil dudit recouvrement en la même forme & maniere que ceux qui se rendent pour les Traités des affaires extraordinaires, sans qu'il soit tenu de rendre aucun autre compte.

Du 28. Mars 1730.

Arrest du Conseil, qui y évoque l'appel interjetté à la

Cour des Aydes de Paris par les Habitans de la Paroiße de Seuilly, de la Sentence contradictoire des Officiers du Grenier à Sel de Chinon du 23. Decembre 1729. par laquelle ils ont été condamnés en cinq cent livres d'amende, pour n'avoir pas sonné le tocsin sur des Faux-Sauniers ; ordonne que lesdits Habitans remettront dans un mois pour tout délai entre les mains du Sieur Controlleur General des Finances leur Requête sur ledit appel, pour icelle vûë, ou à faute par eux de la remettre dans ledit délai, être par Sa Majesté ordonné ce qu'il appartiendra, & fait défenses aux Parties de se pourvoir pour raison de ce ailleurs qu'audit Conseil, &c.

Du 3. Avril 1730.

Lettres Patentes du Roy sur Arrest du Conseil du treize Octobre 1 7 2 2. *registrées au Conseil superieur de Roußillon le 29. Avril* 1730. qui permettent aux Capitaines Generaux des Fermes de se transporter quand bon leur semblera dans les maisons des Ecclesiastiques, Nobles, Bourgeois, & autres dans leurs Départemens, pour y faire les recherches & visites de Faux-Sel, en se faisant accompagner, ainsi que le Commis du Fermier, d'un Garde ou de deux Témoins qui seront tenus de signer les Procès verbaux avec lesdits Capitaines Generaux, à peine de nullité.

Du 25. Avril 1730.

Arrest du Conseil, qui déboute les Habitans de la Paroiße de Bourgon, reßort du Grenier à Sel d'Ernée, de l'opposition par eux formée à l'execution de ceux des 6. Avril 1728. & 20. Septembre 1729. par lesquels il a été ordonné la réimposition en 10. années d'une somme de neuf mille quatre cent cinquante-neuf livres treize sols cinq deniers, dont lesdits Habitans se sont trouvés redevables sur l'impôt du Sel des années 1721. 1722. 1723. & 1724.

Du 2. Mai 1730.

Arreſt du Conſeil, qui commet le Sieur de Vanolles, Intendant en la Generalité de Moulins, pour inſtruire &
juger en dernier reſſort le procès au nommé Soupizet
& ſes complices, coupables de Faux-Saunage, & de l'aſſaſſinat commis en la perſonne du Sieur Amiot-Clermont, Capitaine de la Brigade de Mauzat.

Du 9. Mai 1730.

Arreſt du Conſeil, qui ordonne, que celui du 6. Septembre 1701. ſera executé ſelon ſa forme & teneur, en conſequence caſſe & annulle la Sentence du Juge de Police de
Thionville du 3. Mars 1730. & tout ce qui l'a précedé &
ſuivi, comme auſſi la procedure commencée pour le même
fait à la Requête du Procureur du Roy au Bureau des Finances de Metz, lui impoſant ſilence à cet égard : Fait défenſes
à l'un & à l'autre, & à tous autres Juges & Officiers des
Cours & Juriſdictions de la Province ſans exception, de s'immiſcer en quelque maniere que ce ſoit dans la connoiſſance
de la Police & régie des Gabelles des trois Evêchés, & des
magaſins à Sel de ladite Province, à peine d'interdiction,
mille livres d'amende, & de tous dépens, dommages & interêts : Confirme en tant que beſoin eſt ou ſeroit au Sieur Intendant & Commiſſaire départi dans la Generalité de Metz, à
l'excluſion de tous autres Juges, la connoiſſance qui lui a
été attribuée par ledit Arreſt du 6. Septembre 1701. des demandes, pourſuites & actions au ſujet du Faux-Saunage, de
la vente & diſtribution des Sels, du payement du prix des
Baux, & autres generalement quelconques concernant la
Police des Gabelles de ladite Province ; & fait défenſes à
tous particuliers de quelque qualité & condition qu'ils ſoient
de ſe pourvoir ailleurs que devant lui pour raiſon des cas
ci-deſſus, à peine de trois cens livres d'amende, & de tous
dépens, dommages & interêts, &c.

GABELLES.

Du 16. Mai 1730.

Arreſt du Conſeil, qui ordonne que par le Sieur Daube, Intendant en la Generalité de Soiſſons, il ſera inceſſamment procedé à l'adjudication au rabais, & moins diſant, des Ouvrages à faire pour la conſtruction d'un Corps de Garde en forme de redoute vis-à-vis le Pont des Moulins de la Chantrelle, du montant deſquels Ouvrages les Entrepreneurs ſeront payés ſur les Ordonnances dudit Sieur Intendant, par Pierre Carlier, Adjudicataire des Fermes Generales-Unies, auquel il en ſera tenu compte ſur le prix de ſon Bail, en rapportant copie collationnée dudit Arreſt, le devis eſtimatif, les procès verbaux d'adjudication & de reception deſdits Ouvrages, les Ordonnances de M. l'Intendant, & les quittances des Entrepreneurs ſur ce ſuffiſantes.

Du 16. Mai 1730.

Arreſt du Conſeil, qui déboute Pierre Carlier de ſa demande en caſſation de deux Sentences du Siege de l'Amirauté de la Rochelle du douze Juin 1727. & neuf Janvier 1729. par leſquelles il a été aſſujetti aux droits dûs pour le radoub, carenne, entrée & ſortie de ſes Chalouppes & Pataches, tant à la Rochelle qu'en l'Iſle de Ré.

Du 23. Mai 1730.

Arreſt du Conſeil, qui approuve & homologue les Déliberations priſes par les Proprietaires des Marais Salans des côtes & Iſles de Xaintonge les 10. Septembre 1725. & quatre Mai 1728. par leſquels ils ſont entr'autres choſes convenus, de lever ſur eux un ſol par muid de tout le Sel qui ſera vendu & enlevé deſdits Marais, pour en être le produit employé à la dépenſe qu'il conviendra faire pour une députation au Conſeil, tendante à ce que les Sels qui ſe levent dans les differentes Provinces du Royaume ſoient impoſés à des droits proportionnés à ceux qui ſe perçoivent fur les Sels des côtes & Ifles de Xaintonge.

Du 30. Mai 1730.

Arreſt du Conſeil, portant établiſſement d'une Chambre à Sel dans la Ville de Lodeve, laquelle ſera fournie par les Entrepôts de Montpellier, & que le Sel y ſera vendu ſur le pied qu'il eſt reglé dans les autres Greniers & Chambres de Languedoc ; ſçavoir, vingt livres par minot pour le prix principal, conformément à l'état annexé au Bail de Carlier, deux ſols pour livre dudit prix ordonné par les Arreſts du Conſeil des 4. Juin 1715. & 15. Mai 1722. vingt-cinq ſols ſix deniers par minot pour les droits manuels fixés par celui du 25. Avril 1722. trois ſols ſix deniers par minot accordés aux Officiers de la Chambre des Comptes de Montpellier par Lettres Patentes des mois d'Avril 1632. & 1637. cinq ſols par minot ordonnés être levés par Arreſt du Conſeil du 5. Juillet 1723. pour les travaux du Canal des Loſnes & cinq ſols par minot ordonnés être perçûs par Arreſt dudit Conſeil du 24. Septembre 1726. pour les réparations des chemins depuis Toulouſe juſqu'à Saint Sulpice de la Pointe ; ordonne qu'outre les fixations ci-deſſus, il ſera payé vingt-cinq ſols par minot pour la voiture par terre depuis les Entrepôts de Montpellier juſqu'à la Chambre de Lodeve, ſans que ledit établiſſement puiſſe rien changer à la Juriſdiction des Gabelles de Languedoc d'où reſſortit ladite Ville.

Du 30. Mai 1730.

* Arreſt du Conſeil, qui ordonne que les Declarations des 9. Mai 1702. 19. Mai 1711. & 29. Août 1724. enſemble les Arreſts & Lettres Patentes des 25. Juillet, & premier Août 1719. 9. Août 1723. & 9. Mai 1724. concernant la remiſe des Rôles de l'impôt du Sel aux Receveurs des Gabelles, ſeront executés ſelon leur forme & teneur, ſous les peines & amendes y portées, & en conſequence caſſe & annulle les Sentences renduës par les Officiers des Greniers à Sel de Craon & de Châteaugontier les 6. Juillet 1728. 3. Janvier,

10. Mai, 28. & 29. Juillet 1729. fait défenses aufdits Officiers, & à tous autres d'en rendre de pareilles à l'avenir, à peine d'interdiction, & d'en répondre en leurs propres & privés noms, & de tous dépens, dommages & interêts envers le Fermier des Gabelles ; ordonne en outre aufdits Officiers des Greniers à Sel de Craon & de Châteaugontier, de prononcer sans aucun retardement, sur toutes les aſſignations qui ont été données pardevant eux au sujet des obmiſſions de personnes & faux qui se trouveront avoir été faites dans les Rôles remis par les Collecteurs de l'impôt du Sel de leur reſſort, des années 1728. & 1729. & tant aufdits Officiers qu'à tous autres, de prononcer sur les aſſignations qui seront données pardevant eux pour le même sujet à la requête du Fermier, & de se conformer dans les Sentences & Jugemens qu'ils rendront aufdites Declarations, Arrêts & Lettres Patentes, à peine d'interdiction, & de demeurer reſponſables en leurs propres & privés noms des amendes encouruës par les contrevenans ; au payement deſquelles amendes leſdits Officiers seront ſolidairement contraints par les voyes ordinaires & accoutumées pour les deniers & affaires de Sa Majeſté, &c.

Du 13. Juin 1730.

Arreſt du Conſeil, qui commet M. de Vanolles, Intendant de la Generalité de Moulins, pour inſtruire & juger souverainement le procès aux nommés François Cluſel, dit le Ratier, Barthelemy, dit Mathé, Charles Raymond, Jean des Arſes, Hugues Dupleix, dit Germanet, Jean Rigaud, Gabriel Mathenot, Jean Bournat, & leurs complices, pour réparation du crime de Faux-Saunage, & autres faits mentionnés dans deux Procès verbaux des Employés des Fermes des Brigades d'Ebreuil & Menzat du 25. Mars 1730.

Du 13. Juin 1730.

Arreſt du Conſeil, qui interdit le Sieur de Commarmont, Controlleur au Grenier à Sel de Saint Symphorien-le-Château, des fonctions de son Office jusqu'à ce que par Sa Majeſté il en ait été autrement ordonné.

GABELLES.   C

Du 13. Juin 1730.

Arreſt du Conſeil, qui ordonne que la fixation du prix du Sel à trente livres le minot , portée par celui du dix - ſept Avril 1725. pour le Pays de Bugey, ſera & demeurera continuée pour ſix années, à compter du premier Octobre 1730. aux charges, clauſes & conditions portées par ledit Arreſt, & autres qui peuvent avoir été rendus en conſequence, leſquels ſeront executés ſelon leur forme & teneur pendant leſdites ſix années , &c.

Du 13. Juin 1730.

Arreſt du Conſeil, qui commet M. de Vanolles, Intendant & Commiſſaire départi pour l'execution des ordres de Sa Majeſté dans la Generalité de Moulins, pour inſtruire & juger ſouverainement le procès aux nommés François Cluſel, dit le Ratier, Barthelemy, dit Mathé, Charles Raymond, Jean Deſarſes, Hugues Dupleix, dit Germanet, Jean Rigaud, Gabriel Mathenot, & Jean Bournat, Faux-Sauniers, enſemble à leurs complices, participes, & adherans.

Du 20. Juin 1730.

Arreſt du Conſeil, qui ordonne que·les procedures commencées par le Sieur Intendant & Commiſſaire départi en Flandre, tant contre Dominique Serine , que contre Jean-Baptiſte Lefer, & autres auteurs & complices du Faux-Saunage, mentionné au Procès verbal de capture, dreſſé par les Employés des Fermes de la porte des Malades de Lille le 14. Decembre 1729. ſeront continuées par ledit Sieur Intendant, à l'effet de quoi évoque & renvoye pardevant lui toutes les procedures qui peuvent avoir été commencées, pour être le tout inſtruit & jugé ſouverainement, & en dernier reſſort , en appellant par lui le nombre de Gradués requis par l'Ordonnance , lui attribuant à cet effet toute Cour , Juriſdiction & connoiſſance , & icelle interdiſant à toutes ſes

Cours & Juges : Permet audit Sieur Intendant de subdeleguer pour l'instruction, & de commettre pour faire les fonctions de Procureur du Roy en la Commission, tels Officiers
ou Gradués qu'il voudra choisir, &c.

Du 20. Juin 1730.

* Arrest du Conseil, qui défend aux Receveurs des Gabelles
de délivrer le Franc-Salé accordé aux Veterans, Honoraires
ou veuves des Officiers des Compagnies superieures, & autres, qu'en justifiant par eux du payement de la Capitation
de l'année pour laquelle le Franc-Salé leur sera délivré, à
peine de répondre en leurs propres & privés noms du payement de ladite Capitation, auquel effet lesdits Officiers, Veterans, Honoraires ou Veuves, seront tenus de remettre ausdits Receveurs des Gabelles un Duplicata de la quittance
de leur Capitation, signée du Payeur de la Compagnie
dans le Rôle de laquelle ils auront été compris, lequel Duplicata leur sera délivré sans frais ; & seront tenus lesdits Receveurs de le representer toutes fois & quantes ils en seront requis.

Du 27. Juin 1730.

Arrest du Conseil, qui commet M. de Creil, Intendant
& Commissaire départi en la Ceneralité de Metz pour instruire & juger le procès aux nommés Loüis Pouplier, Felix
Joubert, dit Morelle, ci-devant Soldat dans le Regiment du
Roy, faisant le Faux-Saunage à port d'armes, & à la nommée
Oudin, veuve Mottey, pour leur avoir donné azile, circonstances & dépendances, pour être le tout par lui jugé souverainement, & en dernier ressort, en appellant avec lui le
nombre de Gradués requis par l'Ordonnance ; lui permet de
subdeleguer pour l'instruction, & de commettre pour faire
les fonctions de Procureur du Roy en ladite Commission, tels
Officiers ou Gradués qu'il voudra choisir.

Du 27. Juin 1730.

Arreſt du Conſeil , qui évoque & renvoye pardevant le Sieur Maclot , Commiſſaire nommé par Arreſt du Conſeil du 2. Mai 1724. pour la réformation des Bois affectés à l'uſage des Salines de Salins , les procedures faites , tant devant le Sieur Raclet , Lieutenant en la Juriſdiction des Salines , & en la Maîtriſe des Eaux & Forêts,& Juge commis pour la réformation des bois affectés auſdites Salines , pour raiſon des faits mentionnés au Procès verbal du nommé Jacques Lambert , Garde-vente de la Forêt de Freſſe du 2. Septembre 1728. que celles faites devant le Lieutenant Criminel au Bailliage de Poligny ſur le requiſitoire du Procureur du Roy audit Bailliage , tendant à ce qu'il lui fût permis d'informer des faits contenus en la plainte du nommé Claude Proſt , du lieu de S. Germain, circonſtances & dépendances , pour être leſdites procedures par lui continuées & jugées ſouverainement , & en dernier reſſort , en appellant avec lui le nombre de Gradués requis par l'Ordonnance ; lui permet de commettre pour faire les fonctions de Procureur du Roy en ladite Commiſſion , tels Officiers ou Gradués qu'il voudra choiſir ; ordonne que les charges , informations , & autres procedures commencées , tant devant ledit Sieur Raclet, que pardevant le Lieutenant Criminel au Bailliage de Poligny , feront remiſes au Greffe de ladite Commiſſion , à ce faire tous Greffiers & dépoſitaires contraints , quoi faiſant ils en demeureront bien & valablement quittes & déchargés.

Du 4. Juillet 1730.

Arreſt du Conſeil , qui ordonne que les Proprietaires, Fermiers ou Receveurs des Peages de Blois , & autres , feront tenus de rendre & reſtituer les ſommes par eux exigées des Prépoſés de Joſeph Ducheſne, Entrepreneur des Voitures des Sels des Greniers qui ſe fourniſſent par la riviere de Loire , & autres rivieres y affluantes , pour le prétendu droit de Peage ſur les ſacs vuides ou de renvoi , ſervans à empo-

cher les Sels deftinés pour les Greniers de la Ferme generale
des Gabelles ; à la reftitution defquelles fommes lefdits Proprietaires , Fermiers ou Receveurs defdits Peages de Blois,
& autres , feront contraints par les voyes , & ainfi qu'il eft
accoutumé pour les propres deniers & affaires de Sa Majefté,
& fait défenfes à tous Peagers d'exiger fur lefdits facs vuides ou de renvoi aucuns droits, &c.

Du 4. Juillet 1730.

Arreft du Confeil , qui ordonne que pour le montant des
dépenfes faites, tant aux Salines de Salins en Franche-Comté,
& à la Saline de Moyenvick dans les trois Evêchés , que
dans les dépendances defdites Salines , il fera expedié au
profit de Pierre Carlier, Adjudicataire general des Fermes
Unies , une Ordonnance de comptant fur le Garde du Tréfor
Royal en exercice, de la fomme de cent trente-fept mille fept
cent vingt-quatre livres quinze fols dix deniers , pour valeur de laquelle il lui fera délivré une quittance comptable
de pareille fomme, fur & en déduction du prix de fon Bail,
moyennant quoi Sa Majefté demeurera déchargée defdites
dépenfes , & feront les pieces juftificatives d'icelles , au nombre de quatre-vingt-treize, cottées & paraphées par premiere
& derniere , enfemble l'état defdites pieces certifié des Cautions dudit Carlier, remifes au Greffe du Confeil , & annexées
à la minutte dudit Arreft , &c.

Du 8. Aouft 1730.

Arreft du Confeil , qui commet M. de Vanolles, Intendant de la Generalité de Moulins, pour inftruire & juger en
dernier reffort le procès aux nommés Gilbert, Fleur d'Epine,
dit le Milicien de la Paroiffe de Servant , & Fleur d'Epine,
dit Picault fon frere , leurs complices , participes & adherans , Faux-Sauniers à port d'armes , circonftances & déper-
dances , pour être le tout par lui jugé fouverainement & en
derdier reffort, en appellant avec lui le nombre de Gradués
requis par l'Ordonnance ; lui permet de fubdeleguer pour

faire les fonctions de Procureur du Roy en ladite Commiſſion, tels Officiers ou Gradués qu'il voudra choiſir ; évoque & renvoye pardevant ledit Sieur Intendant les procedures qui peuvent avoir été commencées pour raiſon de ce en quelque Juriſdiction que ce ſoit ; ordonne qu'elles ſeront apportées au Greffe de ladite Commiſſion, à ce faire tous Greffiers & dépoſitaires contraints, quoi faiſant déchargés.

Du 8. Aouſt 1730.

Arreſt du Conſeil, qui permet à Pierre Carlier Adjudicataire des Fermes Generales-Unies, de faire conſtruire dans l'enceinte des Salins d'Yeres, à une diſtance convenable des murailles, une Halle ou Engard pour emplacer les Sels, & en conſequence ordonne, que par le Sieur le Bret, Conſeiller d'Eſtat, Intendant en Provence, il ſera procedé à l'adjudication au rabais & moins diſans en la maniere ordinaire, des Ouvrages à faire pour la conſtruction dudit Engard, & des réparations neceſſaires à l'ancien, ſuivant les plan & devis qui en ont été dreſſés par le Sieur Bertaud, Ingenieur. Que les ſommes portées par ladite adjudication, ſeront payées par le Receveur General des Gabelles à Marſeille ſur les Ordonnances dudit Sieur le Bret, & que ſur le montant deſdites dépenſes, il ſera tenu compte audit Carlier, ſur le prix de ſon Bail de la Ferme des Gabelles de Provence, de la ſomme de quatre mille livres, conformément à l'Arreſt du 28. Février 1730, en rapportant l'expedition ou copie dudit Arreſt, enſemble le devis & adjudication, les Ordonnances dudit Sieur le Bret, les quittances de l'Entrepreneur ſur ce ſuffiſantes, & le Certificat de reception deſdits Ouvrages par l'Ingenieur qui ſera nommé par ledit Sieur le Bret ; que le ſurplus deſdites dépenſes ſera rembourſé audit Carlier par le Fermier qui lui ſuccedera, & de même de Bail en Bail ; ordonne en outre, qu'après les réparations faites à l'ancien Engard, & la conſtruction du nouveau, les Proprietaires des Salins d'Yeres ſeront tenus de leur entretien, & des réparations annuelles, ſans pouvoir s'en diſpenſer, ſous quelque prétexte que ce puiſſe être, ſinon l'Adjudicataire des Gabel-

les pourra les faire à leurs frais, après avoir préalablement
fait dresser procès verbal desdites réparations, & l'avoir fait
signifier ausdits Proprietaires, &c.

Du 22. Aoust 1730.

Arrest du Conseil, qui ordonne au Sieur Procureur General de la Cour des Aydes de Clermont-Ferrant, d'envoyer
au Conseil les motifs d'un Arrest de ladite Cour du 13. Janvier 1730. qui a débouté Carlier Adjudicataire des Fermes
Generales-Unies de ses demandes en confiscation & condamnation d'amende, contre un Habitant de la Paroisse de
Marcoulez, dépendante de la Prevôté de Saint Flour, chez
lequel il a été saisi du Sel & des mesures, pour les motifs
vûs & examinés, être par Sa Majesté ordonné ce qu'il appartiendra, toutes choses jusqu'à ce demeurant en état.

Du 22. Aoust 1730.

Arrest du Conseil, qui évoque & renvoye pardevant le S^r
Pomereu, Intendant & Commissaire départi en la Generalité de Tours, tous les Procès nés & à naître, tant sur l'execution de l'Arrest du 19. Octobre 1728. qui ordonne le rétablissement de la navigation des rivieres de Mayenne, Sar-
tre, Loir & Oudon, & des adjudications faites en conséquence, que ceux concernant les Adjudicataires & leurs
Ouvriers en quelque Jurisdiction qu'ils soient pendans, pour
être le tout par lui jugé, sauf l'appel au Conseil.

Du 22. Aoust 1730.

* Arrest du Conseil, qui ordonne qu'en justifiant par les Officiers Veterans & Honoraires, & les veuves des Officiers des
Compagnies superieures, & autres, du payement de la Capitation de l'année qui aura précedé celle dans laquelle leur
Franc-Salé sera délivré, les Receveurs des Gabelles qui en
auront fait la délivrance en demeureront bien & valablement
déchargés, nonobstant les dispositions de l'Arrest du 20. Juin
1730. qui sera au surplus executé.

Du 5. Septembre 1730.

Arreſt du Conſeil, qui commet M. de Vanolles, Maître des Requétes, Intendant en la Generalité de Moulins, pour inſtruire & juger le procès aux nommés le Petit Jarbon & Boubat de la Paroiſſe de Saint Marcel, Chefs d'une bande de Faux-Sauniers, & aux auteurs, complices, participes & adherans, tant de l'attroupement à port d'armes, que de l'homicide commis en la perſonne du nommé Puiclarau Garde, & autres faits mentionnés au proœs verbal, être le tout par lui jugé ſouverainement, & en dernier reſſort, en appellant avec lui le nombre de Gradués requis par l'Ordonnance; lui permet de ſubdeleguer pour l'inſtruction, & de commettre pour faire les fonctions de Procureur du Roy en ladite Commiſſion, tels Officiers ou Gradués qu'il voudra choiſir; évoque & renvoye pardevant ledit Sieur Intendant les procedures qui peuvent avoir été commencées pour raiſon de ce en quelque Juriſdiction que ce ſoit; ordonne qu'elles ſeront apportées au Greffe de la Commiſſion, à ce faire tous Greffiers & dépoſitaites contraints, quoi faiſant déchargés.

Du 5. Septembre 1730.

Arreſt du Conſeil, qui ordonne que par le Sieur de Creil, Intendant & Commiſſaire départi en la Generalité de Metz, il ſera procedé au devis & adjudication au rabais & moins diſans, des Ouvrages à faire pour l'édification d'une Chapelle dans le petit magaſin joignant la première Poëſle de la Saline de Moyenvick, du prix deſquels Ouvrages les Entrepreneurs ſeront payés ſur les Ordonnances dudit Sieur de Creil, après la reception deſdits Ouvrages, par Pierre Carlier, Adjudicataire des Fermes Generales, auquel il en ſera tenu compte ſur le prix de ſon Bail, en rapportant l'expedition ou copie collationnée dudit Arreſt, le devis eſtimatif, les procès verbaux d'adjudication & reception deſdits Ouvrages, les Ordonnances dudit Sieur de Creil, & les quittances des Entrepreneurs; ordonne en outre que ledit Pierre

Carlier

Carlier sera tenu , suivant ses offres , ainsi que ceux qui lui succederont dans le Bail des Fermes Generales , de la rétribution annuelle du Chapelain qui desservira ladite Chapelle, & que ledit Carlier fournira & entretiendra à ses frais les Ornemens, Vases sacrés , Chandeliers , & autres ustanciles necessaires pour faire le Service Divin dans ladite Chapelle.

Du 5. Septembre 1730.

Arrest du Conseil, qui commet M. de Pomereu , Intendant & Commissaire départi en la Generalité de Tours, pour instruire & juger le procès aux auteurs & complices du meurtre commis le 30. Juillet 1730. en la personne du nommé Jean Meignan, Laboureur du lieu de la Chadeniere, Paroisse de Villiers Charlemagne , Election de Châteaugontier , pour être le tout par lui jugé souverainement & en dernier ressort , en appellant avec lui le nombre de Gradués requis par l'Ordonnance ; lui permet de subdeleguer pour l'instruction , & de commettre pour faire les fonctions de Procureur du Roy en ladite Commission, tels Officiers ou Gradués qu'il voudra choisir ; évoque & renvoye pardevant ledit Sieur Intendant les procedures qui pourroient avoir été commencées pour raison de ce en quelque Jurisdiction que ce soit ; ordonne que les charges & informations, & autres procedures , seront envoyées au Greffe de ladite Commission , à ce faire tous Greffiers & dépositaires contraints , quoi faisant ils en demeureront bien & valablement quittes & déchargés.

Du 5. Septembre 1730.

Arrest du Conseil, qui casse & annulle celui de la Cour des Aydes de Paris du 8. Mars 1730. & ordonne qu'il sera passé outre à la verification du Sel saisi par les Employés des Fermes à Ernée le 13. Juillet 1729. au domicile de François Gallouin , Mesureur au Grenier à Sel de ladite Ville, devant tels Juges qu'il conviendra nommer , pour sur icelle être par lesdits Juges ordonné ce que de raison.

Du 12. Septembre 1730.

Arrest du Conseil, par lequel Sa Majesté ayant aucunement égard à la Requête de Pierre Carlier, Adjudicataire General des Fermes, & conformément à l'avis du Sieur le Bret, Conseiller d'Estat, Intendant & Commissaire départi en Provence; ordonne que par ledit Sieur le Bret, il sera incessamment procedé à l'adjudication au rabais, & moins disans, en la maniere accoutumée, des Curages des Canaux & réparations à faire aux Chaussées desdits Canaux dans les Salins d'Yeres, suivant le devis estimatif qui en a été dressé par le Sieur Bertaud, Ingenieur en Chef en Provence, du montant desquels Ouvrages les Entrepreneurs seront payés par provision sur les Ordonnances dudit Sieur Commissaire, au fur & à mesure, ou après la reception desdits Ouvrages, par ledit Carlier, qui en sera remboursé en quatre années par les Proprietaires desdits Salins, à peine d'y être contraints par toutes voyes; ordonne en outre, qu'après le Curage desdits Canaux, & les réparations d'iceux, & des Salins d'Yeres, les Proprietaires desdits Salins seront tenus de les faire exactement sauner toutes les années, & de les entretenir dans la suite generalement de toutes réparations, sans pouvoir s'en dispenser sous quelque prétexte que ce puisse être, &c.

Du 19. Septembre 1730.

Arrest du Conseil, qui ordonne que les pieces concernant les dépenses qui ont été faites pour parachever les dépôts des Sels de Roüen mentionnés en icelui, au nombre de cent trenteneuf, cottées & paraphées par premiere & derniere, y compris le bordereau general, seront remises au Greffe du Conseil, ensemble l'état desdites pieces, signé & certifié de quatre des Cautions de Pierre Carlier, Adjudicataire General des Fermes Unies de Sa Majesté; & que pour ce qui reste à rembourser du montant dudit Etat, il sera expedié au profit dudit Carlier, une Ordonnance de comptant sur le Garde

du Tréfor Royal en exercice, de la fomme de deux cent
quatre-vingt-un mille fix cent dix livres dix-neuf fols, laquelle lui fera payée en une quittance comptable, fur & en
déduction du prix de fon Bail, moyennant quoi Sa Majefté
demeurera bien & valablement quitte & déchargée, tant de
ladite fomme de deux cent quatre-vingt-un mille fix cent dix
livres dix-neuf fols, que de celle de treize mille cinq cent livres,
& de celle de neuf mille huit cens livres tenuës en furféance
par les Arrêts des 16. Mars 1728. & 18. Janvier 1729. attendu que ces deux fommes font partie des deux cent quatre-
vingt-un mille fix cent dix livres dix-neuf fols ordonnée être
remboursée audit Carlier par ledit Arreft, &c.

Du 26. Septembre 1730.

Arreft du Confeil, qui ordonne que M. le Procureur General en la Cour des Aydes de Paris, remettra au Sieur Controlleur General des Finances, les motifs de celui de ladite
Cour du 19. Juillet 1730. portant moderation de l'amende
de deux cent livres prononcée par la Sentence des Officiers du Grenier à Sel de Pouancé du vingt-fix Aouft 1730.
pour faifie domiciliaire faite chez la veuve Defgrées & René
Defgrées fon fils à celle de vingt-cinq livres, pour lefdits
motifs vûs & examinés, être par Sa Majefté ordonné ce qu'il
appartiendra, toutes chofes jufqu'à ce demeurant en état,
&c.

Du 26. Septembre 1730.

Arreft du Confeil, qui caffe & annulle une Sentence des
Officiers des dépôts des Sels de Caën du 28. Juillet 1730. en
ce qu'elle défend aux Capitaines des Bâtimens chargés de
Sels, d'alleger leurs Navires au Port de Oyftrehan fans les y
appeller, & condamne Jean-Baptifte Lhermite, Maître de
Navire en dix livres d'amende, pour avoir fait alleger fon
Bâtiment dans le Port; & en confequence permet à Pierre
Carlier, Adjudicataire des Fermes Generales-Unies de Sa
Majefté, de faire faire en prefence de fes Commis & Pré-
pofés, les allegemens des Bâtimens lorfque le befoin le re-

querera, sans'être tenus d'y appeller aucuns Officiers ; leur fait défenses d'exiger pour raison desdits allegemens aucuns droits de presence, vacations ni autres, à peine de concussion, à moins que leur presence ne soit requises ausdits allegemens par ledit Carlier ou ses Préposés.

FIN.

<hr>

A PARIS,

Chez la Veuve SAUGRAIN & PIERRE PRAULT,
Imprimeur de Fermes du Roy, Quay de Gesvres,
au Paradis. 1733.

TABLE

DES EDITS, DECLARATIONS,

ARRETS ET REGLEMENS,

Rendus pendant la quatriéme année du Bail
de M⁰ PIERRE CARLIER.

*Commencée le premier Octobre 1729. & finie le dernier
Septembre 1730.*

Concernant les Aydes, Entrées, Pied Fourché & Droits y joints,
Papier & Parchemin timbrés ; Domaine, Barrage & Poids-le-Roy,
Domaine de Flandres, Marque d'Or & d'Argent, Marque des Fers,
Impôts & Billots de Bretagne ; Droits sur le Poisson ; Droits réünis
aux Entrées & sur les Ports, Quais, Halles, Places & Marchés de
la Ville & Fauxbourgs de Paris ; Inspecteurs des Boucheries & des
Boissons ; Courtiers Commissionnaires & Jaugeurs de Futailles,
Droits appartenans à la Ville de Paris, à l'Hôpital General, & à
l'Hôtel-Dieu, &c.

Du 1ᵉʳ. Octobre 1729.

NSTRUCTIONS pour la régie des droits dé-
pendans des Domaines de Flandres, Haynault
& Artois.

AYDES. A

Du 11 *Octobre* 1729.

* Arreſt du Conſeil, qui caſſe la Sentence des Officiers de l'Election de Paris du 31. Mars 1729. qui avoit déchargé les Habitans du Fauxbourg de Gloire, ou de S. Laurent, du payement des droits d'Entrées des Vins par eux recüeillis hors les Barrieres; & ordonne que les contraintes décernées par Pierre Carlier, Adjudicataire des Fermes Generales de Sa Majeſté, contre leſdits Habitans, pour raiſon deſdits droits, ſeront executées ſelon leur forme & teneur; fait défenſes aux Officiers de ladite Election de rendre à l'avenir de pareilles Sentences, à peine de tous dépens, dommages & interêts, & d'interdiction.

Du 11. *Octobre* 1729.

* Arreſt du Conſeil, qui caſſe dix Sentences des Elûs de Melun des 18. Mars, 19. Aouſt, 4. 16. & 18. Novembre & deux Decembre 1728. confiſque au profit d'Alexis Baillet, Sous-Fermier des Aydes de la Generalité de Paris, les choſes ſaiſies par differens Procès verbaux ſur les nommés ci-après; les condamne en outre en differentes amendes; ſçavoir, les nommés Spire Boudin & Boutrechoux chacun en cent livres, Jean Billandoffe en cinq cent livres, Claude Danger en cent livres, Antoine Deniſot de Saint-Port en trois cent livres, Georges Couſin & la veuve Moreau chacun en cent livres, les nommés Bernard & Faye pareillement en cent livres, Philippes le Comte & ſa femme en deux cent livres, Jacques Chatigné en cinq cent livres d'amende, & tous leſdits particuliers aux dépens faits en ladite Election chacun pour ce qui les concerne. Enjoint auſdits Elûs de Melun de garder & obſerver à l'avenir l'Ordonnance & les autres Reglemens concernant les droits d'Aydes, à peine de tous dépens, dommages & interêts, & d'interdiction à la premiere contravention; à l'effet de quoi il eſt ordonné, que l'Arreſt ſera enregiſtré ſans frais en leur Greffe.

Des 12. *Octobre* 1728. & 11. *Octobre* 1729.

* Arrefts du Confeil, dont le premier caffe une Sentence des Elûs de Bernay du 14. Février 1728. & un Arreft de la Cour des Aydes de Roüen du 17. Juillet audit an; Enjoint à Pollet & Savary, Bouilleurs & Détailleurs d'Eau-de-Vie demeurans à Bernay, de ceffer la vente en détail dans le tems qu'ils font brûler leurs Boiffons & fabriquent de l'Eau-de-Vie, aux peines porrées par l'Ordonnance & Reglèmens, fauf à la reprendre incontinent après avoir ceffé la Fabrique defdites d'Eaux-de-Vie ; les décharge par grace , & pour cette fois feulement, des peines de confifcation & amendes par eux encouruës , & les condamne en la reftitution des fommes que le Fermier des Aydes pouvoit avoir payées en vertu de l'Arreft de ladite Cour des Aydes.

Et le fecond, déboute lefdits Pollet & Savary de l'oppofition par eux formée à l'Arreft du Confeil du 12. Octobre 1728.

Des 18. *Octobre* & 22. *Novembre* 1729.

* Deux Arrefts du Confeil, le premier rendu fur la Requête du Fermier de la Marque d'Or & d'Argent , ordonne l'execution de l'Ordonnance du mois de Juillet 1681. titre des droits de la Marque d'Or & d'Argent , & de l'Arreft du Confeil & Lettres Patentes des 2. Avril & 18. Juillet 1697. en confequence caffe une Sentence de l'Election de Paris , & deux Arrefts de la Cour des Aydes ; condamne Claude Lemire Orfévre , à payer la jufte valeur de quatre-vingt-dix pieces d'Argenterie , faute de les avoir reprefentées ou indiquées lors & à l'inftant de la Vifite des Commis de ladite Ferme , & en cent livres d'amende par chacune defdites Pieces , & en tous les dépens : Enjoint aux Officiers des Elections, & Cour des Aydes , de juger fuivant les Reglemens.

Le fecond déboute ledit Lemire de l'oppofition par lui formée audit Arreft , & en ordonne l'execution.

Du 18. Octobre 1729.

* Arreſt du Conſeil, qui condamne le Fermier des Vignes, &
autres Biens dépendans de l'Abbaye de S. Symphorien de la
Ville de Beauvais, à payer au Fermier des Aydes les droits
de Gros, Augmentation, Jauge & Courtage, & ceux de
Courtiers-Jaugeurs des Vins provenans deſdites Vignes, qu'il
a livrés & qu'il livrera annuellement à Meſſieurs du Semi-
naire de ladite Ville en l'acquit dudit Sieur Abbé, quoique
ce ſoit l'une des charges de l'ancien partage des Biens de la
Manſe Abbatiale faite entre l'Abbé & les Religieux, & une
condition du Bail à loyer deſdits Biens.

Du 18. Octobre 1729.

* Arreſt du Conſeil, & Lettres Patentes, qui commettent
M. Herault, Lieutenant General de Police, & Meſſieurs
les Officiers au Siege Preſidial du Châtelet, pour inſtruire &
juger diffinitivement, & en dernier reſſort, les procès à ceux
qui ſeront prévenus d'avoir falſifié des Billets, Lettres de
Change, Regiſtres, Quittances, & autres Actes qui ſe paſſent entre l'Adjudicataire de la Ferme des Droits qui ſe perçoivent ſur le Poiſſon de mer frais, ſec & ſalé, & d'eau
douce, & les Marchands, & autres faiſans commerce & tra-
fic de ladite marchandiſe ſur les Ports, Quais, Halles &
Marchés de cette Ville.

Du 8. Novembre 1729.

Arreſt du Conſeil, qui décharge Loüis Bourgeois, Adjudicataire des Fermes Generales, de la demande formée contre
lui en l'Election de Paris, par Vanetel Charny, pour raiſon
des appointemens par lui prétendus, à raiſon de douze cent
livres par an, & ce pendant un an & huit mois après la fin
du Bail dudit Bourgeois, ſous prétexte qu'il a continué pendant ledit tems la verification des Regiſtres des droits d'Aydes dans les Elections de Melun, Provins, Coulomniers,

Meaux, Rozay & Nemours, dont il avoit été chargé par
Charles Cordier, sous le nom duquel la régie des Fermes
avoit été faite, à la charge par ledit Bourgeois, suivant ses
offres, de payer audit Charny la remise qui se trouvera lui
être dûë, à raison de quatre sols pour livre, en justifiant par
lui des sommes qu'il a fait payer à la Ferme sur les omissions
de recettes qu'il a découvertes.

Du 8. Novembre 1729.

Arrest du Conseil, qui ordonne que les Declarations du
Roy des 6. Aoust 1715. & 15. Mai 1722. & les Reglemens
rendus en consequence, seront executés selon leur forme
& teneur ; & en consequence condamne les nommés Thevenet, Marchand de Vin, rüe Montmartre, & Guillaume
Thevenet son frere, Ouvrier dans l'Enclos des Quinze-
Vingts en deux cent livres d'amende, & en la confiscation
de dix demi-queuës de vin saisies par procès verbal du 23.
Mai 1729. pour avoir été faussement declarées & acquittées
en Bourgeois sous le nom de Guillaume Thevenet par ledit
Thevenet, Cabaretier son frere, qui en devoit les droits en
Marchand, lesdites dix demi-queuës évaluées à la somme
de six cens livres, les nommés Blanchard Traiteur, Lamy de
Sameray, logeant & mangeant chez ledit Blanchard, Perichoux
Cabaretier, Dieu-Donné, Portier des Ecuries de Madame
la Duchesse de Bourbon, Sorbieux & sa femme, demeurans
au Port au Plâtre, Fauxbourg Saint Antoine, & autres, en
pareilles amendes de deux cent livres, & en la confiscation
de plusieurs pieces de Vin sur eux saisies par differens procès
verbaux, pour avoir été faussement declarées & acquittées
en Bourgeois, au payement de toutes lesquelles amendes
& confiscations, les dénommés audit Arrest seront solidairement contraints chacun pour leur fait & regard, comme
pour les propres deniers & affaires de Sa Majesté, déduction
faite neanmoins au nommé Chauveau, Cabaretier dans l'Isle-
Louvier, de la Hottée contenant quarante-neuf bouteilles
de vin rouge qui a été transportée au Bureau general des
Aydes, Hôtel de Bretonvilliers, où elle a été laissée à la
garde de Giroux, Concierge dudit Hôtel.

Du 8. Novembre 1729.

Arreſt du Conſeil, qui ordonne qu'à la diligence de Pierre Carlier, Adjudicataire des Fermes generales, la Barriere de Lorette ſera tranſportée ſur le même allignement, & miſe à l'encoignure de la derniere maiſon appartenante au Sieur Baſtier, & conſtruite en pierre de moëlon, à condition neanmoins, que la grande porte de ladite Barriere ſera de la largeur ordinaire pour le paſſage des voitures, & que les deniers & avances qui ſeront neceſſaires pour parvenir à la conſtruction de ladite Barriere, ſeront avancés par ledit Carlier, qui en ſera rembourſé par le Fermier qui lui ſuccedera, & ſucceſſivement de Bail en Bail, en rapportant l'expedition ou copie dudit Arreſt; les devis & memoires des Ouvriers arrêtés par le Sieur de Coſte, Architecte de Sa Majeſté, commis par Arreſt du Conſeil du 19. Mai 1719. à l'inſpection des Bâtimens des Fermes generales, & les quittances deſdits Ouvriers, &c.

Du 15. Novembre 1729.

Arreſt du Conſeil, qui nomme Pierre-Jacques de Magniére pour l'exploitation du Bail & adjudication des droits ſur la Volaille, Gibier, Cochons de lait, Agneaux & Chevreaux, aux mêmes clauſes & conditions y portées, au lieu & place du nommé Pottier; ordonne que ledit Magniére ſignera les expeditions neceſſaires pour la régie dudit Bail, & que tout ce qui a été fait ſous le nom dudit Pottier, ſoit valable.

Des 18. Février & 15. Novembre 1729.

Deux Arreſts, l'un de la Cour des Aydes de Paris, contre le Sieur Ponce Sarot, Officier Commenſal de la Maiſon du Roy, réſident à Mareüil, Election d'Epernay, qui le déboute de ſa demande en reſtitution des droits de Gros, de ſoixante-quinze Bouteilles de Vin de ſon crû de la récolte de 1724. & le condamne aux dépens.

Et l'autre du Conseil, qui déboute ledit Sieur Sarot des fins & conclusions de sa Requête, & ordonne l'execution dudit Arrest de la Cour des Aydes.

NOTA. Ces deux Arrests jugent qu'un Officier Commensal ne peut joüir de l'exemption du Gros, que sur les Vins par lui recüeillis posterieurement à l'expedition de ses Provisions, & en justifiant de son service actuel.

Du 22. Novembre 1729.

* Arrest du Conseil, qui casse trois Sentences de l'Election de Melun, & qui juge que le Droit Annuel est dû par les particuliers qui vendent des Vins d'achat en détail à pot ou à assiette, quand bien même ils ne seroient pas Cabaretiers de profession, & quoique la vente soit au-dessous de trois muids.

Que les Procès verbaux dressés par les Commis des Aydes pour violences & rebellion, font foi en Justice sans autres preuves, & sans qu'il soit permis aux particuliers de faire des Enquêtes pour en détruire la foi, & aux Juges de les ordonner.

Que les Bourgeois & Habitans de la Ville de Fontainebleau, qui sont exempts des droits d'Aydes pendant le séjour de Sa Majesté dans ladite Ville, ne peuvent vendre leurs Vins & Boissons en exemption ailleurs que dans leurs maisons d'habitation sous quelque prétexte que ce soit.

Et enjoint aux Elûs de garder & observer les Reglemens, à peine d'interdiction, & de tous dépens, dommages & interêts.

Du premier Decembre 1729.

* Ordonnance des Prevôt des Marchands & Echevins de la Ville de Paris, qui défend à toutes personnes & à tous Charretiers, leurs femmes, enfans, garçons & domestiques, d'aller au-devant des Bourgeois & Habitans de ladite Ville, & autres, & de les suivre pour les conduire dans la vente d'aucuns Marchands de Vins, tant sur les Ports, Etape en Gréve, que dans la Halle, à peine du punition corporelle, même pour la premiere fois; leur fait pareillement défenses

d'y entrer , de garder aucun rang entr'eux pour la voiture
defdits Vins, & d'en differer fous quelque prétexte quece foit
le chargement & la voiture , lorfqu'ils l'auront entrepris, après
en avoir été requis,à peine de confifcation desCharrettes,Che-
vaux & Haquets, de cent livres d'amende , & d'un mois de
prifon , même pour la premiere fois. Enjoint aux Gardes de
jour & de nuit prépofés pour la fûreté defdits Ports , de
prêter main forte , & de conftituer prifonniers les côntreve-
nans.

Du 13. *Decembre* 1729.

Arreft du Confeil , qui reçoit les Curé , Marguilliers , &
principaux Habitans de la Paroiffe de Sainte Marie-Magde-
leine de la Ville-Levefque , Fauxbourg Saint Honoré à Paris , oppofans à l'Arreft du Confeil du 24. Avril 1717. faifant droit fur leur oppofition, ordonne que le bout de la ruë
de la Bonne Moruë, qui donne fur les Champs Elyfées, fera
ouvert pour la commodité publiqne , & qu'il y fera conftruit
une Barriere de renvoi, à la diligence & aux frais des Fermiers Generaux , même établi un Bureau où lefdits Fermiers
pourront avoir un ou plufieurs Commis pour la conferva-
tion des droits de Sa Majefté, &c.

Du 15. *Decembre* 1729.

* Jugement fouverain rendu par M. de Vatan , Intendant de
la Generalité de Caën , Commiffaire du Confeil en cette
partie, affifté de Meffieurs les Officiers du Prefidial, qui caffe
& annulle la permiffion d'informer accordée par les Elûs de
Caën le 5. Juillet 1727. à Antoine le Couefpellier , & tout
ce qui a été fait en confequence , comme contraire à l'Ordonnance des Aydes de 1680. Declarations du Roy, Arrêts
& Reglemens rendus en confequence , parce que fans infcription de faux , cette procedure mettoit Couefpellier en
état d'attaquer & de détruire le Procés verbal des Commis
aux Aydes des 29. & 30. Juin 1727. & que d'ailleurs elle
conftituoit Couefpellier Accufateur, d'Accufé qu'il étoit, par
la Plainte donnée par le Fermier des Aydes fur le procès
verbal

verbal defdits Commis le 2. Juillet 1729. Declare nulle la
repetition des Commis fur ledit Procès verbal , pour avoir
été rédigée par un Greffier commis par les Elûs , fans en avoir
prêté le ferment. Décharge quatre commis qui ont rendu le
Procès verbal du decret de prife de corps contr'eux décerné
fur la Plainte & Information de Couefpellier , par laquelle
plainte il les accufoit de lui avoir volé environ quatre mille
livres d'efpeces ; ordonne que les Prifons leur feront ouvertes , & leurs écroües rayés & biffés. Decrete de prife de corps
trois particuliers témoins de l'information de Couefpellier,
& d'ajournement perfonnel dudit Couefpellier , fes deux valets , & la femme de l'un defdits deux valets.

Du 20. Decembre 1729.

* Arreft du Confeil , qui caffe celui de la Cour des Aydes
de Paris du 8. Février 1729. ordonne que l'article 7. du titre
neuviéme des Magafins & Entrepots de l'Ordonnance fur le
fait des Cinq Groffes Fermes du mois de Février 1687. qui défend tous Magafins & Entrepots dans les huit lieuës proche
de la Ville de Paris, à peine de confifcation & de trois cent
livres d'amende , fera executé felon fa forme & teneur ; &
en confequence que les cent quinze pieces, tant Toiles que
Siamoifes , Montrichoux & Mouchoirs , & les quarante-deux
pieces de Ruban de fil faifies fur la veuve Levacher , Cabaretiere à la Chapelle Saint Denis, dans la Banlieuë de Paris,
demeureront confifquées au profit de Me Pierre Carlier , Adjudicataire General des Fermes de Sa Majefté , auquel ladite veuve Levacher fera tenuë de rendre lefdites cent quinze
pieces de Toiles, & quarante-deux pieces de Ruban de fil,
à la délivrance defquelles marchandifes elle fera contrainte,
comme pour les propres deniers & affaires de Sa Majefté,
finon & à faute de ce , ordonne qu'elle fera contrainte par
les mêmes voyes de payer audit Carlier la fomme de deux
mille livres pour la valeur defdites marchandifes ; la condamne en outre en trois cent livres d'amende pour tous dépens , dommages & interêts ; lui fait très-expreffes défenfes
de récidiver fous plus grande peine.

AYDES.   B

Du 20. Decembre 1729.

* Arrest contradictoire du Conseil, par lequel Sa Majesté a ordonné, que les Habitans de la Paroisse de Bonneüil, & autres, comprises dans l'Etat arrêté par le Sieur Chauvelin, Intendant & Commissaire départi dans la Generalité d'Amiens le 12. Janvier 1689. seront tenus de payer les Droits de Subvention de toutes les Boissons qu'ils ont recüeillies & recüilleront par la suite, soit pour leur consommation ou autrement; ensemble ceux des Inspecteurs aux Boissons, quatre & deux sols pour livre d'iceux.

Du 20. Decembre 1729.

* Declaration du Roy, qui ordonne que pendant le courant de l'année 1730. il sera perçu, au profit de l'Hôpital General, dix sols par chaque Voye de Bois à brûler, & deux sols par chaque Voye de Charbon de bois, qui seront venduës sur les Ports, Quais & Chantiers de la Ville de Paris; lesdits Droits payables, ainsi qu'il a été ordonné par les Declarations des 3. Janvier & 21. Decembre 1728. sçavoir, moitié par les Marchands de Bois & de Charbon, & l'autre moitié par les acheteurs.

Du 20. Decembre 1729.

* Arrest du Conseil, qui casse deux Arrests de la Cour des Aydes des 21. Octobre & 19. Novembre 1728. Décharge le Sieur Bloquel, President de l'Election de Neuf-Châtel, des condamnations prononcées contre lui par lesdits Arrests; ordonne que les sommes par lui payées lui seront restituées, & autorise la surséance à l'audition des témoins, sur une Plainte donnée par Pierre Joly Cabaretier, contre le Procès verbal des Commis, attendu l'appel interjetté par le Fermier des Aydes, de la reception de ladite Plainte, & de la Sentence qui ordonnoit que les témoins seroient entendus.

Du 20. Decembre 1729.

* Arrest du Conseil, qui casse un Arrest de la Cour des Aydes de Roüen, & une Sentence des Officiers de l'Election de Neuf-Châtel, par lesquels une Plainte & Information faite à la Requête de Pierre Joly, Cabaretier à Aumale, avoit été préferée à la Plainte du Fermier des Aydes, donnée contre ledit Joly & ses complices, sur le Procès verbal des Commis aux Aydes. Lesdites deux Plaintes dattées du même jour. Par cet Arrest, le Conseil renvoye devant les Elûs de Roüen, pour proceder sur le Procès verbal des Commis ; & par consequent juge, qu'en matiere criminelle comme en matiere civile, les Prévenus pour fraude, ou de rebellion, contre lesquels il a été rendus un Procès verbal, n'ont que la seule voye de l'inscription de faux pour l'attaquer, & que la voye de la Plainte leur est interdite.

Des 23. Decembre 1729. & 23 Mai 1730.

* Sentence de l'Election de Paris, & Arrest de la Cour des Aydes, qui confisquent au profit du Fermier de la Marque d'Or & d'Argent, des Ouvrages d'argent reconnus marqués de faux Poinçons, saisis sur Charles Despots fils, Jacqueline Genu sa femme, & Alexandre Lenoir, Orfévres à Paris ; les condamne solidairement en trois mille livres d'amende, & en tous les dépens.

Du 23. Decembre 1729.

* Ordonnance des Prevôt des Marchands & Echevins de la Ville de Paris, portant que les Vins seront conduits & mis dans la Halle par la grande porte d'icelle du côté de la Riviere ; sçavoir, en Eté, de Pâques à la Saint Remy, depuis sept heures du matin jusqu'à six heures du soir ; & en hyver, de la Saint Remy à Pâques, depuis huit heures du matin jusqu'à cinq heures du soir ; excepté neanmoins dans tous les tems, depuis midi jusqu'à deux heures de relevée, pendant lequel tems, les grandes portes de ladite Halle demeureront

fermées ; avec défenses d'en faire entrer par aucune autre
porte, à peine de cent livres d'amende pour chacune contravention, & de confiscation des Marchandises au profit de
l'Hôpital General.

Que lesdits Vins seront engerbés les uns sur les autres sous
les Solles de l'Etape en Gréve & de ladite Halle, aux frais &
dépens des Marchands.

Que sur les Ports à l'Etape en Gréve, & dans la Halle,
les Vins seront vendus les jours non fêtés, dans les heures ci-
dessus marquées, par les Marchands, leurs femmes, enfans
ou domestiques seulement, de l'âge de vingt ans au moins,
lesquels domestiques ne pourront vendre chacun que pour
un seul desdits Marchands, après que, tant sur leur declaration, que sur celle de celui desdits Marchands à qui ils ap-
partiendront, qu'ils auront été inscrits sur les Registres cot-
tés & paraphés du Prevôt des Marchands, qui resteront entre
les mains des Concierges desdites Etapes en Gréve & Halle au
Vin, chacun à leur égard, & dont lesdits Marchands seront
responsables. Et lorsque lesdits Marchands auront vendu le
Vin qu'ils auront amené, ils seront tenus de déclarer que
lesdits domestiques ne sont plus à leur service ; & lesdits
domestiques seront aussi tenus de faire de pareilles declarations, à peine contre les derniers, d'être chassés de dessus
lesdits Ports, Etape en Gréve, & de ladite Halle au Vin,
& en cas qu'ils y paroissent, de punition corporelle.

Que les Vins vendus ne pourront être conduits hors ladite
Halle, que par la grande porte d'icelle, du côté de la ruë des
Fossés Saint Victor, aussi aux frais & dépens des Marchands
vendeurs, sur pareille peine de cent livres d'amende, & de
confiscation des Marchandises au profit dudit Hôpital General.

Que les Marchands de Vin, ni leurs domestiques ne pourront entrer les Dimanches & Fêtes dans lesdites Etapes, que
depuis huit heures du matin jusqu'à dix, & depuis quatre heures de relevée jusqu'à cinq, & qu'ils en sortiront au premier
son de la Cloche, à peine de vingt livres d'amende pour
chaque contravention, même d'être poursuivis extraordinai-
ment s'il y échoit.

Qu'aucun ne sera entrer dans ladite Halle, avant d'avoir fait au Receveur des Droits d'icelle, la declaration de la quantité de Vin qu'il aura à y faire entrer, & de lui avoir remis leurs quittances des Droits d'Entrées pour être enregistrées, à peine de cent livres d'amende pour chaque contravention, & de confiscation des Vins au profit de l'Hôpital General.

Qu'aucun ne sera entrer aucunes futailles dans ladite Halle sans une permission par écrit desdits Prevôt des Marchands & Echevins, sur pareille peine de cent livres d'amende pour chaque contravention, & de confiscation desdites futailles au profit dudit Hôpital, & que tous Marchands seront sortir dans 24. heures les futailles qui sont dans ladite Halle.

Que personne, sinon lesdits Marchands, n'aura aucunes Boissons, Huches, Pompes ni Brocs dans ladite Halle, n'y fumera, n'y apportera point de feu, n'y joüera à aucun jeu, notamment à la paulme, n'y montera sur les toits, ne cassera aucunes Toiles ni Chantiers, ni n'en emportera aucuns hors ladite Halle, à peine d'être poursuivis extraordinairement.

Que les Huissiers-Commissaires de Police de l'Hôtel de Ville, dresseront des Procès verbaux des contraventions, & les remettront dans le jour ès mains du Procureur du Roy & de la Ville. Que les Concierges desdits Etapes en Gréve & Halle au Vin dénonceront audit Procureur du Roy & de la Ville, les contraventions dont ils auront connoissance, & que les Gardes préposés pour la sûreté desdits Ports, les assisteront, leur prêteront main-forte, & constitueront prisonniers les contrevenans ès cas y portés.

Janvier 1730.

* Edit du Roy, portant suppression de l'Office de Receveur de l'Argue, créé par Edit du mois de Septembre 1705. & permet à Jacques Cottin, Sous-Fermier des Droits de la Marque d'Or & d'Argent, de faire faire ladite recette par telles personnes qu'il lui plaira, à la charge par ledit Cottin, de rembourser la finance dudit Office, dont il sera lui-même remboursé à la fin de son Bail par le Fermier qui lui succedera.

Janvier 1730.

* Nouvelles explications pour servir de supplément au Commentaire de Jacquin, sur l'Ordonnance de 1680. titre des Droits de Marque sur les Fers.

Du 3. *Janvier* 1730.

* Arrest du Conseil, qui condamne les Habitans de la Ville & Fauxbourgs de Mante, à payer les droits de Gros les Mercredis de chacune semaine comme les autres jours, nonobstant leur prétenduë franchise.

Nota Ces Habitans prétendoient être exemts du Droit de Gros sur les Vins & autres Boissons qui sont conduites & venduës sur la Place du Marché les jours de Mercredi de chacune semaine, & ce en vertu d'une Concession à eux accordée par Charles VIII. en 1496. confirmée en 1567. par Charles IX. en 1595. & 1601. par Henri IV. en 1615. par Loüis XIII & 1665. par Loüis XIV. & en consequence du Tarif des Droits d'Aydes arrêté en 1687. Et sur ce qu'Aléxis Baillet, Sous-Fermier des Aydes de la Generalité de Paris, a soutenu au contraire que la Concession de Charles VIII. ne portant aucune exemption précise & litterale, & les Lettres des Rois successeurs n'étant que confirmatives de cette Concession, ces Habitans n'avoient joüi de cette exemption que par surprise; sur quoi l'Arrest dont l'extrait est ci-dessus est intervenu.

Des 3. *Janvier &* 17. *Octobre* 1730.

* Deux Arrests du Conseil; le premier, condamne les Sieurs Deya & Devaux, Bourgeois de la Ville de Châlons chacun en cent livres d'amende, pour avoir refusé les visites & exercices des Commis sur les Vins renfermés dans leurs Celliers, dans le tems qu'ils faisoient vendre en détail des Vins de leur crû dans d'autres Celliers détachés.

Condamne pareillement le Sieur Dubois aussi Bourgeois de Châlons, à payer les Droits en entier de trois Poinçons & d'un quart de Vin vendus en détail en son nom, hors sa maison d'habitation.

Ordonne que ledit Dubois, & les autres Habitans de la Ville de Châlons, ne joüiront de leur privilege que pour les Vins de leur crû qu'ils vendront à pot dans leur seule maison d'habitation, & que s'ils en vendent dans d'autres lieux, quand bien même ils en seroient proprietaires, ils payeront les Droits en entier.

Ordonne pareillement, que les Bourgeois de Châlons qui voudront joüir dudit privilege, fourniront par chacun an au Fermier des Aydes avant la vente, des declarations par tenans & aboutissans des vignes qu'ils font façonner, & du Vin qu'ils recüeillent.

Et le second, déboute les Officiers de Ville & Bourgeois de la Ville de Châlons, de leur opposition à l'execution du premier.

Du 3. Janvier 1730.

Arrest du Conseil, qui proroge la levée du troisiéme sol pour livre d'augmentation, établi par celui du 7. Janvier 1728. en consequence ordonne, qu'il continuera d'être perçû conjointement avec les deux sols pour livre ci-devant établis sur tous les droits d'entrée & de sortie qui se perçoivent dans les Bureaux des Fermes de la Generalité de Bordeaux, & ce jusqu'à concurrence de ce qui peut rester dû par les Maire & Jurats de la Ville de Bordeaux, tant à Gabriel-Nicolas Bourié, & Jean-Baptiste Herman, pour le droit de confirmation à cause de l'avenement de Sa Majesté à la Couronne, & pour l'extinction & suppression du titre des Offices des Receveurs & Controlleurs des deniers patrimoniaux & d'Octrois, & la réünion de leurs fonctions, droits & taxations au Corps & Communautés de ladite Ville, qu'à Pierre Carlier, Adjudicataires des Fermes Generales, pour ce qui lui reste dû de l'abonnement des Droits de Courtiers-Jaugeurs & Inspecteurs des Boissons & aux Boucheries, & ce jusqu'à concurrence des sommes dûës ausdits Bourié Herman & Carlier; ordonne en outre, qu'après l'acquittement des parties desdits Bourié & Herman, le montant du produit du troisiéme sol d'augmentation, sera remis, ainsi que le produit des deux premiers sols, audit Carlier, ses Commis & Préposés jusqu'au parfait payement dudit abonnement desdits Droits de Courtiers-Jaugeurs & Inspecteurs des Boissons & aux Boucheries, le tout à la charge qu'il sera prélevé par chacun an sur le produit desdits trois sols, la somme de cent mille livres reservée

aux Hôpitaux ; & qu'après l'entier acquittement desdites sommes, la levée & perception , tant desdits deux sols pour livre,
que du troisiéme sol d'augmentation , cessera & demeurera
éteinte , &c.

Du 15. Janvier 1730.

* Declaration du Roy, concernant les comptes qui doivent
être rendus par les Receveurs des Octrois , &c.

Du 30. Janvier 1730.

* Arrest du Conseil , qui ordonne l'execution de l'art. 35.
du titre commun de l'Ordonnance du mois de Juillet 1681.
& de l'Arrest du Conseil du 26. Juillet 1729. & en consequence casse la Sentence de provision décernée contre les
Commis de Pierre Brossard , Sous-Fermier des Aydes de la
Generalité d'Orleans , par le nommé de Bret , ancien Procureur du Bailliage de Souchamps du 30. Decembre 1729.
Condamne Baldet Huissier solidairement, & par corps, avec
le nommé Robin, dit la Croix , & sa femme , Cabaretiers de
la Paroisse dudit Lieu , à restituer la somme de trente livres
par provision portée en ladite Sentence : Ordonne en outre,
que ledit de Bret demeurera interdit des fonctions de sa
Charge pendant six mois, & que le procès desdits de Croix
& sa femme pour leurs violences & voyes de fait contre les
Commis , sera continué en l'Election de Dourdan jusqu'à
Sentence diffinitive.

Du 13. Février 1730.

* Ordonnance de Messieurs les Prevôt des Marchands &
Echevins de la Ville de Paris , concernant la vente des Vins,
& la Police qui doit être observée dans la Halle ; en consequence ordonne , que les Marchands qui auront des Huches,
seront tenus de faire apposer sur icelles une plaque de fer
blanc , sur laquelle seront inscrits en lettres noires & caracte-
res apparens , leurs noms , & le lieu de leur domicille hors
cette Ville , de renfermer dans lesdites Huches, les Boissons,

Pompes

Pompes & Brocs dont ils se serviront, & d'en avoir les clefs, sans pouvoir les confier à qui que ce soit, sur peine de cent livres d'amende ; défends à tous Gagne-Deniers travaillans dans ladite Halle, de faire l'arrangement des Vins sur les quarrés & places, si les solles ne sont remplies, & lesdits Vins engerbés, sur peine de cinquante livres d'amende, dont lesdits Marchands seront garans & responsables.

Défend pareillement aux Marchands, leurs Garçons, & autres, de faire la visite d'aucun Vin avec une chandelle allumée, si elle n'est dans une Lanterne, sous pareille peine de cent livres d'amende.

Enjoint ausdits Marchands & aux Tonnelliers qui seront par eux employés, d'enlever les cerceaux, & douves provenans du reliage des vieilles futailles, au fur & à mesure du travail qui sera fait, sur peine de cinquante livres d'amende.

Défend aussi ausdits Marchands de faire ou laisser faire le roulage desdits Vins à la porte de sortie, avant qu'ils ayent été remplis, sur pareille peine de cent livres d'amende.

Leur défend pareillement, & à tous Voituriers par eau qui auront amené des Vins dans les Ports de cette Ville, de souffrir que la décharge desdits Vins soit faite des Batteaux, qu'auparavant ils n'en ayent représenté les Lettres de Voitures au Bureau du Receveur des Droits de ladite Halle, & fait declaration desdits Vins. Leur enjoint, lorsque lesdits Vins auront été voiturés ès Ports de la Tournelle, de Saint Paul & de la Gréve, pour la décharge de ceux qui y devront être conduits, de faire remonter à leurs frais & dépens ceux qui devront être remis à la Halle, à peine de cinq cent livres d'amende.

Du 14. Février 1730.

* Arrest du Conseil, qui casse onze Sentences des Elûs de Falaise ; condamne Jean Langevin, & sa femme, & la veuve Lemoine, & son fils, en la confiscation des choses sur eux saisies, & chacun en cent livres d'amende ; Jacques Fromage & sa femme, Boüilleur d'Eau-de-Vie, en cinq cent livres d'amende, pour refus de visite ; déboute Jean Quinet, Jean Bonnemer, Jacques Giray, Gabriel Bricon, la veuve Tho-

mas Firgnen, Vigore Violette, la veuve Pierre Retou, &
Gilles Cordier, Boüilleurs, des oppofitions par eux formées
aux contraintes décernées contr'eux, pour les Eaux-de-Vie
manquantes; ordonne l'execution des contraintes; condamne
lefdits particuliers aux dépens faits en l'Election de Falaife;
enjoint aux Officiers de ladite Election de fe conformer aux
Ordonnances, Declarations, Lettres Patentes & Reglemens,
de prononcer les amendes & confifcations en conformité;
leur fait défenses d'en prononcer d'arbitraires, & de prendre
plus grands Droits pour les épices que quinze fols par Sentence, à peine de cinq cent livres d'amende, & d'interdiction; les condamne à reftituer les épices reçüës au-deffus des
quinze fols, & que l'Arreft fera enregiftré fans frais dans les
Elections de la Province de Normandie.

Du 14. Février 1730.

Arreft du Conseil, qui déboute les Habitans du Fauxbourg
Saint Antoine, demeurans hors les Barrieres, de leur Requête d'intervention, & ordonne que l'article premier du
titre 2. des Droits d'Entrées fur les Vendanges de l'Ordonnance des Aydes de 1680. l'Arreft de la Cour des Aydes du
premier Septembre 1728. & les contraintes qui ont été ou
feront decernées par Pierre Carlier, Adjudicataire des Fermes generales contre lefdits Habitans pour raifon des Droits
d'Entrées des Vins provenans des vendanges par eux recüeillies hors lefdites Barrieres de ladite Ville & Fauxbourgs de
Paris, feront executées felon leur forme & teneur, & lefdits
Droits par eux payés, ainfi qu'ils l'ont été par le paffé, &c.

Du 7. Mars 1730.

Arreft du Conseil, qui ordonne que celui du 13. Decembre 1729. fera executé felon fa forme & teneur, & qu'à la
diligence de Pierre Carlier, Adjudicataire des Fermes Generales de Sa Majefté, il fera conftruit dans le bout de la rüe
de la Bonne-Morüe, du côté des Champs Elyfées, une Barriere & un Bureau dans la largeur de ladite rüe, en dedans

ladite Barriere, pour loger les Commis, qui fera compofée d'une piece par bas, & d'une Chambre au-deffus ; à condition neanmoins, que la grande porte de ladite Barriere fera de la largeur ordinaire pour le paffage des Voitures publiques ; ordonne en outre, que les deniers & avances qui feront neceffaires pour parvenir à la conftruction de ladite Barriere & dudit Bureau, dont la dépenfe ne pourra exceder la fomme de deux mille livres, feront avancés par ledit Carlier, qui en fera rembourfé par le Fermier qui lui fuccedera, & fucceffivement de Bail en Bail, en rapportant l'expedition ou copie collationnée dudit Arreft, les devis & memoires des Ouvriers arrêtés par le Sieur de Cofte ; & les quittances defdits Ouvriers, &c.

Du 14. Mars 1730.

Arreft du Confeil, qui décharge les Cautions de Loüis Bourgeois, Adjudicataire des Fermes de l'affignation à eux donnée à la Cour des Aydes le dix-huit Janvier 1730. à la requête du Sieur Bonneau, Directeur de la vente des Offices municipaux aux nommés Merigot & le Tellier, ci-devant Directeurs des Droits rétablis & refervés dans les Generalités de Touloufe & Montauban, lefquels ont été par ledit Bourgeois imputés fur les debets des comptes rendus par lefdits Merigot & le Tellier de la geftion par eux faite defdits Droits rétablis & refervés. Fait défenfes audit Bonneau de proceder en ladite Cour des Aydes pour raifon de ce, à peine de cinq cens livres d'amende ; & ordonne que ledit Bonneau remettra fa Requête au Sieur Controlleur Genéral des Finances pour y être ftatué par Sa Majefté ainfi qu'il appartiendra, &c.

Du 28. Mars 1730.

* Arreft du Confeil, qui ordonne que les Peaux deftinées pour la provifion & confommation de la Ville de Paris, venans des Pays Etrangers, ou des autres Provinces du Royau-

me, qui passeront debout, soit dans la Ville de Lyon, ou dans telles autres Villes du Royaume que ce puisse être, seront exemptes de toutes visites, de tous Droits aux Officiers Prud'hommes, Controlleurs de la Marque des Cuirs desdites Villes, avec défenses d'en exiger aucunes sur lesdites marchandises, à peine de trois mille livres d'amende, de restitution des Droits, & de tous dépens, dommages & interêts; condamne les Officiers Prud'hommes de ladite Ville de Lyon, à restituer ausdits Marchands les Droits qu'ils ont perçûs sur les Marchandises de Peaux déclarées en passe debout, sur la representation des quittances qu'ils en ont données, &c.

Du 29. Mars 1730.

* Arrest de la Cour des Monnoyes, portant Reglement pour les Maîtres Orfévres, & qui condamne un Maître Orfévre, & son Compagnon par lui protegé, en cent livres d'amende solidaire; confisque les Ouvrages d'Orfévrerie saisis sur le Compagnon, & interdit le Maître Orfévre pour trois mois.

Du 29. Mars 1730.

* Arrest de la Cour des Monnoyes, portant Reglement pour l'Orfévrerie; & qui défend à François Rigal, Maître Orfévre, & à tous autres Maîtres & Ouvriers employant des matieres d'Or & d'Argent, de demeurer dans les lieux privilegiés; & pour la contravention commise par ledit Rigal, le condamne en cinquante livres d'amende, & confisque les Ouvrages d'Orfévrerie sur lui saisis.

Du 30. Mars 1730.

* Arrest de la Cour des Monnoyes, portant Reglement pour l'Orfévrerie; & qui déclare Pierre Landel, Maître Orfévre, déchu de sa Maîtrise, pour avoir recidivé à proteger des Compagnons, & gens sans qualité; confisque les Ouvrages saisis, & condamne lesdits Protegés en des amendes envers le Roy.

Du 11. *Avril* 1730.

Arreſt du Conſeil, qui ordonne, ſans tirer à conſequence, qu'outre les mille muids de Vin de privilege accordés à l'Hôpital General, & dont l'emploi eſt fait dans l'état des Privilegiés, ledit Hôpital pourra dans le cours de l'année 1730. faire entrer ſur les Certificats des Directeurs cinq cent muids de Vin d'aumentation pour la conſommation dudit Hôpital, ſans payer aucuns Droits, tant au Pont de Joigny, qu'aux Entrées de Paris, ni ceux des Droits rétablis, dont ils demeureront déchargés, &c.

Du 24. *Avril* 1730.

* Ordonnance de Meſſieurs les Prevoſt des Marchands & Echevins de la Ville de Paris, portant que les Ordonnances & Reglemens ſeront executés ſelon leur forme & teneur; en conſequence; Ordonne que les Proprietaires, Marchands, Commiſſionnaires & Voituriers des marchandiſes de Vins arrivant par eau au Port d'Ablon, & deſtinées pour ledit lieu d'Ablon, ou pour les autres ſitués ès environs, par des Lettres de Voitures paſſées pardevant Notaires, & en bonne forme, ſeront maintenus dans la liberté de faire faire par leurs domeſtiques, ou telles autres perſonnes que bon leur ſemblera, le roulage & le chargeage deſdites marchandiſes; défend aux Habitans dudit Lieu, & autres, de s'immiſcer auſdites décharge, roulage & chargeage, s'ils n'en ſont requis par leſdits Proprietaires, Marchands, Commiſſionnaires ou Voituriers; comme auſſi de les injurier, menacer ou maltraiter, le tout à peine de punition corporelle, même pour la premiere fois. Ordonne en outre, que lorſque leſdits Proprietaires, Marchands, Commiſſionnaires ou Voituriers voudront ſe ſervir deſdits Habitans, ou telles autres perſonnes qu'ils voudront choiſir, il ſera payé auſdits Habitans, ou autres perſonnes, pour leſdits déchargeage, roulage & chargeage deſdits Vins les ſalaires ci-après; ſçavoir, pour les muids

ou demi-queuës deux fols, pour chaque quarteau un fol, pour
le demi-muid un fol, pour un quart de demi-muid fix deniers, pour toutes autres pieces reputées demi-queuës deux
fols, & pour pippe cinq fols.

Fait pareilles défenses aufdits Habitans, & autres qui auront été employés ou prépofés pour faire la décharge defdits
Vins, d'exiger ou recevoir de plus grands falaires, ni aucuns
Vins, fous prétexte de boites ou autrement, quand même il
leur feroit volontairement offert, à peine de punition corporelle auffi pour la premiere fois.

Du 25. Avril 1730.

*   Arreft du Confeil, qui ordonne que tous les Proprietai-
taires des Offices de Clercs-Quefteurs & Commiffaires aux
Caves, fupprimés par Edit de Juillet 1634. dont la finance
n'a pas été liquidée & remboursée, feront tenus dans fix mois
pour tout délai, de remettre leurs Quittances de finance,
Provifions, & autres titres de proprieté ès mains du Sieur de
Gaumont, Confeiller d'Eftat, Intendant des Finances, pour
être procedé à la liquidation des rentes ou interêts qui fe
trouveront leur être dûs, lefquels ne pourront être payés par
Pierre Carlier, Adjudicataire des Fermes Generales, que fur
l'état qui en fera arrêté au Confeil, en lui fourniffant copie
collationnée defdits titres de proprieté, & de la liquidation
qui en aura été faite; ordonne en outre, que ledit Carlier ne
fera tenu de faire recette outre & pardeffus le prix de fon
Bail, que dans le fixiéme & dernier état & compte du montant des fommes aufquelles feront reglés les arrerages defdites rentes ou interêts pour les fix années de fon Bail, fuivant
les états qui en feront arrêtés au Confeil, en vertu defquels
la dépenfe en fera paffée & allouée fur les quittances & titres
defdits Proprietaires; & que faute par eux de remettre lefdits
titres de proprieté dans le délai ci-deffus marqué, & icelui
paffé, lefdites rentes demeureront éteintes & fupprimées.

Du 25. Avril 1730.

* Arrest du Conseil, qui casse un Arrest de la Cour des Aydes du 4. Avril 1727. Ordonne l'execution de deux Sentences contradictoires des Officiers de l'Election de Pithiviers du 14. Avril 1723. par lesquelles les nommés Pierre & Jean David ont été condamnés en la confiscation des Vins & Eaux-de-Vie sur eux saisis, & en l'amende, pour avoir reçu un quarteau d'Eau-de-Vie, & plusieurs poinçons de Vin, sans qu'il en ait fait aucune declaration à l'entrée, conformément à l'Ordonnance de 1680. & à l'Edit du mois d'Octobre 1705. concernant les Inspecteurs des Vins & Boissons, & condamne lesdits Pierre & Jean David aux frais faits en la Cour des Aydes.

Du 25. Avril 1730.

* Arrest du Conseil, qui y évoque une Instance pour entrepôt, pendante en l'Election d'Orleans ; confisque au profit du Fermier cent vingt-neuf poinçons de Vin, saisis sur Joseph Jame & sa femme, Cabaretiers de ladite Ville d'Orleans, & Hugues Durand, Entreposeur ; les condamne solidairement en cinq cent livres d'amende ; ordonne qu'à leurs frais, les portes de leurs Caves seront murées, après que les Vins en auront été ôtés ; & ne pourront être ouvertes qu'après six mois, à compter du jour du Procès verbal qui en sera dressé par le President de l'Election, pendant lequel tems de six mois, il est fait défenses ausdits Jame & sa femme de vendre aucuns Vins.

Du 25. Avril 1730.

* Arrest du Conseil, qui casse & annulle un Arrest de la Cour des Aydes de Paris du 19. Mars 1728. ordonne que les Sentences des Officiers de l'Election d'Orleans des 30. Avril & 12. Juillet 1727. qui avoient confisqué sur la veuve Noüé, & Nicolas Lepervier & sa femme, onze poinçons & un quart de Vin sur eux saisis pour fraude d'entrepôt, avec soixante-

quinze livres d'amende, & aux dépens, feront executés felon leur forme & teneur ; condamne la veuve Noüé, Nicolas Lepervier & fa femme aux dépens faits en ladite Cour des Aydes ; ordonne en outre que les fommes que le Fermier pourroit avoir été contraint de payer en confequence dudit Arreft, feront renduës & reftituées.

Du 2. Mai 1730.

* Arreft du Confeil, qui ordonne que tous ceux qui joüiffent de la Nobleffe, en confequence de Lettres obtenuës, foit qu'elles foient d'anobliffement, maintenuës, confirmation, rétabliffement ou réhabilitation, ou par Mairies, Prevôtés des Marchands, Echevinages ou Capitoulats depuis 1643. jufqu'au premier Septembre 1715. feront tenus de payer dans trois mois, à compter de la datte dudit Arreft, la fomme de deux mille livres, & les deux fols pour livre, pour le droit de confirmation dû à Sa Majefté, à caufe de fon avenement à la Couronne, faute duquel payement, ils feront déchûs de la Nobleffe, & des Privileges y atta-chés, & compris dans les Rôles des impofition comme roturiers. Et feront tenus de payer les Droits de Francs-Fiefs pour les Biens Nobles qu'ils poffedent, enfem-ble les Droits d'Aydes où ils ont cours, dont les Gentils-hommes font exempts, fans qu'ils puiffent être déchargés de la Taille, Droits de Francs-Fiefs & Droits d'Aydes, que fur la reprefentation qu'ils feront tenus de faire de la quittance du payement par eux fait du Droit de Confirmation ou Joyeux Avenement.

Du 15. Mai 1730.

* Arreft du Confeil, qui ordonne que les Arrefts des 8. Mars 1712. & 10. Mars 1716. feront executés felon leur forme & teneur ; & en confequence que les Jurés Chaircuitiers continueront de faire la recette des dix fols par Porc, dont ils ont droit de joüir, conformément à l'Arreft du 10. Mars

1716.

1716. dont ils tiendront des Regiſtres en bonne forme, paraphés par le Sieur Lieutenant General de Police de Paris, le
produit duquel Droit ſera employé au payement des arrerages des ſommes par eux dûës , & auſquelles il eſt ſpeciale-
ment affecté. Après quoi ce qui reſtera dudit Droit , ſera
employé au payement & rembourſement des capitaux , ſuivant les ordres particuliers dudit Sieur Lieutenant General
de Police, devant leſquels leſdits Jurés compteront regulie-
rement année par année, & à commencer de l'année 1728.
conformément aux ſuſdits Arreſts.

Du 16. Mai 1730.

* Arreſt du Conſeil, qui aſſujettit au payement des Droits
d'anciens & nouveaux cinq ſols, Subvention, Jauge & Courtage, les Hameaux & Ecarts dépendans des Villes, Fauxbourgs & Bourgs de la Generalité de Caën ſujets à iceux,
conformément à la Declaration du Roy du 10. Avril 1714.
& aux nouveaux Etats arrêtés par M. de Vaſtan , Intendant
de ladite Generalité le 15. Decembre 1729.

Des 23. Decembre 1729. & 23. Mai 1730.

* Sentence de l'Election de Paris, & Arreſt de la Cour des
Aydes, qui confiſquent au profit du Fermier de la Marque
d'Or & d'Argent , des Ouvrages d'Argent déclarés marqués de faux Poinçons, ſaiſis ſur Charles Depoſts fils, Jacqueline Genu ſa femme , & Alexandre Lenoir, Orfévres à
Paris; les condamne ſolidairement en trois mille livres d'a-
mende, & en tous les dépens.

Juin 1730.

* Edit du Roy, portant rétabliſſement des Charges & Offices , ſur les Ports , Quais , Chantiers , Halles , Foires, Places & Marchés de la Ville & Fauxbourgs de Paris; avec
le Tarif des Droits attribués auſdits Offices, arrêté au Conſeil le 13. Juin 1730.

Du 6. Juin 1730.

* Arreſt du Conſeil, qui caſſe une Sentence des Officiers de l'Election d'Orleans du 22. Novembre 1727. en ce qu'elle n'avoit condamné les fraudeurs qu'au payement des Droits d'impoſition des marchandiſes ; & en conſequence confiſque ſur Loüis-Auguſtin Savart, deux Charrettes, ſix Chevaux, quatre-vingt-douze Bottes de Paille, & trois quarterons de Cotterets, ſaiſis pour avoir été conduits ſur une Lettre de Voiture ſignée par le Sieur Savart, du nom de Loüis Reguigné, ſon Vendeur & Voiturier ; condame ledit Savart en cent livres d'amende, aux frais faits en l'Election ; & pour avoir fauſſement ſigné ladite Lettre de Voiture du nom dudit Reguigné, condamne ledit Savart en cent livres envers les pauvres de ladite Ville d'Orleans, lui fait défenſes de récidiver ſous les peines établies par les Ordonnances & Reglemens contre les fauſſaires ; fait défenſes aux Officiers de ladite Election, de rendre à l'avenir de ſemblables Sentences, à peine de demeurer garans & reſponſables en leurs noms des confiſcations & amendes encouruës par les fraudeurs, & ordonne que ledit Arreſt ſera enregiſtré ſans frais au Greffe de ladite Election, publié & affiché par tout où beſoin ſera.

Du 6. Juin 1730.

* Arreſt du Conſeil, qui ordonne que les contraintes décernées par le Fermier des Aydes de la Generalité d'Orleans, contre les nommés Bar ou Bellier, Richard, Benoiſt, Coutard, Civroy, Lair & veuve d'Olibeau, pour le payement des Droits de Gros, & augmentation des Bierres qu'ils ont fait arriver de Paris en la Ville d'Etampes, ſeront exetées ſelon leur forme & teneur, & les condamne aux dépens faits en ladite Election d'Etampes.

Du 13. Juin 1730.

Arreſt du Conſeil, qui ordonne que les Declarations des

6. Aouſt 1715. 27. Juin 1716. & 15. Mai 1722. & les Reglemens rendus en conſequence, ſeront executés ſelon leur
forme & teneur ; & en conſequence condamne le nommé
Richard, Maître de Penſion, ruë des Noyers, en deux cent
livres d'amende, & en la confiſcation de cinq demi-muids
de Vin ſur lui ſaiſis par Procès verbal du 15. Decembre 1729.
pour avoir été acquittés en Bourgeois par ledit Richard ſous
le nom du nommé Carſilier, Bourgeois, ruë Saint Jacques,
quoique ledit Richard en dût les Droits en Marchand, en ſa-
dite qualité de Maître de Penſion, leſdits cinq demi-muids
évalués à la ſomme de deux cent livres, les nommés Lalle-
mand, Suiſſe du Sieur Vicomte de Polignac, demeurant en
ſon Hôtel, ruë des Saints Peres, & vendant Vin en détail
dans ledit Hôtel ; Millot, Maître Tailleur d'Habits, ruë
Comteſſe d'Artois ; Godebin, Marchand de Vin, ruë du Four
Saint Honoré, & le nommé Picot, Marchand Forain à la
Halle aux Vins, & pluſieurs autres particuliers, en pareilles
amendes de deux cent livres, & en la confiſcation des Vins
ſur eux ſaiſis par differens Procès verbaux ; au payement de
toutes leſquelles amendes & confiſcations, les dénommés
audit Arreſt ſeront ſolidairement contraints chacun pour leur
fait & regard, comme pour les propres deniers & affaires de
Sa Majeſté, &c.

Du 20. Juin 1729.

* Arreſt du Conſeil, qui déboute la veuve Levacher, Hôtelliere, demeurant à la Chapelle, près Saint Denis, de l'oppoſition par elle formée à celui du 20. Decembre 1729. par
lequel l'Arreſt de la Cour des Aydes de Paris du 8. Février
1729. a été caſſé, & ordonné que l'article 7. du titre 9. des
Magaſins & Entrepôts de l'Ordonnance ſur le fait des Cinq
Groſſes Fermes du mois de Février 1687. qui défend tous
Magaſins & Entrepots dans les huit lieuës aux environs de
Paris, ſera executé, avec confiſcation ſur ladite veuve Levacher de pluſieurs marchandiſes entrepoſées & ſaiſies chez
elle par Procès verbal des Commis des Fermes du 29. Octobre 1728. condamnation de trois cent livres d'amende, défenſes de récidiver ſous plus grande peine.

Du 20. Juin 1730.

* Arreſt du Conſeil, qui déclare commun pour la Province de Flandres, l'Arreſt du 20. Novembre 1725. par lequel les Cidres ont été aſſujettis aux Droits du Domaine dans la Province du Haynault.

Des 12. Avril 1729. & 20. Juin 1730.

* Arreſts du Conſeil, portans défenſes aux Proprietaires des Offices de Prud'hommes, Vendeurs de Cuirs de la Ville de Bourges, d'exiger leurs Droits ſur les Cuirs que les Corroyeurs de ladite Ville y feront entrer, lorſqu'ils juſtifieront que les Droits auront été payés au lieu de l'achat.

Du 27. Juin 1730.

* Arreſt du Conſeil, qui fait défenſes à Alexandre Lefévre de Malortie, Procureur en l'Election de Roüen, d'occuper dans aucunes affaires concernant la Ferme des Aydes, pendant le reſte du Bail de Charles Boyer, pour raiſon des injures, invectives & indiſcretions dans ſes Ecritures & Plaidoyers.

Du 11. Juillet 1730.

* Arreſt du Conſeil, qui caſſe & annulle vingt-ſept Sentences renduës par les Officiers de l'Election de Bayeux, comme contraires aux Ordonnances & Reglemens ; condamne les Fraudeurs en differentes amendes, & prononce la confiſcation des Boiſſons ſaiſies.

Nota. Par quinze de ces Sentences, les Elûs avoient déclaré les Procès verbaux nuls, & déchargé les fraudeurs, faute par le Fermier & ſes Commis d'avoir fait enregiſtrer au Greffe de l'Election, la reception & preſtation de ſerment des Commis, qui avoient rendu les Procès verbaux. Le Conſeil juge par cet Arreſt que cet enregiſtrement n'eſt pas neceſſaire, quand les Commis ſont reçûs devant les Elûs, & qu'il n'eſt exigible que quand ils ſont reçûs aux Cours des Aydes.

Par une seiziéme Sentence , ils avoient déchargé une Cabaretiere surprise en fraude d'Entrepôt , faute par le Fermier d'avoir une preuve testimonialle , pour soutenir les faits rapportés par le Procès verbal.

Par trois autres Sentences , ils avoient déclaré les Procès verbaux nuls. 1°. Parce qu'un Procès verbal avoit été signifié avant que le double en ait été déposé au Greffe. 2°. Parce que les Commis n'avoient pas bien exprimé leur domicile dans un autre Procès verbal. 3°. Parce qu'il y avoit obmission à l'immatricule de l'Huissier dans la copie d'un exploit d'assignation donnée sur un Procès verbal, ce qui étoit rectifié par l'original.

Par quatre autres Sentences , ils avoient déclaré les Procès verbaux nuls , sans exprimer dans leurs Sentences les nullités sur lesquelles ils avoient fondé leur jugement ; celles alleguées par les fraudeurs étoient ridicules.

Enfin , par quatre autres Sentences , ils avoient moderé les amendes & confiscation , ou avoient prononcé une condamnation de somme modique pour toute amende & confiscation.

Du 11. Juillet 1730.

* Arrest du Conseil , qui casse & annulle cinq Sentences renduës par les Officiers de l'Election de Bayeux , par lesquelles ils avoient déchargé avec dépens cinq Vendeurs à muchepot , fondés sur trois prétendus nullités.

La premiere, qu'un Commis qui avoit verbalisé n'avoit point prêté serment devant aucun Juge de la Generalité de Caën, au nom de Loüis Gervais, Fermier de la Generalité, mais seulement au nom de Charles Boyer, Fermier de la Generalité de Roüen.

La seconde, que les noms des deux Commis n'étoient point inscrits dans le Tableau , mais seulement les surnoms, dont l'erreur devoit être imputée au Greffier qui est dépositaire du Tableau.

La troisiéme, que les receptions de trois desdits Commis qui avoient prêté serment devant d'autres Juges , n'étoient point déposés aux Greffes de Caën ni de Bayeux, ce qui est inutile, le dépôt du double des receptions n'étant exigé que pour celles faites aux Cours des Aydes.

Cet Arreſt condamne les fraudeurs aux amendes & confiscations de l'Ordonnance; défend aux Elûs de Bayeux, de rendre à l'avenir de pareilles Sentences, à peine de tous dépens, dommages & interêts.

Du 11. Juillet 1730.

* Arreſt du Conſeil, qui caſſe une Sentence des Officiers de l'Election de Joinville du 23. Mai 1730. ordonne que les contraintes décernées contre les Habitans de la Ville de Joinville, pour Droits de Gros, & autres Droits y joints, des Vins manquans de la recolte de 1726. feront executées ſelon leur forme & teneur; les condamne à ſouffrir les inventaires, & de payer leſdits Droits, & ceux échûs & à échoir juſqu'à ce que les portes de ladite Ville ſoient fermées, & que les bréches des murs ſoient réparées, & en outre, aux dépens faits en ladite Election.

Du 11. Juillet 1730.

* Arreſt du Conſeil, qui déboute les nommés Charles Reddé, Jean Savart, & Marie Lahaye, veuve Braban, des oppoſitions par eux formées à l'Arreſt du 26. Octobre 1728. qui a ordonné l'execution de l'Etat arrêté par M. l'Intendant de la Generalité de Soiſſons le 28. Juillet 1728. des Hameaux & Ecarts ſujets aux Droits d'anciens & nouveaux cinq ſols.

Du 11. Juillet 1730.

Arreſt du Conſeil, qui déboute les Maire, Sous-Maire & Jurats de Bordeaux, de l'oppoſition par eux formée à celui du 18. Mars 1727. ordonne qu'icelui, enſemble celui du 3. Janvier 1730. feront executés ſelon leur forme & teneur, ſauf auſdits Maire, Sous-Maire & Jurats à ſe faire rendre compte de la recette & dépenſe des trois ſols pour livre des

Droits d'entrée & de sortie des marchandises qu'ils ont été
aurorisés à percevoir pour servir au payement de l'abonnement par eux fait des Droits de Courtiers-Jaugeurs-Inspec-
teurs aux Boucheries & aux Boissons ; à quoi faire les Commis par eux préposés à la perception desdits trois sols pour
livre seront contraints, &c.

Du 25. Juillet 1730.

* Arrest du Conseil, qui décharge Adrien de la Fosse, Sou-
Fermier des Aydes de la Generalité de Châlons, de l'assignation à lui donnée au Grand Conseil à la requête de Jean
Trecourt, Soldat Invalide demeurant à Varennes, Election
de Langres ; déclare ladite assignation, & tout ce qui s'en est
ensuivi, nul ; ordonne que les contraintes décernées contre
ledit Trecourt, pour Gros manquant, seront executées, & le
condamne à payer les Droits d'Aydes, conformément à l'Ordonnance, & au coût dudit Arrest, liquidé à cinquante livres.

Du premier Aoust 1730.

* Arrest du Conseil, qui dispense, tant ceux qui vendront
des Eaux-de-Vie, qu'autres personnes, de certifier veritables les ampliations des declarations & soumissions, ou les
Certificats de consignation qui ont été faits au lieu de la destination ; ordonne au surplus l'execution des Declarations
des 30. Janvier 1717. & 8. Mai 1718. Arrests du Conseil &
Lettres Patentes des 4. Juin 1726. & 2. Mars 1728.

Du premier Aoust 1730.

Arrest du Consei, lqui ordonne que la somme de deux mille
cent soixante-dix-sept livres sept sols six den. à laquelle monte
les memoires des Ouvriers employés à la construction de la
Barriere & Bureau de la ruë de la Bonne-Moruë, arrêtés par le
Sieur de Coste, Architecte de Sa Majesté, commis par Arrest
du Conseil du 16. Mai 1729. à l'inspection des Bâtimens des

Fermes Generales, sera avancée par Pierre Carlier, Adjudicataire des Fermes Generales, qui en sera remboursé par le Fermier qui lui succedera, & successivement de Bail en Bail, conformément à l'Arrest du Conseil du 7. Mars 1730. &c.

Du 6. Aoust 1730.

Arrest du Conseil, qui regle le prix des Sous-Fermes des Aydes, & Droits y joints, pendant six années du Bail de Nicolas Desboves, à commencer du premier Octobre 1732. pour finir au dernier Septembre 1738.

Du 9. Aoust 1730.

* Memoire instructif, concernant la maniere dont les Directeurs des Provinces, & les Commis par eux préposés à la recette des Octrois & Deniers Patrimoniaux des Villes dépendantes de leur Generalité, doivent satisfaire chacun en droit soit, à la Declaration du Roy du 15. Janvier 1730. pour la reddition de leurs comptes.

Du 28. Aoust 1730.

* Arrest contradictoire de la Cour des Aydes, qui bannit pour trois ans Loüis Robin, dit la Croix, Cabaretier au Bourg de Souchamps, Election de Dourdan, du ressort de ladite Election, pour avoir extorqué par violence des Commis aux exercices des Aydes, une quittance de la somme de soixante livres, à imputer sur ce qu'il pouvoit devoir des Droits de détail des Vins par lui vendus dans son Cabaret; lui enjoint de garder son Ban sous les peines de l'Ordonnance; le condamne en dix livres d'amende envers le Roy, & en cent livres de réparations civiles envers le Fermier; déclare ladite quittance nulle, & un Poinçon de Vin sur lui saisi, acquis & confisqué au profit dudit Fermier, & le condamne en tous les dépens.

Du premier Septembre 1730.

* Sentence de Police, qui renouvelle les défenses faites aux Maiftres Rotiffeurs , leurs femmes & garçons de boutique, d'entrer fur le Carreau de la Vallée les Mercredis & Samedis avant huit heures du matin en Eté, & neuf heures en Hyver, fur les peines portées par les Odonnances , & condamne plufieurs Rotiffeurs à l'amende , pour y avoir contrevenu.

Du 5. *Septembre* 1730.

Refultat du Confeil, portant Bail à Remy Barbier, des Droits attribués aux Offices créés & rétablis par l'Edit du mois de Juin 1730. fur les Ports, Quais, Chantiers , Halles, Places, Foires & Marchés de la Ville , Fauxbourgs & Banlieuë de Paris , pour fix années , à commencer du premier Octobre audit an , fi tant dure la vente defdits Offices ; & qui le charge de la finance qui doit provenir de la vente defdits Offices.

Du 19. *Septembre* 1730.

* 'Arreft du Confeil, pour la prife de poffeffion du Bail fait à Remy Barbier, des Droits attribués aux Offices créés & rétablis par l'Edit du mois de Juin 1730, fur les Ports, Quais, Chantiers, Halles, Places, Foires & Marchés de la Ville, Fauxbourgs & Banlieuë de Paris, pour fix années , à commencer du premier Octobre audit an, & pour le recouvrement de la finance qui doit provenir de la vente defdits Offices.

Du 19. *Septembre* 1730.

'Arreft du Confeil , qui diftrait & defunit des Baux des Fermes Generales faits à Pierre Carlier & Nicolas Desboves, les Droits rétablis qui leur avoient été donnés à titre de Ferme , & qui font partie de ceux énoncés dans le Tarif general des Droits attribués aux Officiers des Communautés fur les

Ports, Quais, Chantiers, Halles, Foires, Places & Marchés de la Ville, Fauxbourgs & Banlieuë de Paris, par l'Edit du mois de Juin 1730. soit qu'ils ayent été sous-fermés ou abonnés, ou qu'ils soient actuellement régis par ledit Pierre Carlier, Sa Majesté se reservant à pourvoir à l'indemnité desdits Carlier & Desboves, conformément au resultat du 31. Mai 1730. &c.

Du 26. Septembre 1730.

* Arrest du Conseil, qui ordonne qu'au moyen de l'enregistrement qui a été fait dans les Elections de l'étenduë des Generalités d'Amiens, Caën, Châlons, Lyon, Orleans, Roüen, Soissons & Tours, des Sous-Baux ci-devant faits par Pierre Carlier, Adjudicataire des Fermes Generales pour les six années qui ont commencé le premier Octobre 1726. & qui doivent finir au dernier Septembre 1732. les nouveaux Sous-Baux faits par ledit Carlier pour les deux années qui restent à expirer de son Bail, seront enregistrés sans frais aux Grefses desdites Elections, & autres Jurisdictions, & que les Directeurs, Receveurs, Controlleurs, Commis aux Entrées, Exercices, Buralistes, & tous autres Employés à l'exploitation desdites Sous-Fermes qui ont prêté serment depuis le premier Octobre 1726. puissent continuer les fonctions de leurs Emplois, sans être obligés de prêter nouveau serment, ni faire enregistrer leurs Procurations & Commissions : Permet ausdits Sous-Fermiers de continuer de se servir pendant lesdites deux années des timbres dont se sert le Sous-Fermier actuel, & d'entretenir ou résilier en tout ou partie les marchés, abonnemens ou compositions de Droits, en le déclarant par écrit au cas de résiliation dans le courant du quartier d'Octobre 1730. pour le restant desdites deux années, à compter du jour de la signification de la Declaration, &c.

Du 30. Septembre 1730.

* Ordonnance de M. le Prevôt des Marchands de la Ville, Prevôté & Vicomté de Paris, qui fait défenses à tous parti-

culiers faifant les fonctions de Garde-Batteaux Metteurs à
Port , d'Equipeurs , Débacleurs , Planchéeurs & Boüeurs fur
les Ports & Quais de cette Ville , d'enlever aucunes planches
& uftenciles neceffaires aux fonctions de leurs Ccmmiffions
& au fervice public , ni de ceffer leurs fonctions jufqu'à ce
qu'autrement il en ait été ordonné , à peine de punition & de
prifon.

FIN.

A PARIS,

Chez la Veuve S A U G R A I N & P I E R R E P R A U L T,
Imprimeur de Fermes du Roy, Quay de Gefvres,
au Paradis. 1733.

TABLE
DES EDITS, DECLARATIONS,
ARRESTS ET REGLEMENS,

Rendus pendant la quatriéme année du Bail
de Me PIERRE CARLIER.

*Commencée le premier Octobre 1729. & finie le dernier
Septembre 1730.*

Concernant les Domaines de France, Controlle des Actes
des Notaires, Petits-Sceaux, Insinuations Laïques, Centiéme Denier, Controlle des Exploits, Greffes, Amortissemens, Franc-Fiefs, & nouveaux Acquêts, & Droits
reservés dans les Cours & Jurisdictions par les Edits des
mois d'Aoust 1716. Janvier & Novembre 1717. & rétablis par la Declaration du 15. May 1722.

Du 11. Octobre 1729.

ARREST du Conseil, portant que celui du 5. Juin
1728. sera executé selon sa forme & teneur, & en
l'interprétant entant que de besoin, ordonne que les
Procureurs seront tenus de faire mention expresse
dans les Cerificats qu'ils délivreront au Fermier, à l'effet de

retirer les amendes, que les Appellans, Demandeurs en Requeftes civiles, ou infcrivans en faux, fe font defiftés de leur Appel, demande ou Infcription de faux, & qu'au moyen de ce defiftement, les amendes font acquifes à Sa Majefté; Enjoint au Commis à la Recette des Amendes du Parlement de Paris, de délivrer au Fermier du Domaine le fond defdites amendes acquifes par les accords & tranfactions, à la premiere requifition qui lui en fera faite, en lui remettant fa Quittance; & faute d'y fatifaire, qu'il y fera contraint comme pour les propres deniers & affaires de Sa Majefté, à condition neanmoins qu'il demeurera toûjours dans la Caiffe dudit Commis, conformément à la Declaration du premier Decembre 1699. la fomme de quinze mille livres, pour l'employer au courant de l'Exercice de fa Commiffion; laquelle fomme fera prife même fur le fond defdites amendes acquifes au Fermier, fi celui des amendes indecifes ne fuffifoit pas, à la charge du remplacement lorfqu'il y aura deniers fuffifans, & en cas d'infuffifance qu'il y fera pourvû par Sa Majefté, &c.

Du 29. Novembre 1729.

* Arreft du Confeil & Lettres Patentes, *Regiftrées en la Chambre des Comptes le* 3. *Février* 1730. qui ordonnent que le produit du dixiéme que Sa Majefté jugera à propos de faire retenir fur le prix des Bois qu'Elle permettra aux Communautés Ecclefiaftiques & Laïques de vendre, fera reçû par les Receveurs des Domaines & Bois, & remis au Sieur de Sezille, Treforier General des offrandes, aumônes, devotions & bonnes œuvres du Roy, pour être diftribué à qui & ainfi qu'il fera ordonné par Sa Majefté.

Du 29. Novembre 1729.

Arreft du Confeil, qui liquide à la fomme de trente-quatre mille huit cent foixante-onze livres onze fols cinq deniers, l'indemnité dûë à Mefnard Defloges, Fermier des Domaines & Droits y joints, de la Baronnie de Fougeres en Bretagne , pour la non-joüiſſance des Droits compris dans ſon Bail ; de laquelle ſomme Loüis Bourgeois , Fermier General des Domaines , tiendra compte audit Deſloges de celle de trente-trois mille quatre cens vingt trois livres ſept ſols ſept deniers , pour les cinq années neuf mois de la non-joüiſſance deſdits Droits , finies au dernier Decembre 1726. ſans que Bourgeois en puiſſe prétendre aucune indemniré envers Sa Majeſté , & Pierre Carlier , Fermier General , ſucceſſeur dudit Bourgeois , de celle de quatorze cens cinquante-trois livres trois ſols dix deniers , pour la non-joüiſſance deſdits Droits , pendant le Quartier de Janvier 1727. de laquelle ſomme de quatorze cens cinquante-trois livres cinq ſols dix deniers , il ſera tenu compte audit Carlier ſur le prix de ſon Bail.

Du premier Decembre 1729.

* Jugement Souverain , rendu par Monſieur l'Intendant d'Auvergne , avec les Officiers du Preſidial de Riom , qui declare Loüis Achard , Notaire à Rocheſort , atteint & convaincu d'avoir par voye de fait , violences , outrages & émotion populaire , empêché la viſite de ſes Liaſſes , Minuttes & Repertoires , que les Inſpecteurs & Controlleurs Ambulans des Actes des Notaires , étoient ſur le point de faire dans ſa maiſon ; le condamne à être blâmé & reprimandé , en cent livres d'amende envers le Roy , cinq cens livres de réparations civiles envers le Fermier , & lui enjoint de ſe défaire de ſon Office dans ſix mois.

Du 20. Decembre 1729.

* Arreſt du Conſeil , qui ordonne que la Declaration du Roy du 21. Novembre 1724. ſera executée ſelon ſa forme & teneur , ce faiſant , que pour tenir lieu du Droit d'indemniré dû à Sa Majeſté , à cauſe de l'acquiſition faite dans ſes Mouvances , par les Religieux Prieur & Convent de l'Abbaye Royale de Saint Aubin d'Angers , de deux Maiſons & dépendances par eux acquiſes du Sieur Parent , Seigneur de la Chaſtellenie de Noyers , le 16. Aouſt 1729. il ſera paié an-

A ij

nuellement & à perpetuité par lesdits Religieux, Prieur &
Convent, au Fermier du Domaine de la Generalité de Tours,
la somme de trente-huit livres six sols huit deniers de rente, à
compter du 16. Aoust 1729. jour dudit Contrat d'acquisition.

Du 27. Decembre 1729.

* Lettres Patentes du Roy, *Registrées au Parlement le* 21.
Janvier 1730. qui ordonnent que les amendes seront acquises à Sa Majesté, lors des Accords ou Transactions, sur les
appellations, Requestes civiles ou Inscriptions de faux, ou
Lettres en forme de Requestes civiles ; au moïen de quoi en
remettant par le Fermier du Domaine, au Commis à la Recette des Amendes, la Quittance d'amende, le Certificat
du Procureur, portant que l'Appellant s'est desisté de son
appel, ou le demandeur de son Inscription en faux, ou de ses
Lettres en forme de Requeste civile ; ensemble de sa Quittance du contenu en la Quittance d'amende, ledit Commis
à la Recette sera tenu de remettre audit Fermier du Domaine, les Amendes acquises au Roy à ce titre, à quoi faire,
ledit Commis contraint comme pour deniers Royaux, à
condition neanmoins qu'il demeurera toûjours dans la Caisse
du Commis, conformément à la Declaration du premier Decembre 1699. la somme de quinze mille livres, pour l'em-
ploïer au courant de l'Exercice de sa Commission ; laquelle
somme sera prise même sur le fond des Amendes acquises au
Fermier, si celui des Amendes indécises ne suffisoit pas, à
la charge du remplacement lorsqu'il y aura deniers suffisans,
& en cas d'insuffisance, y sera pourvû par Sa Majesté ;
Ordonnent en outre qu'en cas que le contenu audit Certificat des Procureurs ne se trouve pas veritable, ils demeurent
responsables, tant de l'amende qui aura été retirée sur le Certificat, que de tous dépens, dommages & interests envers
les Parties, & sans qu'audit cas, & ou en cas de Lettres
de Rescision, ou autres voyes de droit contre lesdits Accords ou Transactions, les Parties puissent être tenuës de
consigner de nouveau une nouvelle amende.

Des 7. Juin 1655. 16. Janvier 1730. & 8. Mars 1732.

* Arrests du Parlement de Roüen, qui jugent que les Proprietaires des Sergenteries Nobles & hereditaires de Saint Lo, Carentan & le Hommet, qui sont en plein Fief de Haubert, ont droit de nommer quatre Commis ou Huissiers dans chacune desdites Sergenteries, lesquels privativement à tous Huissiers-Audienciers des Jurisdictions ordinaires & extraordinaires, & Sergens à Cheval au Chastelet de Paris, feront tous Exploits qui concernent & émanent des Jurisdictions ordinaires, dans le district desquelles lesdites Sergenteries sont encloses, & reglent les fonctions & droits desdits Commis, Huissiers, &c.

Du 17. Janvier 1730.

* Jugement Souverain, rendu par Monsieur l'Intendant de la Generalité de Tours, & les Officiers du Presidial de ladite Ville, qui déclare François Plessis, Notaire au Comté de Chemillé en Anjou, & Sergent Royal en la Senechaussée d'Angers, atteint & convaincu d'avoir faussement controllé dix Actes, & de n'avoir pas fait controller trente-quatre Minuttes d'Actes passés devant lui; pour réparation de quoi le condamne à faire amende-honorable, ayant un Ecriteau devant & derriere portant ces mots, *Faussaire Public*, & ensuite conduit à la Place du Marché, pour y être pendu & étranglé jusqu'à ce que mort s'ensuive, à la restitution des Droits de Controlle de tous lesdits Actes qui sont déclarés nuls, en cinq cens livres d'amende, & aux dépens.

Du 14. Fevrier 1730.

Arrest du Conseil, qui ordonne qu'au lieu de la quantité de trente-deux Septiers sept Boisseaux Froment, un Septier Seigle, six Septiers huit Boisseaux Avoine, vingt Septiers Orge, vingt-quatre livres & demie de Cire, dix Muids de Vin, & deux Charettes de Foin, dont a été fait fonds dans

les Etats des Fermes-Unies des années 1727. & 1728. sous
le nom des Receveurs Generaux des Domaines de la Ge-
ne-alité de Dijon, pour les charges assignées sur lesdits Domaines, il sera seulement fait employ de la quantité de
vingt-neuf Sepriers Froment, vingt Septiers Orge, & dix-
huit livres de Cire, assignés sur le Domaine de Bar-sur-Seine,
non aliené, en chacun des Etats au vrai & comptes, que
Pierre Carlier, Adjudicataire General des Fermes Unies,
doit rendre au Conseil & en la Chambre des Comptes, du
prix de son Bail desdites années 1727. & 1728. desquelles
quantités la dépense sera passée & allouée sur les Quittances
des Receveurs Generaux desdits Domaines, & les Extraits
des Mercuriales qui seront rapportés par ledit Carlier en la
maniere accoûtumée; Ordonne en outre que dans les Etats
qui seront arrêtés pour les charges des Fermes-Unies des
années 1729. & suivantes, il y sera seulement fait fonds
sous le nom desdits Receveurs Generaux, desdites quantités de vingt-neuf Septiers Froment, vingt Septiers Orge,
& dix-huit livres de Cire pour les Charges locales dudit Domaine de Bar-sur-Seine, le surplus devant être acquitté par
les Engagistes des Domaines qui y sont sujers, tant que leur
Engagement durera, sans neanmoins que Pillavoine &
Bourgeois, successivement Fermiers Generaux, puissent faire
aucune répetition des sommes, si aucunes ils ont payées,
pour raison desdites Charges.

Du 14. Fevrier 1730.

*   Arrest du Conseil, qui proroge par grace jusqu'au dernier Avril 1730. le délai accordé par celui du 23. Aoust
1729. pour le Controlle des Actes de Foi & Hommages,
Adjudications de Bois, & autres Actes de nature à pouvoir
être faits également pardevant Notaires, ensemble des Re-
connoissances aux Papiers Terriers qui ont été passées jusqu'à present, & des Aveus & Dénombremens sous Signatures Privées, fournies aux Chambres des Comptes & Bureaux
des Finances au moyen duquel Controlle & payement des
Droits sur le pied du Tarif du 29. Septembre 1722. Sa Ma-

jefté valide lefdits Actes , & releve des peines de nullité
& amendes encouruës , encore qu'il y ait eu des Arrefts ou
Ordonnances de condamnation ; lefquels Actes n'auront
force & vertu que du jour qu'ils auront été controllés , paffé
lequel délay & fans efperance d'aucun autre , lefdits Actes
de Foi & Hommages, Adjudications de Bois, & autres Actes
reçûs par lefdits Juges & Greffiers , les Declarations ou Re-
connoiffances aux Papiers Terriers , & les Aveus & Dénombremens faits fous Signature privées ou autrement , qui
ne fe trouveront pas avoir été controllés , demeureront nuls
& de nul effet ; enfemble les Actes de publication d'iceux ,
& tout ce qui aura été fait en conféquence , & les Vaffaux,
Juges, Procureurs , Greffiers , Huiffiers & autres Officiers ,
contraints au payement des Amendes prononcées par les Reglemens.

Du 19. Fevrier 1730.

* Lettres Patentes du Roy, *Regiſtrées en la Chambre des
Comptes , le 28. Mars* 1730. qui ordonnent que les Etats arrê-
tés au Confeil pour les Charges , Gages , Appointemens ,
Dépenfes extraordinaires , Rentes , Fondations , Aumônes ,
Penfions & frais de Juftice , affignés fur les Revenus du
Domaine de Meudon , feront executés , & que les Dépenfes
contenuës aufdits Etats , feront paffées dans les Comptes des
Receveurs Generaux des Domaines & Bois de la Generalité
de Paris, en obfervantles formalités , & rapportant les Pieces
y énoncées.

Du 23. Fevrier 1730.

* Declaration du Roy , portant que les Gages intermediaires des Offices dont les Pourvûs & Titulaires font decedés,
ou viendront à deceder ci-après , échûs & à écheoir pendant
les fix années du Bail de Pierre Carlier , Ajudicataire General des Fermes de Sa Majefté , à commencer du premier
Janvier 1727. feront payés fuivant les Fonds qui en ont été
ou feront faits dans les Etats du Roy , par les Treforiers ,
Receveurs , Payeurs des Gages , Receveurs Generaux des
Finances , Domaines & Bois , Receveurs des Tailles , &

tous autres Officiers Comptables , ès mains & fur les Quittances dudit Pierre Carlier , fes Procureurs & Commis , &
ce une année après celle de l'Exercice de chacun defdits
Treforiers , Payeurs & Comptables expirée , à peine d'y être
contraints par les voyes ordinaires & accoûtumées pour les
Deniers Royaux ; Et ordonne qu'en rapportant par lefdits
Treforiers , Payeurs & Comptables les Quittances dudit
Carlier , fes Procureurs & Commis , avec copie collationnée de ladite Declaration feulement , lefdits Gages feront
paffés & alloüés dans la dépenfe de leurs Comptes fans difficulté ; ce qui fera executé , tant pour les années échûës du
Bail dudit Carlier , à compter du premier Janvier 1727.
que pour celles qui échoiront à l'avenir , & ce nonobftant
l'Arreft de la Chambre des Comptes du 18. Mars 1728. intervenu à l'Enregiftrement de la Declaration du 3. Fevrier
audit an , & autres qui pourroient avoir été rendus précedemment oupofterieurement à ladite Declaration , &c.

Du 28. Fevrier 1730.

*   Arreft du Confeil , qui juge conformément à l'Article
XXXV. du Tarif de 1722. qu'une Donation ou Inftitution en
faveur de Mariage aux futurs , ne peut operer au Controlle
qu'un Droit , fuivant la qualité du futur , lorfque la Donation ou inftitution n'eft point évaluée.

Du 14. Mars 1730.

Arreft du Confeil , qui décharge les Cautions de Louis
Bourgeois , de l'Affignation à eux donnée en la Cour des
Aydes le 18. Janvier 1730. à la Requefte du Sieur Bonneau , Directeur de la vente des Offices Municipaux , pour
raifon des Appointemens accordés aux nommés Merigot &
le Tellier , ci-devant Directeurs des Droits rétablis & refervés dans les Generalités de Touloufe & Montauban , lefquels ont été retenus par ledit Bourgeois , & imputés fur les
Debets des Comptes rendus par lefdits Merigot & le Tellier,
de la Geftion par eux faite defdits Droits rétablis & refervés;

fait

fait défenses audit Bonneau de proceder en ladite Cour des
Aydes pour raison de ce, à peine de cinq cens livres d'amende,
& ordonne que ledit Bonneau remettra sa Requeste au Sieur
Controlleur General des Finances , pour y être statué par
Sa Majesté , ainsi qu'il appartiendra.

Du 27. Mars 1730.

*   Arrest du Grand Conseil , qui juge que les Secretaires du
Roy de la grande Chancellerie , quoique exempts des Droits
Seigneuriaux pour les Biens qu'ils acquierent dans le Domaine du Roy , ne peuvent joüir du Privilege de toucher
lesdits Droits pour les Biens qu'ils vendent , ou qui sont adjugés sur eux, en conséquence décharge le Sieur de Damas de
la demande formée contre lui par la Veuve & Enfans du
Sieur Petit , Secretaire du Roy , des Droits Seigneuriaux ,
dûs à cause des Terres de Marsenou & autres , mouvantes
du Domaine de Sa Majesté , adjugées sur eux audit Sieur
Damas , condamne lesdits Veuve & Enfans le Petit aux
dépens , & déboute la Compagnie des Secretaires du Roy ,
de leurs interventions & demandes en maintenuë dans le Privilege de toucher les Droits Seigneuriaux des Biens qu'ils
vendent , ou qui s'adjugent sur eux dans le Domaine du
Roy , & les condamne pareillement aux dépens.

Du 28. Mars 1730.

*   Arrest du Conseil, qui ordonne que les Droits de deux
deniers deux tiers de denier pour livre , reservés par l'Edit
d'Aoust 1716. & qui avoient été attribués aux Offices d'En-
quêteurs, & Commissaires Examinateurs , supprimés par ledit
Edit , ne seront perçûs que sur les Decrets forcés , suivis d'ordres & de distribution de deniers , sans qu'ils puissent être
exigés par les Fermiers sur les Decrets volontaires.

Avril 1730.

*   Circulaire en forme d'Instruction , cencernant la Regie

des Domaines , Controlle des Actes , Infinuations , Petits Scels, Greffes, Droits refervés, Amortiffemens , Franc-Fiefs & nouveaux Acquets.

Du 25. Avril 1730.

*   Arreſt du Conſeil, qui proroge juſqu'au dernier Decembre 1730. le délai accordé par celui du 14. Fevrier 1730. pour le Controlle des Actes de Foi & Hommages, Adjudications des Bois , & autres Actes de nature à pouvoir être faits également pardevant Notaires, enſemble les Reconnoiſſances aux Papiers Terriers qui ont été paſſées juſqu'audit Arreſt , & des Aveus & Dénombremens ſous Signatures privées, fournies aux Chambres des Comptes & Bureaux des Finances ; au moyen duquel Controlle & payement des Droits ſur le pied du Tarif du 29. Septembre 1722. leſdits Actes ſont validés , & les Juges , Greffiers , & autres Officiers qui les ont reçûs relevés des peines de nullité & amendes , encore qu'il y ait eu des Arreſts ou Ordonnances de condamnation ; leſquels Actes n'auront force & vertu que du jour qu'ils auront été controllés ; paſſé lequel délai leſdits Actes qui n'auront pas été controllés , demeureront nuls , &c.

Du 2. May 1730.

Arreſt du Conſeil , qui ordonne que les Quittances de Laurent Chazelles , Commis pour faire la Recette & le payement des Charges aſſignées ſur la Saline de Metz de Nicolas Marquis , Commis pour faire la Recette & le payement des Charges aſſignées ſur les Salines & Gabelles du Comté de Bourgogne ; de Pierre Monier , Receveur General des Domaines du Comté de Bourgogne ; de Pierre Feydieu , Payeur des Gages des Officiers de la Cour des Aydes de Bordeaux ; d'Eſtienne de Sevin de Juſſy , Receveur General des Domaines de la Generalité de Riom ; de Claude Langlois , Receveur General des Domaines de la Generalité de Caën ; du Sieur Berlaud , Receveur General des Domaines & Bois de la Generalité d'Alençon ; de Jean Arnaud,

Receveur General des Domaines de la Generalité de Bordeaux ; du Sieur Defrance, Receveur General des Domaines de la Generalité de Montauban ; de Loüis Dulaurent, Receveur General des Domaines de la Generalité de Dijon ; du Sieur de la Bruyere de Clorcy, Receveur General des Domaines de la Generalité de Metz, & celles de Jean Salmon, Receveur General des Domaines de la Province d'Alsace, seront regiſtrées au Controlle general des Finances, encore que le temps preſcrit par les Reglemens, & notamment par la Declaration du Roy du 6. Mars 1716. ſoit expiré, à condition que leſdites Quittances ſeront remiſes au Bureau dudit Controlle general des Finannes, dans un mois, du jour de la datte dudit, &c.

Du mois de May 1730.

* Edit du Roy, *Regiſtré en la Chambre des Comptes le 9. Juin* 1730. qui réünit au Domaine les Portions des Droits Caſuels deſdits Domaines, conſiſtans aux Droits de Lods & Ventes, Treiziémes, Quints & Requints, Rachats, ſous Rachats, Aubaines, Bâtardiſes, Desherences, confiſcations, Epaves, & autres Droits Seigneuriaux de pareille nature, non compris dans les Baux des Fermes Generales ; enſemble des jouïſſancesqui peuvent avoir été accordées de differens Domaines & Droits alienés à vie, & dans leſquels le Roy doit rentrer aprés le decès des Engagiſtes ; & accorde à l'Ordre de S. Loüis en augmentation de Dot, une ſomme de ſoixante-dix mille livres de rente par an, laquelle ſera employée annuellement dans l'Etat des Domaines de la Generalité de Paris.

Du 16. Mai 1730.

* Arreſt du Conſeil, pour la priſe de poſſeſſion du Bail fait à Remy Barbier le 6. Decembre 1727. des Portions des Droits Caſuels des Domaines, donnés à l'Ordre de Saint Loüis, par l'Edit du mois d'Avril 1719. & des joüiſſances des Domaines engagés à vie la premiere année du decès des Engagiſtes pour ſix années, à commencer du premier Janvier

1727. moyennant soixante-dix mille livres par an ; ordonne
que lesdits Droits Casuels seront reçûs par les Receveurs des
Domaines , pour en compter audit Barbier sans aucune remise , & que le prix du Bail sera payé entre les mains de
Pierre Carlier , Adjudicataire des Fermes Generales-Unies ,
pour en compter outre & pardessus le prix de son Bail.

Du 16. May 1730.

*   Arrest du Conseil, qui ordonne que les Droits reservés
de ceux ci-devant attribués aux Substituts adjoints , ne seront
perçûs que sur les Actes énoncés dans la Declaration du 5.
Novembre 1704. & dans l'Arrest du 4. Avril 1719. sans qu'ils
puissent être perçûs sur les Procès verbaux d'appositions , le-
vées de Scellés & Inventaires.

Du 16. May 1730.

*   Arrest du Conseil , qui permet aux Controlleurs des Domaines , d'établir des Commis pour controller les Enfaisine-
mens & Enregistremens des Actes , & autres Titres transla-
tifs de proprieté des Terres , Heritages , ou Droits mouvans
& tenus de Sa Majesté , en Fief ou en Roture , & faute par
eux d'en établir dans tous les endroits où les Receveurs des
Domaines en ont , permet aux Officiers des Bureaux des Finances , ou Chambre des Domaines d'y commettre , & que
ceux qui seront ainsi commis , perçoivent à leur profit les
Droits de Controlle , en satisfaisant aux conditions ordonnées
par l'Edit du mois de Decembre 1727.

Du 6. Juin 1730.

*   Arrest du Conseil, par lequel Sa Majesté faisant droit sur
le renvoy des Instances pendantes au Parlement de Pau , entre les Syndics generaux du Pays de Bearn, & Laurent Estienne , Receveur general des Domaines & Bois de ladite Province , ordonne conformément aux Edits & Declaration
des mois de Decembre 1701. 23. Juin 1705. & Decembre

1727. & Arrests rendus en conséquence, que tous Particuliers de quelque qualité & condition qu'ils soient, sans aucuns excepter, qui possedent à quelques titre que ce soit, des Biens mouvans de Sa Majesté, tant à cause des Domaines par Elle possedés, qu'à cause des Domaines engagés dans la Province de Bearn, ainsi que dans les autres Provinces du Royaume, seront tenus de faire ensaisiner les Contrats de leurs acquisitions, ou enregistrer les autres Titres de leur possession, & iceux faire controller dans les délais portés par lesdits Reglemens, & de payer les Droits d'ensaisinement ou d'enregistrement, & de Controlle ; & faute d'y satisfaire, permet au Receveur general des Domaines de decerner ses Contraintes contre les Particuliers sujets ausdits Ensaisinemens & Enregistremens, & paiement desdits Droits; lesquelles Contraintes seront visées par le premier Officier de la Chambre des Finances du Parlement de Pau, qui en sera requis, & ensuite executées nonobstant & sans préjudice des oppositions, pour lesquelles il ne sera differé.

Des 20. Juin & 21. Juillet 1730.

* Arrest du Conseil, & Ordonnance de Monsieur le Lieutenant de Police, qui ordonnent que les Arrests des 21. Septembre 1671. & 21. Avril 1705. seront executés, & en conséquence que la Halle aux Draps, ensemble les Bâtimens qui sont autour dans les ruës de la Poterie, de la petite Friperie, Tonnellerie & Lingerie, seront à la diligence des Maistres & Gardes des Marchands Drapiers de Paris, incessamment vûs & visités par les Experts, qui seront nommés par Monsieur Herault, Lieutenant de Police; les Possesseurs & Detempteurs desdits Bâtimens presens, ou dûement appellés, au domicile de ceux qui les occupent, dont & de tout sera dressé Procès verbal, Rapport, Plan & Figure, même de l'état où étoit ladite Halle avant la construction de ces Bâtimens ; pour le tout vû & rapporté au Conseil, être ordonné ce que de raison, & qu'à cet effet tous les Possesseurs & Detempteurs desdites Échopes & Bâtimens, seront tenus de rapporter dans un mois du jour de la significa-

tion dudit Arrest, pardevant ledit Sieur Herault, tous &
chacuns les Titres en vertu desquels la construction en a été
faite, & de leur joüissance, pour en prendre par lesdits
Maistres & Gardes communication, & sur le tout, ensemble sur l'avis dudit Sieur Herault, y être ensuite pourvû par
Sa Majesté ainsi qu'il appartiendra, & faute par lesdits Proprietaires de satisfaire audit Arrest, ordonne que lesdites
Maisons, Echopes, & autres Edifices adossés à ladite Halle, seront & demeureront réünis au Domaine, sans que
pour raison des contestations mûës à l'occasion desdits Bâtimens, ni de l'execution dudit Arrest, les Proprietaires &
Parties interessées puissent rien innover, ni se pourvoir ailleurs que pardevant ledit Sieur Herault.

Du 11. Juillet 1730.

Arrest du Conseil, qui évoque l'Assignation donnée à
Loüis Bourgeois & Pierre Carlier, successivement Adjudicataires des Fermes Generales, au Parlement & Chambres
des Comptes de Metz le 18. Avril 1730. à la Requeste
de Marguerite Darguel, Veuve de Jean-Baptiste de Monicart, Président Tresorier de France au Bureau des Finances de Metz, tant en son nom qu'en celui de Marguerite de
Monicart Epouse d'Amelin de Beaurepaire, fille & heritiere
dudit de Monicart, au sujet de leurs prétentions, sur les Gages intermediaires de l'Office dudit Sieur de Monicart ; &
en conséquence ordonne que les Parties remettront leurs
Pièces & Memoires entre les mains du Sieur Controlleur
General des Finances, pour y être fait droit ainsi qu'il appartiendra, & qu'à cet effet la Requeste desdits Bourgeois
& Carlier sera communiquée à ladite Veuve de Monicart,
& à Marguerite de Monicart sa fille, Epouse dudit Beaurepaire ; pour leurs réponses vûës, qu'ils seront tenus de fournir
dans un mois, être par Sa Majesté ordonné ce qu'il appartiendra, toutes choses demeurantes en état, &c.

Du 11. Juillet 1730.

Arrest du Conseil, qui déboute Charles Yvon, Sous-

Fermier des Domaines de la Ville & Generalité de Paris,
de sa demande, tendante à être payé de la somme de dix
mille cinq cent livres par lui prétenduë dans le Droit d'Au-
baine de la Maison des Moulineaux, qui appartenoit au
deffunt Sieur Thomas Crawefort, Ecossois de nation, du
prix de laquelle Maison Sa Majesté a fait don & remise au
Sieur Robert Crawefort, par Arrest du Conseil du 14. Janvier 1727. &c.

Du 11. Juillet 1730.

* Arrest du Conseil, qui sans avoir égard à une Ordonnance de Monsieur l'Intendant de la Generalité d'Auch, du
29. Janvier 1729. décharge les Consuls & Communauté
d'Auvillars des Droits d'Amortissemens, pour lesquels ils
ont été compris dans une Contrainte du Fermier du 19.
Aoust 1721. pour raison du Traité qu'ils ont passé entre le
Sieur Comte de Bellisle le 5. Avril 1721. par lequel ils se
sont chargés de payer une rente annuelle de douze cent livres audit Sieur Comte de Belle-Isle, pour lui tenir lieu de
differens droits Seigneuriaux, dûs par lesdits Consuls &
Communauté d'Auvillars, & autres Paroisses de la Vicomté
d'Auvillars.

Du 5. Septembre 1730.

Arrest du Conseil, qui ordonne du consentement de
Madame la Princesse de Conty, que les Domaines de Bourges
& de Dun-le-Roy, circonstances & dépendances, tels & ainsi
qu'ils ont été engagés par les Contrats des 7. Avril 1645. & 4.
Avril 1675. & qu'ils sont échûs à ladite Dame Princesse de
Conty par le sixiéme Lot du Partage des Biens de la Suc-
cession de Loüis Duc de Bourbon, du 17. Septembre 1727.
& qu'ils sont compris dans les articles trentiéme & trente-
troisiéme de la premiere Classe desdits Biens, seront & demeureront réünis au Domaine de Sa Majesté pour en joüir,
à compter du premier Janvier 1728. & en acquitter les charges par Sa Majesté, à compter dudit jour ; du payement
desquelles charges ladite Dame Princesse de Conty demeurera quitte & déchargée, sans préjudice du Droit des an-

TABLE

DES

EDITS, DECLARATIONS,
ORDONNANCES, ARRESTS
ET REGLEMENS

CONCERNANT

LES FERMES ROYALES UNIES.

Reçus pendant la cinquieme année du Bail
de M. F.......

Commençant le premier Octobre 1730, et finit le dernier
Septembre 1734.

A PARIS,

Chez Pierre Simon, Imprimeur du Parlement, Quai des Augustins, à l'Hercule.

M. DCC. XXXIV.

TABLE

DES

EDITS, DECLARATIONS,

ARRESTS ET REGLEMENS

RENDUS pendant la cinquiéme année du Bail
de M^c. PIERRE CARLIER.

Commencée le premier Octobre 1730. *& finie le dernier
Septembre* 1731.

Concernant les Cinq Grosses Fermes , Domaines
d'Occident, Tabac , Commerce & Manufactures.

Du 3. *Octobre* 1730.

* Eclaration du Roi , servant de Reglement pour
la Regie & perception du Droit de Capitation
aux Isles & Terres fermes du vent de l'Amerique,
contenant 23. *articles.*

Du 3. *Octobre* 1730.

* Lettres Patentes sur Arrest du Conseil du 26. Septembre

TRAITTES.   A

1730. *regiftrées en la Cour des Aydes*, *le* 12. *Decembre* 1730. qui ordonnent que la perception du Droit d'un pour cent ordonnée par la Declaration du 10. Novembre 1727. être faite fur les Marchandifes venant des Ifles & Colonies Françoifes de l'Amerique pendant trois années commencées au premier Janvier 1728. fera continuée pour trois autres années qui expireront au premier Janvier 1734. de la même maniere qu'il eft ordonné par ladite Declaration, &c.

Du 3. Octobre 1730.

* Arreft du Confeil, qui ordonne que jufqu'au dernier Decembre de l'année 1732. les Bœufs, Vaches, Moutons, Brebis, Agneaux, Porcs, Boucs, Chevres & Chevrotins qui viendront des Pays Etrangers dans le Royaume, feront & demeureront déchargés de tous Droits, tant des Cinq Groffes Fermes qu'autres dépendans de la Ferme generale, qui fe payent aux Entrées des Provinces frontieres : Et que lefdits Beftiaux, enfemble ceux qui auront été élevés & nourris dans le Royaume feront & demeureront dechargés pendant ledit tems des Droits d'Entrée & de Sortie dépendans de la Ferme generale à leur paffage des Provinces reputées Etrangeres dans celles de l'étenduë defdites Cinq Groffes Fermes; ou defdites Provinces des Cinq Groffes Fermes dans celles réputées Etrangeres, aux Entrées & Sorties defquelles il eft dû des Droits aufdites Fermes Generales-Unies ; fait défenfes à tous Particuliers de quelque qualité & condition qu'ils foient de faire fortir hors du Royaume aucuns Beftiaux de toutes efpeces, à peine de confifcation, de trois mille livres d'amende, & autres peines portées par les Arrefts des 16. Juin 1711. 15. Mars 1712. 19. Janvier 1715. 30. Avril 1716. & 17. Juin 1717. à l'exception feulement des Beftiaux du Pays de Gex, dont la fortie eft permife par l'Arreft du Confeil du 4. Janvier 1718. lequel fera executé felon fa forme & teneur, comme auffi les Bœufs & Vaches qui pourront paffer de la Flandre Françoife dans les Châtellenies d'Ypres, Furnes & Furmembac, en payant les Droits du Tarif 1671. conformément à l'Arreft du Confeil du 5. Septembre 1713. & les Beftiaux des Generalités de Montauban & d'Aufch, qui

pourront continuer d'être commercés sur la frontiere d'Espagne en payant les Droits ordinaires, conformément à l'Arrest du 24. Juillet 1717. à condition de passer dans les Bureaux y désignés , &c.

Du 3. Octobre 1730.

Arrest du Conseil , qui ordonne avant faire droit sur la Requête presentée par Pierre Carlier, Adjudicaraire des Fermes Generales-Unies, que M. le Procureur General du Parlement de Bretagne envoyera incessamment à M. le Contrólleur General des Finances les motifs de celui de ladite Cour du 8. Juillet 1730. au sujet de la saisie faite par le Receveur des Fermes à Roscof, & trois Employés du Tabac & des devoirs au même lieu dans la Rade de l'Isle de Bas de la Barque la Sapience d'Ergny , M^e. Bertrand le Roux, chargée de douze cens quatre-vingt-seize boisseaux de Froment, pour iceux vûs & examinés , être par Sa Majesté ordonné ce qu'il appartiendra , toutes choses jusqu'à ce demeurant en état, &c.

Du 3. Octobre 1730.

Arrest du Conseil , qui évoque à icelui l'appel interjetté par Loüis Edeline , Marchand à Cambrai,de la Sentence du Subdelegué de l'Intendant de Flandre audit Cambrai , du premier Avril 1730. portant confiscation des Marchandises de contrebande sur lui saisies à une des Portes dudit Cambrai, par les Employés des Fermes le 11. Novembre 1719. circonstances & dépendances ; ordonne que ledit Edeline remettra dans un mois pour tout délai , sa Requête & Pieces sur ledit appel , ès mains de M. le Controlleur General des Finances , pour sur icelle ou à faute de ce faire dans ledit tems, être par Sa Majesté ordonné ce qu'il appartiendra , & fait défenses aux Parties de proceder ailleurs sur ledit appel , à peine de nullité , cassation , & de tous dépens , dommages & interêts , & à toutes ses Cours & Juges d'en connoître , &c.

Du 6. Octobre 1730.

* Ordonnance du Roi , qui fait défenses à tous Officiers passant

fagers & Equipages des Bâtimens qui vont à Damiete, d'y
loüer des maifons pour y loger , féjourner & coucher pendant que lefdits Bâtimens feront dans le Port , même de defcendre à terre , à l'exception des Capitaines ou Patrons qui
pourront y aller dans les cas de neceffité , à la charge toutefois de revenir manger & coucher à bord , & de s'y retirer
avant la nuit , le tout à peine de mille livres d'amende contre
les contrevenans ; qu'au au furplus pourront lefdits Capitaines & Patrons continuer leur Commerce audit Damiete , &
y charger du Riz pour le compte des Turcs , comme il eft
accoûtumé : Permet auffi à ceux qui vont à Alexandrie pour
fe nolifer aux gens du Pays, d'y charger du Riz , à condition
de le porter dans les autres Echelles de la domination du
Grand Seigneur, & non ailleurs. Leur défend d'en charger pour
leur compte, & de l'apporter en France ou autres Pays de Chré-
tienneté , foit directement ou indirectement , même en fe fervant du nom des Turcs , à peine de confifcation des Char-
gemens & Bâtimens , & de trois mille livres d'amende en
cas de contravention.

Du 12. Octobre 1730.

* Declaration du Roi , regiftrée au Parlement d'Aix , le 3.
Novembre 1730. qui fait défenfes à tous Capitaines , Maîtres
ou Patrons , de maltraiter & laiffer maltraiter par les gens de
leurs Equipages les Mouffes qui feront embarqués fur les Bâtimens qu'ils commanderont , à peine d'être punis fuivant
l'exigence des cas ; Leur permet feulement de faire fubir
à ces Mouffes les punitions ordinaires & accoûtumés ;
Défend auffi aufdits Capitaines , Maîtres ou Patrons , lorfqu'ils feront dans les Echelles du Levant & de Barbarie , de laiffer defcendre à terre aucuns defdits Mouffes fans les mettre fous la garde d'un Officier ou d'un Mate-
lot de confiance , à peine de trois cens livres d'amende pour
chaque Mouffe , qui faute de cette précaution fera refté dans
lefdites Echelles. Enjoint aux Confuls , Vice-Confuls & autres perfonnes chargées des affaires de France dans lefdites
Echelles du Levant & de Barbarie , de faire mention fur les

Rôlles d'Equipages, des Mousses qui seront restés dans lesdites Echelles, & de ce qui pourra y avoir donné lieu, dequoi ils seront requis par lesdits Capitaines, Maîtres ou Patrons de faute par lesdits Capitaines, Maîtres ou Patrons, se-rapporter ladite mention sur lesdits Rôlles d'Equipages, ils seront réputés avoir laissé descendre lesdits Mousses à terre sans un homme de confiance, & comme tels condamnés à ladite amende de trois cens livres. Attribuë aux Amirautés la connoissance des contraventions qui seront commises contre les dispositions de ladite Declaration, lesquelles seront poursuivies à la Requête des Procureurs du Roi desdits Sieges, & que ceux qui voudront interjetter appel des Sentences qui seront renduës dans les Amirautés, seront tenus de faire juger ledit appel dans un an du jour de la datte d'icelui, sinon & à faute de ce faire ledit tems passé, lesdites Sentences sortiront leur plein & entier effet, & les amendes seront distri-buées conformément ausdites Sentences, & les dépositaires d'icelles bien & valablement déchargés, &c.

Du 20. Octobre 1730.

Arrest du Conseil, qui ordonne que le Sieur Alexandre le Roux, Marquis de Gaubert & de Courbons, Premier Président du Parlement de Navarre, joüira conformément à ses Lettres de provisions, de la somme de trois mille livres de pension, dont le payement est assigné sur la recette du Convoi & Comptablie de Bordeaux, & employé dans l'Etat des Gages des Officiers du Parlement de Guyenne ; Veut que l'emploi de ladite pension soit fait à l'avenir sous le nom du sieur le Roux ; qu'il en joüisse aussi long-tems qu'il sera pourvû dudit Office, & que le payement de ladite pension lui soit fait sur ses simples Quittances par le Payeur des Gages dudit Parlement de Guyenne, à commencer du premier Janvier 1729. qu'à ce faire ledit Payeur soit contraint, quoi faisant il en sera valablement déchargé, & que la dépense en soit passée dans ses Comptes sans difficulté.

Du 22. Octobre 1730.

Arrest du Conseil, qui ordonne qu'il ne pourra être enlevé aucuns Sels de dessus les Marais de Soubise, Havre de Broüage, Marennes, Riviere de Seudres, la Tremblade, Mornat & autres lieux de cette étenduë, que par le ministere des Jurés-Mesureurs, soit que lesdits Sels proviennent des Marais appellés francs ou autres, à peine contre les Proprietaires de confiscation desdits Sels, & de cent livres d'amende pour chaque contravention; défend sous peine de pareille amende, de cent livres, de sortir des Chenaux avec des Sels de quelques Marais qu'ils proviennent sans être porteurs à chaque voiture d'un Certificat signé desdits Mesureurs dans la forme prescrite par l'article 13. de la Declaration du 3. Septembre 1726. pour être lesdits Certificats par eux remis aux Commis préposés au renversement & mesurage desdits Sels dans les Navires & autres Bâtimens; le tout en conformité dudit article 13. Enjoint d'abondant conformément aux articles 12. 13. & 14. de ladite Declaration, ausdits Jurés-Mesureurs de tenir chacun un Livre relié, numeroté & paraphé par le Juge des lieux sur lequel ils enregistreront tous les Sels qu'ils auront levés chaque jour, à peine de cinquante livres d'amende pour chaque article obmis; Enjoint aussi ausdits Jurés-Mesureurs de fournir tous les mois aux Commis des Droits de Broüage au Bureau de Marennes un extrait de leurs Registres signé & certifié d'eux, à peine de cent livres d'amende pour chaque article auquel ils n'auront pas satisfait, & qu'au surplus ladite Declaration du 3. Septembre 1726. sera executée en tout son contenu selon sa forme & teneur.

Du 22. Octobre 1730.

* Arrest du Conseil, qui ordonne que ceux des 11. Novembre 1727. & 29. Mars 1729. qui chargent le sieur le Cordier de la Recette generale du Droit d'un pour cent qui se perçoit sur les Marchandises des Isles & Colonies Fran-

çoises & d'en rendre compte au Conseil, seront executés selon leur forme & teneur pendant les trois années que doit continuer la perception dudit Droit d'un pour cent sur lesdites Marchandises venant des Isles & Colonies Françoises de l'Amerique, en consequence de l'Arrest du 26. Septembre 1730. & Lettres Patentes du 3. Octobre suivant, qui ordonnent cette prorogation, &c.

Du 31. Octobre 1730.

Arrest du Conseil, qui ordonne conformément à la réponse faite à l'article premier du cahier présenté à Sa Majesté par les Députés des Etats de la Province de Languedoc, que jusqu'au premier de Septembre mil sept cent trente - un, les Vins & les Eaux-de-Vie de ladite Province de Languedoc qui seront portés dans les Pays Etrangers par les Ports de Cette, Agde & la Nouvelle, continuëront d'être déchargés du tiers des Droits de Sortie & du tiers du Droit de Fret, & ordonne en outre que la même moderation dudit tiers desdits Droits aura lieu pour les Vins & les Eaux-de-Vie de ladite Province qui sont sortis depuis le premier de Septembre 1730. par lesdits Ports de Cette, Agde, & la Nouvelle, à l'effet dequoi ceux qui pourroient avoir été payés au - delà de la fixation portée par ledit Arrest, seront restitués, &c.

Du 7. Novembre 1730.

* Arrest du Conseil, qui ordonne que les Marchands & Fabriquans de Bas de S. Amand, pourront envoyer tous les ans dans les Villages de la Châtellenie de Tournay, telle quantité de Laine qu'ils jugeront à propos pour y être tricottées & rapportées en Bas non foulés & apprêtés, en payant par les Prevôts & Echevins de ladite Ville, suivant leurs offres, la somme de trois cens livres par chaque année, pour tenir lieu des Droits d'Entrée imposés par le Tarif de 1671. Défend expressément l'entrée de toutes sortes de Bas foulés

& apprêtés, à peine de confiscation, & de trois cens livres d'amende contre les Proprietaires & Conducteurs.

Du 19. Novembre 1730.

* Arrest du Conseil, par lequel le Roi accepte les retrocession, délaissement & transport à Elle faits par les Syndics & Directeurs de la Compagnie des Indes, au nom de ladite Compagnie, du Privilege du Commerce de la côte de Barbarie, auquel ladite Compagnie avoit été subrogée par Arrest du 4. Juin 1719. confirmé par Edit du mois de Juin 1725. pour disposer par Sa Majesté dudit Privilege en faveur d'une Compagnie particuliere qui ait son établissement dans la Ville de Marseille, ou autrement, ainsi qu'elle jugera à propos; en consequence déroge à l'article 4. dudit Edit du mois de Juin 1725. & à tous autres Titres de concession en faveur de ladite Compagnie concernant le Privilege du Commerce de ladite côte de Barbarie, dont elle ne pourra être chargée à l'avenir, en quelque cas & sous quelque prétexte que ce puisse être. Et quant à la demande pour remboursement du prix des Places du Cap-Negre du bastion de France & lieux en dépendans, Bâtimens, Armes & Munitions desdites Places, & pour la valeur des Ustensiles, Batteaux, Aggrés & autres effets mobiliers étant dans les lieux desdites concessions & dans les Bureaux de Marseille, ordonne qu'il y sera pourvû de la maniere qui sera reglée avec la nouvelle Compagnie d'Afrique qui se presentera pour se charger dudit Commerce de la côte de Barbarie, &c.

Du 21. Novembre 1730.

* Arrest du Conseil, qui homologue la soûmission faite le 24. du mois d'Octobre 1730. par Jacques Auriol, tant en son nom que comme ayant pouvoir de Naville & Bourguet, Claude Baquet & Compagnie, François Marguerit & Pierre Maystre, Négocians établis à Marseille; ensemble l'Acte passé double le 27. dudit mois d'Octobre entre les Directeurs de la Compagnie des Indes & ledit Jacques Auriol: ce faisant

sant accorde audit Jacques Auriol & à sesdits Associés tous les Droits, Privileges, Franchises & Exemptions dont ont joüi ou dû joüir les précedentes Compagnies d'Afrique,& en consequence ordonne qu'ils seront mis en possession des Places du Cap-Negre, de la Calle & dépendances, pour en joüir & y faire le commerce exclusif sous le nom de *Compagnie d'Afrique* pendant dix années, à commencer au premier Janvier mil sept cent trente-un, aux charges, clauses, conditions & franchises contenuës dans les 20. articles de ladite soûmission, comme aussi aux facultés, clauses & conditions portées par les Traités faits avec les Puissances d'Alger & de Tunis, &c.

Ensuite duquel Arrest, sont les propositions desdits sieurs Jacques Auriol & Associés, dudit jour 24. Octobre 1730. *contenant 20. articles*, &c.

Du 21. Novembre 1730.

Arrest du Conseil, qui évoque à icelui les procedures faites tant à la Requête du Procureur de Sa Majesté en la Maréchaussée de Verdun & au Siege Présidial de ladite Ville, que celles faites par les Juges Seigneuriaux de la Prévôté de Montfaucon, & même celles qui pourroient avoir été commencées par les Juges des Traittes Foraines dudit Montfaucon pour raison des faits mentionnés dans le procès verbal du 23. Août 1730. & icelles circonstances & dépendances, renvoye pardevant le sieur le Peletier de Beaupré, Intendant & Commissaire départi en la Province de Champagne, pour être par lui l'instruction continuée & le procès fait & parfait & jugé souverainement & en dernier ressort, aux auteurs & complices du meurtre comunis en la personne du nommé François Teurte, Garde sédentaire au Bureau des Traittes de Montfaucon, circonstances & dépendances, en appellant avec lui le nombre de Gradués requis par l'Ordonnance ; Sa Majesté lui en attribuant à cet effet toute Cour, Jurisdiction & connoissance, & icelle interdisant à toutes ses Cours & autres Juges ; permet audit Sieur Commissaire départi, de subdeleguer pour l'instruction, & de commettre pour faire les fonctions de Procureur du Roi en ladite Commiſſion ; tels Officiers ou Gradués qu'il voudra choiſir ; & ordonne en outre que les charges, informations & autres procedures commencées, ſeront inceſſamment envoyées au Greffe de la-dite Commiſſion, à ce faire tous Greffiers & autres Dépoſi-taires contraints, quoi faiſant, ils en demeureront bien & va-lablement déchargés, &c.

Du 21. Novembre 1730.

* Arreſt du Conſeil, qui ordonne que pendant deux annéés à compter du jour de la publication d'icelui, les Droits ſur les Aiguilles venant des Pays Etrangers, ſeront payés ſur le pied de dix livres par chaque cent peſant, au lieu de vingt li-vres impoſés par l'Arreſt du 3. Juillet 1692. auquel il eſt dérogé pour ce regard ſeulement, &c.

Du 28. Novembre 1730.

Arreſt du Conſeil, qui approuve le rembourſement qui a été fait aux Cautions de Pierre Carlier & Nicolas Desboves, par les Entrepoſeurs & Débitans, de deux ſols pour livre pe-ſant de Tabac ficellé qu'ils ont levés dans les Bureaux de la Ferme depuis le premier dudit mois de Novembre ; & permet auſdites Cautions, de continuer à l'avenir de perce-voir outre & pardeſſus les prix reglés par la Declaration du premier Août 1721. pour les Tabacs qu'ils délivreront fice-lés, la ſomme de deux ſols pour livre peſant à quoi les frais du ficellage ont été & demeureront fixés, ſans qu'ils puiſſent être augmentés pour quelque cauſe & ſous quelque prétexte que ce puiſſe être, &c.

Du 28. Novembre 1730.

* Arreſt du Conſeil, qui ordonne que l'Edit du mois d'Oc-tobre 1726. & l'Arreſt du huit du même mois concer-

nant l'Introduction , Port & usage des Toiles peintes ou teintes , Ecorces d'arbre ou Etoffes de la Chine , des Indes , & du
Levant , seront executés selon leur forme & teneur , ainsi que
tous les autres précedens Reglemens en ce qui n'y est point
dérogé par icelui ; défend à tous Juges de prononcer aucune
décharge ni moderation d'amende , ni d'accorder aucun délai
pour en favoriser l'obtention , & leur enjoint de faire executer leurs Sentences aussi-tôt qu'elles seront renduës ; Enjoint
pareillement aux Maîtres des Ports , leurs Lieutenans , aux
Juges des Traittes & à ceux des Elections de faire la conversion des peines pecuniaires qu'ils auront prononcées , en peines corporelles , conformément audit Edit , & à l'écheance
des termes y portés , à peine de répondre du payement des
amendes en leur propre & privé nom ; Veut que le Lieutenant General de Police à Paris , & les Intendans & Commissaires départis dans les Provinces , connoissent à l'avenir des
contraventions concernant le Commerce , Port & usage desdites Marchandises & Etoffes des Indes , de la Chine & du
Levant , leur attribuant à cet effet toute Cour & Jurisdiction
pour juger lesdits contraventions en dernier ressort , avec le
nombre de Juges ou Gradués requis par les Ordonnances :
& que ledit Arrest , ensemble l'Edit dudit mois d'Octobre mil sept cent vint-six , soient lûs , publiés & affichés de six
mois en six mois par tout où besoin sera , en vertu des Ordonnances dudit Sieur Lieutenant General de Police à Paris , &
desdits Sieurs Intendans & Commissaires départis dans les Pro-
ces , à ce que personne n'en ignore , &c.

Du 28. Novembre 1730.

* Arrest du Conseil , qui déroge , en tant que besoin , à celui du 5. Mars 1718. en faveur des Habitans de la Ville de
Dunkerque ; & ordonne que lesdits Habitans joüiront de
l'exemption des quatre sols pour livre sur le Harang provenant de leur pêche qu'ils feront entrer en France , &c.

Du 28. Novembre 1730.

*   Arreſt du Conſeil, qui ordonne qu'à commencer du premier Fevrier 1731. & juſqu'à ce que par Sa Majeſté il en ſoit autrement ordonné, il ne ſera perçu de Droits d'Entrée ſur le Charbon de Terre venant d'Angleterre, d'Ecoſſe & d'Irlande que douze ſols par baril du poids de deux cens cinquante livres poids de Marc, & ce tant dans l'étenduë des Cinq Groſſes Fermes que dans les Bureaux des Provinces réputées Etrangeres, &c.

Du 5. Decembre 1730.

*   Arreſt du Conſeil, qui ordonne que les Draps, Serges & autres Etoffes de Laines, ou Fil & Laine, marqués du Plomb de Fabrique, & qui après avoir reçu leur dernier apprêt, ſeront deſtinés ſoit pour les Villes du Royaume y mentionnées, ou pour l'Etranger, ſeront préalablement apportées dans les Bureaux des Marchands Drapiers & Merciers deſdites Villes, pour avant leur départ y être viſités & marqués du Plomb de Contrôlle deſdits Bureaux, s'ils ſe trouvent fabriqués, teints & apprêtés en conformité des Reglemens, &c. *contenant huit articles.*

Du 12. Decembre 1730.

Arreſt du Conſeil, qui ordonne conformément à l'avis du Sieur Chauvelin, Conſeiller d'Eſtat, Intendant & Commiſſaire départi en la Generalité d'Amiens, que par Pierre Carlier, Adjudicataire des Fermes generales-unies, il ſera payé au ſieur de Thoſſe, Major du Regiment Colonel General des Dragons, Chevalier Militaire de l'Ordre de Saint Loüis, une ſomme de cent dix-huit livres onze ſols neuf deniers d'une part, à laquelle ont été eſtimés par procès verbal du 18. Septembre 1730. les trois toiſes deux lignes quarrés du terrain dudit ſieur de Thoſſe pris en 1725. pour le bâtiment du Bureau des Traittes de la Ville de Calais, dont la conſtruction a été ordonnée par Arreſt du 13. Mars audit an

1725. & celle de soixante-dix-huit livres d'autrepart, pour le dédommagement du dégât causé aux bâtimens dudit sieur de Thosse, revenant lesdites deux sommes à celle de cent quatre-vingt-seize livres onze sols neuf deniers, de laquelle somme de cent quatre-vingt seize livres onze sols neuf deniers, il sera tenu compte audit Pierre Carlier sur le prix de son Bail, en rapportant l'expedition ou copie collationnée dudit Arrest, le procès verbal d'estimation du 18. Septembre 1730. & la Quittance dudit sieur de Thosse sur ce suffisante, &c.

Du 12. Decembre 1730.

* Arrest du Conseil, portant Reglement pour la Fabrique de Papiers dans la Province du Limosin, *contenant 28. articles.*

Du 12. Decembre 1730.

* Arrest du Conseil, portant Reglement pour la Manufacture des Toilles de Laval, *contenant trente-cinq articles.*

Du 19. Decembre 1730.

Arrest du Conseil, qui casse & annulle celui de la Cour des Comptes, Aydes & Finances de Montpellier du 4. Septembre 1730. Ordonne que Loüis Noguier, Negociant, chargé d'un Passeport de Sa Majesté du 5. Août 1729. pour faire transporter des Bleds dans la Ville d'Arles, en exemption de tous Droits de Peages & autres, demeurera déchargé de toutes les condamnations prononcées contre lui par ledit Arrest au profit de François Perchot, Fermier des Peages sur le Rhône, pour raison des Droits de Peages par lui prétendus sur lesdits Bleds, & en consequence fait défenses audit Perchot de faire aucunes poursuites contre ledit Noguier pour raison desdites condamnations, & condamne ledit Perchot par toutes voyes, même par corps, à rendre & restituer audit Noguier les sommes par lui payées en execution dudit Arrest du 4. Septembre 1730.

Du 19. Decembre. 1730

Arrest du Conseil, qui commet le Sieur de la Tour, Intendant & Commissaire départi en la Province de Bretagne, pour instruire & juger souverainement & en dernier ressort le Procès à des Employés du Tabac des Brigades de Binic & de Portrieux, d'intelligence avec trois particuliers de l'Isle de Gersey, qui ont facilité l'enlevement & l'embarquement de quelques parties de Grains que lesdits particuliers avoient dessein de transporter dans ladite Isle de Gersey, contre la disposition des Reglemens, qui défendent le transport des Grains à l'Etranger, circonstances & dépendances; évoque & renvoye pardevant ledit Sieur de la Tour les procedures qui pourroient avoir été commencées, pour raison de ce, en quelque Jurisdiction que ce soit, pour être par lui jugé souverainement & en dernier ressort, en appellant avec lui le nombre de gradués requis par l'Ordonnance, lui attribuant à cet effet toute Cour, Jurisdiction & connoissance, & icelle interdisant à toutes ses Cours & Juges, & permet audit Sieur de la Tour de subdeleguer pour l'instruction, & de commettre pour faire les fonctions de Procureur du Roi en ladite Commission, tels Officiers ou gradués qu'il voudra choisir, &c.

Du 26. Decembre 1730.

* Arrest du Conseil, qui ordonne que les Officiers des Traittes de la ville d'Angers seront tenus de lever les Scellés par eux apposés dans la maison & sur les Effets du défunt Sieur Gohory de la Tour, Receveur General des Fermes à Angers, & ce à la premiere requisition qui leur en sera faite, sinon & à faute de ce faire, que lesdits Scellés seront brisés & rompus, après avoir été préalablement reconnus sains & entiers, pour être incessamment procedé par les Officiers du Grenier à Sel de ladite ville d'Angers à la reconnoissance & levée de ceux par eux apposés, ensuite à l'Inventaire & description des Effets, en cas de requisition, & au Jugement des contestations qui pourroient se former à ce su-

jet, le tout en la maniere accoutumée ; fait défenses aufdits
Officiers des Traittes d'Angers de les y troubler, à peine de
tous dépens, dommages & interefts, & ordonne en outre
qu'à l'avenir ceux des Officiers des Traittes ou Gabelles qui
auront les premiers appofé les Scellés dans le cas de décès
des Directeurs ou Receveurs Generaux des Fermes, connoîtront par prévention des fuites defdits Scellés, &c.

Du 30. Decembre 1730.

* Arreft du Parlement de Dijon, qui ordonne que l'Expedient paffé entre le Fermier des Coches, Caroffes, Meffageries & Diligences des Provinces de Bourgogne, Breffe,
Lyonnois, &c. & le Fermier des Cinq Groffes Fermes tiendra, en confequence & attendu la declaration faite par le
Fermier defdites Meffageries, que les Pieces d'Indiennes
trouvées fur le Coche ne lui appartenoient point, & qu'il n'y
prenoit aucune part, il lui a été fait main-levée des Coches
& Equipages faifis, avec décharge de l'amende prononcée
par la Sentence des Juges des Traittes de Châlons, & dépens contre le Fermier des Cinq Groffes Fermes, tant des
caufes principales que d'appel.

*Nota. L'Article XII. de l'Edit du mois d'Octobre 1726. qui pro-
nonce des peines contre ceux qui introduiront dans le Royaume des Toiles
peintes ou teintes, Ecorces d'Arbres, ou Etoffes de la Chine, des Indes
& du Levant, paroît être le fondement de cet Expedient.*

Du 3. Janvier 1731.

* Ordonnance du Roi, qui permet aux Pêcheurs des Amirautés de la Hoque & de Grand-Camp, de faire & pratiquer
la Pêche avec le Filet nommé Tramail dérivant, pendant
les mois d'Octobre, Novembre & Decembre, Janvier, Février & Mars, nonobftant ce qui eft porté par la Declaration
du 23. Avril 1726. à condition par lefdits Pêcheurs, que les
differentes Pieces de Filets tramaillés qui compoferont ledit
Tramail dérivant, ne pourront avoir que vingt braffes de long
au plus chacune.

Du 9. Janvier 1731.

*   Arreſt du Conſeil, portant Etabliſſement d'une Boëte dans chaque Boutique de la Manufacture de Sedan, même dans celles des Sieurs Paignon & Rouſſeau, Manufacturiers Privilegiés, pour y mettre les amendes qui feront encourües par les ouvriers Tondeurs de Draps.

Du 9. Janvier 1731.

Arreſt du Conſeil, qui nomme Meſſieurs Fagon, Conſeiller d'Eſtat, & au Conſeil Royal & Intendant des Finances, Dormeſſon & de Gaumont, Conſeillers d'Eſtat, Intendant des Finances, pour en qualité de Commiſſaires du Conſeil, proceder au nom du Roi à l'acquiſition du Domaine utile de la Principauté d'Orange, Fiefs, Seigneuries, Terres & Heritages en dépendans appartenans à M. le Prince de Conty, laquelle acquiſition ſera faite moyennant la ſomme de Seize cens mille livres, de prix principal, de laquelle ſomme les intereſts ſeront payés ſur le pied du denier vingt juſqu'à l'entier & parfait payement de ladite ſomme principale, de quartier en quartier à M. le Prince de Conty, par l'Adjudicataire des Fermes generales unies.

Du 21. Janvier 1731.

*   Arreſt du Conſeil, qui ordonne que celui du 8. Fevrier 1724. ſera executé ſelon ſa forme & teneur, & en conſequence que les Capitaines, Maîtres de Navires & Patrons de Barques, ſeront tenus de fournir dans les 24. heures de leur arrivée, & avant leur départ du Port de Marſeille, au Bureau du poids & Caſſe établi dans ladite Ville, des Manifeſtes ou declarations des Caffés chargés ſur leur bord, & de leur deſtination, ſous peine de mille livres d'amende. Ordonne en outre, que les Marchands & Negocians de Marſeille, Proprietaires deſdits Caffés, ſeront obligés de faire leur ſoumiſſion ſur le Regiſtre du Receveur audit Bureau du

Poids

Poids & Caffé, de rapporter dans un délai préfix des Certificats en bonne forme, des personnes qui feront indiquées par
ledit Receveur, & défignées par leur foumiffion, que lefdits Caffés fortis par Mer auront été déchargés dans le lieu
de leur deftination, en telles & pareilles efpeces & quantités
qu'ils auront été declarés ; faute de quoi lefdits Caffés feront
réputés être entrés en fraude dans le Royaume, & en ce cas
lefdits Proprietaires feront condamnés de payer à la Compagnie des Indes la valeur defdits Caffés, pour tenir lieu de la
confifcation d'iceux, & en trois mille livres d'amende.

Du 23. Janvier 1731.

* Arreft du Confeil, par lequel le Roi accepte la retro-
ceffion qui lui a été faite par les Syndics & Directeurs de
la Compagnie des Indes, pour & au nom de ladite Compagnie, de la proprieté, Seigneurie & Juftice dela Province de la Loüifiane, & de toutes fes dépendances, enfemble du Païs des Sauvages Illinois, laquelle conceffion lui
avoit été accordée à temps ou à perpetuité par les Edits
& Arrefts des mois d'Aouft & Septembre 1717. Mai 1719.
Juillet 1720 & Juin 1725. pour être ladite Province reunie
au Domaine de Sa Majefté ; enfemble de toutes les Places,
Forts, Bâtimens, Artillerie, Armemens, & Troupes qui y
font actuellement. Accepte pareillement la rétroceffion du
Privilege du Commerce exclufif que ladite Compagnie fai-
foit dans cette conceffion ; au moyen de quoi Sa Majefté
declare le Commerce de la Loüifiane libre à tous fes Sujets,
fans que la Compagnie en puiffe être chargée à l'avenir, fous
quelque prétexte que ce foit ; maintient au furplus ladite
Compagnie dans les droits qu'elle a contre fes débiteurs de
ladite Province, qu'elle lui permet d'exercer quand & comme elle le jugera à propos.

Du 23. Janvier 1731.

* Arreft du Confeil, qui ordonne que l'Exploitation du
Privilege du Caffé, qui s'eft faite ci-devant fous le nom de

C

Pierre le Sueur, se sera à l'avenir, pour & au profit de la Compagnie des Indes, sous le nom de Pierre Vacquier, Bourgeois de Paris, subrogé au lieu & place dudit le Sueur; & en consequence sera tenu ledit Vacquier de déposer aux Greffes des Elections, & où il n'y a point d'Election, aux Greffes des Jurisdictions des Traittes ou des Ports qui connoissent en premiere instance des affaires concernant le Privilege du Caffé, de nouvelles Empreintes sur plomb & sur cire, des Marques & Cachets, dont la Compagnie des Indes entend se servir pour marquer les paquets de Caffé, pour y avoir recours en cas de besoin. Fait défenses à toutes perpersonnes de les imiter ni contrefaire, à peine de faux, tant contre ceux qui les auront fabriqués, que contre ceux qui les auront fait faire, ou s'en seront servi, de confiscation des Caffés qui en auront été marqués, & de 3000. livres d'amende, applicable moitié au Dénonciateur, & l'autre moitié à l'Hôpital le plus prochain du lieu de la confiscation.

Du 30. Janvier 1731.

* Arrest du Conseil, qui déboute les Officiers de la Jurisdiction des Traittes de la Ville d'Angers de leur Requeste, & ordonne que celui du 26. Decembre 1730. portant qu'à l'avenir ceux des Officiers des Traittes ou Gabelles qui auront les premiers apposé les Scellés dans le cas du décès des Directeurs ou Receveurs Generaux des Fermes, connoîtront par prévention des suites desdits Scellés, sera executé selon sa forme & teneur, &c.

Du 11. Fevrier 1731.

* Arrest du Conseil, portant Reglement pour les Toiles Baptiste & Linons qui se fabriquent dans les Generalités de Paris & de Soissons, *contenant vingt-deux Articles.*

Du 13. Fevrier 1731.

Arrest du Conseil, portant qu'il sera perçû six deniers sur

chaque pièce de Toiles qui seront portées au Bureau de Visite, marque & aunage de la ville de Mayenne, pour le produit dudit Droit être employé à subvenir aux frais du Bureau, dont le compte sera rendu à la fin de chaque année,
pardevant le Sieur Commissaire départi ou son Subdelegué,
en la ville de Mayenne, sans que ce droit puisse être tiré à
consequence, pour les autres Villes & lieux de fabrique du
Royaume. Défend à tous Fabriquans & autres, d'exposer
aucunes Toiles en Vente, que dans les Halles & Marchés
dudit lieu, après avoir préalablement été vûës, visitées, marquées & aunées, à peine de confiscation desdites Toiles, &
de dix livres d'amende ; & que pour cet effet il sera procedé
à l'élection de deux Gardes Jurés d'entre les Maîtres Toi-
liers de la ville de Mayenne pardevant le Sieur Commissaire
départi ou son Subdelegué, pour visiter, marquer & auner
toutes les Toiles en conformité des Reglemens & Arrests du
Conseil, qui seront executés selon leur forme & teneur.

Du 13. Fevrier 1731.

Arrest du Conseil qui commet le Sieur Dufay de l'Aca-
demie des Sciences, pour examiner &faire des experiences sur
toutes les sortes & qualités des Teintures, tant en laine qu'en
soye, fil & cotton, & tenir des Etats exacts de leur compo-
sition, & du succès desdites experiences ; & pour subvenir
aux frais necessaires à ce sujet, ordonne qu'il sera payé actuellement audit Sieur Dufay par Pierre Carlier, Adjudicataire
general des Fermes-Unies la somme de trois mille livres pour
les frais du premier établissement de ce travail, & celle de
six mille livres par an, jusqu'à ce qu'il en ait été autrement
ordonné, en quatre payemens égaux de quartier en quartier,
dont le premier se fera au premier Mai 1731, de laquelle premiere somme de trois mille livres une fois payée,
& de celle de six mille livres à payer annuellement, il sera
tenu compte audit Carlier sur le prix de son Bail, en rapportant l'expedition ou copie collationnée dudit Arrest,
& les Quittances dudit Sieur Dufay sur ce suffisantes, &c.

Du 13. Fevrier 1731.

Arreſt du Conſeil qui évoque la procedure faite, tant pardevant les hommes de Fief, Juges Seigneuriaux du Marquiſat de la Viefville de Stenvoorde, que devant le Subdelegué de l'Intendance de l'Iſle à Caſſel, à l'occaſion de la mort du nommé Ferdinand de Meſtre, arrivée dans une Rebellion faite aux Employés des Fermes de la Brigade ambulante établie à Stenvoorde, en voulant arrêter un Chariot chargé de tonneaux & futailles neuves ſortant du Royaume, nonobſtant les défenſes portées par les Reglemens, & autres faits mentionnés dans leur Procès verbal du 9. Decembre 1730. & icelles circonſtances & dépendances, a renvoyé & renvoye pardevant le Sieur Bidé de la Grandville, Intendant de Lille en Flandres, pour être leſdites procedures par lui continuées & jugées ſouverainement & en dernier reſſort, en appellant avec lui le nombre de Gradués requis par l'Ordonnance, lui attribuant à cet effet toute Cour, Juriſdiction & connoiſſance, icelle interdiſant à toutes ſes Cours & autres Juges; lui permet de ſubdeleguer pour l'inſtruction, & de commettre pour faire les fonctions de Procureur du Roi en ladite Commiſſion tels Officiers ou Gradués qu'il voudra choiſir; ordonne en outre que les charges & informations & autres procedures commencées, tant devant les hommes de Fiefs Juges Seigneuriaux du Marquiſat de la Viefville de Stenvoorde, que devant le Subdelegué de l'Intendance de l'Iſle à Caſſel ſeront inceſſamment remiſe au Greffe de ladite Commiſſion, à ce faire tous Greffiers & dépoſitaires contraints, quoi faiſant ils en demeureront bien & valablement déchargés.

Du 13. Fevrier 1731.

Arreſt du Conſeil, qui commet M. de la Tour, Intendant & Commiſſaire départi en la Province de Bretagne, pour inſtruire & juger ſouverainement & en dernier reſſort le Procès, circonſtances & dépendances, tant au Sieur Trogoff & aux nommés Raoul Cocho, Loüis Toutblanc & Jean

le Borne arrêtés avec 646 livres de faux Tabac dans la maison du Sieur de Visdeloup dans le lieu des Bandes, qu'aux
auteurs & complices de la Contrebande, mentionnée dans
le Procès verbal des Employés des Fermes au département
de S. Brieux du 21. Janvier 1731. & jours suivans ; évoque
& renvoye pardevant ledit Sieur de la Tour, Intendant,
toutes les procedures qui pourroient avoir été commencées
pour raison de ce, en quelque Jurisdiction que ce soit, pour
être le tout par lui jugé, en appellant avec lui le nombre de
Gradués requis par l'Ordonnance : lui attribuant à cet effet
toute Cour Jurisdiction & connoissance, & icelle interdisant
à toutes ses Cours & Juges, lui permet de subdeleguer pour
l'instruction & de commettre pour faire les fonctions de Procureur; du Roi en ladite Commission tels Officiers ou
Gradués qu'il voudra choisir, ordonne que les Informations
& autres procedures, si aucunes ont été faites, seront incessamment remises au Greffe de ladite Commission, à ce faire
tous Greffiers & dépositaires contraints, quoi faisant ils en
demeureront bien & valablement quittes & déchargés.

Du 13. Fevrier 1731.

* Arrest du Conseil, qui deboute le Sieur Frere Pierre-
Joseph de Forbin d'Oppede, Chevalier de l'Ordre de Saint
Jean de Jerusalem, Commandeur de Caignac, Receveur
du Commun Tresor dudit Ordre au grand Prieuré de Saint
Gilles, de sa Requeste & demandes, tendantes à ce qu'il
plaise à Sa Majesté ordonner que les Grains, Bois, Vins,
& autres Denrées provenantes du crû des Commanderies de
l'Ordre de Malthe situées en Languedoc, & celles que les
Baillifs & Commandeurs dudit Ordre de Malthe, résidans
à Arles & autres Villes de Provence pourront acheter en
Languedoc pour leur subsistance, celle de leurs gens, serviteurs
& familles, passeront de Languedoc en Provence sans payer
aucuns Droits de sortie ; faire défenses aux Commis au Bureau
de Fourque & autres situés sur le Rhône d'en exiger aucuns,
peine de concussion, en donnant par les Commandeurs ou
par ceux qui sont chargés de leur Procuration, des Certificats

que lefdits Grains, Bois, Vins, & autres Denrées proviennent du crû de leurs Commanderies, ou qu'elles ont été ache-
tées pour leur confommation, & de leurs gens, ferviteurs &
familles, & ordonne en outre que s'il a été perçu, & exigé
quelque chofe pour raifon de ce, il fera rendu & reftitué, à
ce faire lefdits Commis, Receveurs & autres qui les auront
reçu contraints par toutes voyes, quoi faifant déchargés, &c.

Du 13. Fevrier 1731.

Arreft du Confeil, qui défend aux Officiers de l'Election
de Langres, de connoître d'une rebellion faite par plufieurs
habitans du lieu de Befnon, aux Employés des Fermes generales le 11. Octobre 1729. à l'occafion d'une faifie faite par
lefdits Employés d'une voiture chargée de deux demi muids
& une feüillete de vin ; ladite voiture attelée de trois chevaux & conduite par un inconnu, à peine de nullité, caffation,
& de tous dépens, dommages & interêts ; & ordonne que
le procès commencé pour raifon de ce par les Officiers des
Traittes de ladite Ville, fera continué jufqu'à Sentence
diffinitive inclufivement, fauf l'appel à la Cour des Aydes.

Du 20. Fevrier 1731.

* Declaration du Roi, *regiftrée en Parlement, le 30. Mai*
1731. qui fait défenfes à tous Marchands & Fabriquans de
la Ville d'Amiens, de vendre ou acheter aucunes Marchandifes ou Etoffes par le miniftere de Courtiers ou Courtieres, ou autres gens fans qualité, à peine de confifcation des
Marchandifes & de cinq cens livres d'amende contre les
Marchands & Fabriquans, & de pareille amende, même du
Carcan contre les Courtiers & contre les Courtieres, d'être en-
fermées dans l'Hôpital de ladite Ville pendant fix mois pour
la premiere fois, & de banniffement pour trois ans de ladite
Ville & Bailliage, en cas de récidive.

Du 20. Fevrier 1731.

Arreſt du Conſeil, qui décharge les Cautions du Bail de Pointeau de l'execution de leur Bail, tant pour le paſſé que pour l'avenir, même de la Regie des reſtes dudit Bail dont ils avoient été chargés par l'Arreſt du 23. Janvier 1706. &c.

Du 24. Fevrier 1731.

* Arreſt du Conſeil, qui ordonne que tous ceux à qui la Compagnie des Indes ſe trouvera débitrice à la Loüiſianne, ſeront tenus de repreſenter pardevant les ſieurs Bruſlé & Bru, Conſeillers au Conſeil Superieur établi dans laProvince de la Loüiſianne, ou pardevant l'un d'eux ſeulement, les Titres de leurs Créances, pour être viſés, & enſuite être payés ſur les lieux des ſommes qui ſe trouveront leur être bien & légitimement dûës; leur fait défenſes, pour quelque cauſe, & ſous quelque prétexte que ce ſoit, de ſe pourvoir en Europe pour raiſon deſdites Créances, & à tous Juges d'en connoître, à peine de nullité, caſſation de procedures, & de tous dépens, dommages & interêts.

Du 27. Fevrier 1731.

* Arreſt du Conſeil, qui proroge pendant une année ſeulement, à compter du premier Mars 1731. la permiſſion accordée aux Negocians des Ports & Villes Maritimes du Royaume, d'envoyer leurs Vaiſſeaux directement en Irlande pour y acheter des Bœufs ſallés, & les tranſporter enſuite aux Iſles & Colonies Françoiſes de l'Amerique, ſans être obligés de les faire venir dans les Ports de France, ainſi que leſdits Negocians y étoient aſſujettis par l'art. 11. des Lettres Patentes du mois d'Avril 1717. auquel il eſt dérogé pour ladite année ſeulement.

Du 13. *Mars* 1731.

*   Arreſt du Conſeil, portant Reglement pour la Fabrique, longueurs & largeurs des Toiles rayées & à carreaux ; Baſins rayés & non rayés ; Futaines, Siamoiſes, Montbeliards, Damaſſées, Mouchoirs, Fichus, Flanelles , Coutils, & autres Etoffes de Fil , Fil & Coton, & tout coton, teints , *contenant* 49. *articles.*

Du 13. *Mars* 1731.

*   Arreſt du Conſeil, portant Reglement pour la Fabrique des Toiles dans les Generalités de Roüen , Caën , Alençon & autres , *contenant* 93. *articles.*

Du 13. *Mars* 1731.

*   Arreſt du Conſeil , portant Reglement pour la Fabrique des Serges de Falaiſe , *contenant* 5. *articles.*

Du 13. *Mars* 1731.

*   Arreſt du Conſeil , portant Reglement pour la Manufacture des Cuirs de Falaiſe , *contenant* 5. *articles.*

Du 21. *Mars* 1731.

*   Ordonnance du Roi , qui fixe à dix ans la réſidence des Negocians & Artiſans François dans les Echelles de Levant & de Barbarie , après lequel tems leſdits Negocians ſeront tenus de faire leur retour en France , à peine de déſobéiſſance , &c. *contenant* 7. *articles.*

Du 27. *Mars* 1731.

*   Arreſt du Conſeil , portant que les Etoffes de Laines ou mêlées de Laines & autres matieres de Fabriques Etrangeres , ne pourront entrer dans le Royaume que par les Bureaux de Calais & S. Vallery.

Et

Et les Etoffes de Soye ou mêlées de foye, or & argent venant defdits Pays Etrangers, dont l'ufage eft permis dans le Royaume, même celles d'Avignon & du Comtat, que par le Port de Marfeille & le Pont de Beauvoifin, pour être conduites fous acquits à caution au Bureau de la Doüanne de Lyon, & Reglement pour les vifites & marques de toutes lefdites Etoffes, tant à Lyon qu'à Paris, &c.

Du 31. Mars 1731.

Arreft du Confeil, qui ordonne que le fieur Eftienne le Cordier, chargé de la recette generale du Droit d'un pour cent ordonné par la Declaration du 10. Novembre 1727. être levé fur les Marchandifes venant des Ifles & Colonies Françoifes, remettra au Garde du Trefor Royal en exercice, la fomme de cent fept mille deux cens quarante-fix livres feize fols deux deniers, pour être employée ainfi qu'il fera ordonné par Sa Majefté; du montant de laquelle fomme, il fera expedié audit fieur le Cordier par le Garde du Trefor Royal, une Quittance comptable de ladite fomme, qui fera paffée dans le compte qu'il rendra de fa Geftion.

Du 3. Avril 1731.

Arreft du Confeil, qui ordonne que le fieur Etienne le Cordier, chargé de la recette generale du Droit d'un pour cent ordonné par la Declaration du 10. Novembre 1727. être levé fur les Marchandifes venant des Ifles & Colonies Françoifes, remettra au Garde du Trefor Royal, en exercice, la fomme de fix mille livres, pour être employée ainfi qu'il fera ordonné par Sa Majefté; du montant de laquelle fomme, ledit Garde du Trefor Royal expediera fa Quittance audit le Cordier, auquel ladite fomme, fera paffée dans le compte qu'il rendra de fa Geftion.

Du 17. Avril 1731.

Arreft du Confeil, qui décharge Pierre Carlier, Adjudicataire des Fermes Generales-Unies , y compris le Domaine d'Occident , de l'affignation à lui donnée par exploit du 8. Juillet 1729. en vertu des Lettres de relief d'appel du 3. Juin précedent , obtenuës par les nommés Defnoix , Gaillard & Miral , Employés aux Ifles de la Martinique ; ce faifant , ordonne que les Parties remettront leurs Requêtes & Pieces au fieur Controlleur General des Finances dans un mois , du jour de la fignification qui fera faite d'icelui aufdits Defnoix, Gaillard , & Miral au domicile de leur Avocat au Confeil ; leur fait défenfes de faire pourfuites ailleurs à peine de nullité , & cependant ordonne que l'Ordonnance renduë le 20. Janvier 1729. par le fieur d'Orgeville , Intendant & Commiffaire départi aufdites Ifles de la Martinique fera executée par provifion felon fa forme & teneur , &c.

Du 21. *Avril* 1731.

Arreft du Confeil , qui évoque & renvoye pardevant M. l'Intendant de Languedoc , la connoiffance des excès & violences commifes par le nommé Lauvat & fes complices , le 6. Fevrier 1731. en la perfonne du nommé Roland , Employé de la Brigade d'Agde , & la procedure faite pour raifon de ce , tant devant le Juge des Fermes d'Agde , que de celui de l'Amirauté , circonftances & dépendances , pour être le tout par lui inftruit & jugé diffinitivement & en dernier reffort , en appellant avec lui le nombre de Gradués requis par l'Ordonnance , lui attribuant à cet effet toute Cour , Jurifdiction & connoiffance , & a icelle interdite à toutes fes Cours & autres Juges ; lui permet de fubdeleguer pour l'inftruction dudit procès & de commettre pour Procureur de Sa Majefté en cette partie , & pour Greffier telles perfonnes ayant les qualités requifes, qu'il jugera à propos ; Fait défenfes de faire aucunes pourfuites ni procedures ailleurs que pardevant ledit fieur Commiffaire , à peine de nullité , caffation de procedures , & de tous dépens , dommages & interêts ; Ordonne que les procedures , charges & informations faites, tant par le Juge des Fermes & du Tabac à Agde , que devant celui de l'Amirauté dudit lieu , feront rapportées au Greffe dudit Sieur

Commissaire, à ce faire tous Greffiers contraints par corps, quoi faisant ils en demeureront déchargés.

Du 21. Avril 1731.

Arrest du Conseil, qui commet M. de la Briffe, Conseiller d'Estat & Commissaire départi dans la Generalité de Bourgogne, pour instruire & juger le procès aux nommés Jean Barret & du Pasquier & autres auteurs, complices, participes ou adherans, tant de l'attroupement à port d'armes, que de l'homicide commis en la personne du nommé Jalabert, commandant la Brigade de S. Jean le Vieux le 6. Octobre 1730. dans le lieu de Neuville en Bresse, circonstances & dépendances, évoquant les procedures qui pourroient avoir été commencées en quelques Jurisdictions que ce soit, & icelles renvoye pardevant ledit sieur de la Briffe pour être le tout par lui jugé souverainement & en dernier ressort, en appellant avec lui le nombre de Gradués requis par l'Ordonnance; lui attribuant à cet effet, toute Cour, Jurisdiction & connoissance, & icelles interdisant à toutes ses Cours & autres Juges; lui permet de subdeleguer pour l'instruction, & de commettre pour faire les fonctions de Procureur du Roi en ladite Commission, tels Officiers ou Gradués qu'il voudra choisir; ordonne que les procedures commencées seront incessamment envoyées au Greffe de ladite Commission, à ce faire tous Greffiers & Dépositaires contraints, quoi faisant ils en demeureront quittes & déchargés.

Du 28. Avril 1731.

* Ordonnance de M. l'Intendant de Bourgogne, qui exempte de tous Droits d'Octrois, les Tabacs; ensemble les matieres & ustensiles servans à leur fabrication, qui passeront sur la Riviere de Saone pour le compte du Fermier du Tabac.

Du 29. Avril 1731.

⁂ Arrest du Conseil, portant Reglement pour la Marque

des Etoffes d'or , d'argent & de Soye , ou mêlées d'autres matieres qui se fabriquent dans le Royaume , *contenant cinq articles.*

Du premier Mai 1731.

* Ordonnance du Roi, qui défend la pratique de la Pêche dans le ressort de l'Amirauté de la Ciotat, avec le filet nommé *Ganguy de Badail.*

Du premier Mai 1731.

Arrest du Conseil, qui casse & annulle celui de la Cour des Aydes de Guyenne du 17. Fevrier 1731. portant que faisant droit sur l'appel interjetté par le nommé Jean Ferret , Courrier de Bordeaux à Toulouse , de la Sentence du Juge des Fermes de Bordeaux du 15. Novembre 1730, ledit appel a été mis & ce dont a été appellé au néant , émandant en réformant l'amende de cent cinquante livres , prononcée par ladite Sentence de confiscation de plusieurs Marchandises de contrebande saisies sur ledit Ferret , a été reduite à la somme de dix livres , dépens compensés , & ordonne que ladite Sentence du 15. Novembre 1730. sera executée selon sa forme & teneur, &c.

Du 6. Mai 1731.

* Arrest du Conseil , qui fait défenses à toutes personnes de quelque état & condition qu'elles soient , de charger ni faire charger sur les Vaisseaux de la Compagnie des Indes venant des Pays de ses Concessions ou y allant , aucunes Marchandises ou Effets , sans au préalable les avoir fait comprendre dans les Factures du chargement , à peine de confiscation au profit de Sa Majesté , & sous les autres peines portées par les Reglemens concernant les Privileges de la Compagnie des Indes ; & permet tant à ses Employés qu'à ceux des Fermes, de faire toutes visites & recherches sur les Vaisseaux qui arriveront pour le compte de ladite Compagnie des Indes.

Du 6. May 1731.

* Arrest du Conseil, qui commet le sieur Loüis-Alexandre de Barillon, pour au lieu & place du feu sieur le Cordier, continuer la recette generale du Droit d'un pour cent qui se perçoit sur les Marchandises venant des Isles & Colonies Françoises de l'Amerique, & en rendre compte au Conseil.

Du 8. May 1731.

* Arrest du Conseil, qui commet & subroge Pierre Vacquier, Bourgeois de Paris, au lieu & place d'Armand Pillavoine, pour faire & continuer le recouvrement des Droits appartenans audit Pillavoine pour l'année 1720. conformément à son Bail & aux dispositions des Edits, Declarations, Arrêts & Reglemens, & que les instances & poursuites commencées au nom dudit Pillavoine, seront reprises & suivies en celui dudit Vacquier, & que les Directeurs, Commis & Préposés pour la perception & recouvrement desdits Droits, de même que ceux qui étoient établis en 1720. & les années suivantes, seront tenus de rendre leurs comptes audit Pierre Vacquier, & le commet en outre pour signer les Quittances d'Amortissemens, Francs-Fiefs, Usages & autres expeditions, au lieu & place dudit Pillavoine.

Du 8. May 1731.

Arrest du Conseil, qui évoque & renvoye pardevant M. de Harlay, Intendant & Commissaire départi en la Generalité de Paris, les Procedures faites tant par les Officiers de l'Election de Nogent sur Seine, à l'occasion d'une saisie faite le 26. Fevrier 1731. de trois Ballots d'Indiennes sur le nommé Fery, Cabaretier audit lieu, par la Maréchaussée dudit Nogent, & le nommé Deshayes, Sous-Brigadier de la Brigade des Fermes établie à Méry sur Seine, que celles faites par le Subdelegué dudit Sieur Intendant en ladite Ville de Nogent sur Seine, pour raison de ladite saisie & du divertissement de partie des effets saisis ; pour être lesdites proceddures circonstances & dépendances par lui continuées & jugées souverainement & en dernier ressort, en appellant avec lui le nombre de Gradués requis par l'Ordonnance, lui attribuant à cet effet toute Cour, Jurisdiction & connoissance, & icelle interdisant à toutes ses Cours & Juges ; lui permet de subdeleguer pour l'instruction, & de commettre pour faire les fonctions de Procureur du Roi, tels Officiers ou Gradués qu'il voudra choisir ; Ordonne que les charges, informations & autres procedures commencées, tant en l'Election de Nogent sur Seine, que par le Subdelegué dudit Sieur Commissaire départi, seront remises au Greffe de ladite Commission, à ce faire tous Greffiers & Dépositaires contraints, quoi faisant, ils en demeureront quittes & déchargés.

Du 8. May 1731.

* Arrest du Conseil, qui commet le sieur Nicolas Hamel, sous le cautionnement de la Dame Marguerite de Claye, Veuve du sieur le Cordier, à l'effet de rendre compte au Conseil de la recette & dépense du Droit d'un pour cent perçu sur les Marchandises venuës des Isles & Colonies Françoises de l'Amerique, pendant les années 1729. & 1730. Ordonne que ladite Dame veuve le Cordier remettra incessamment audit sieur Hamel sur sa reconnoissance, tous les acquits & autres pieces justificatives des recettes & dépenses desdites deux années, & que les deniers des debets qui pourroient se trouver sur les comptes d'aucuns des Receveurs du Domaine d'Occident en France, pour raison de la perception dudit Droit d'un pour cent, seront remis par lesdits Receveurs audit sieur Duhamel, lequel avec ladite Dame veuve le Cordier, feront leur soûmission au Greffe du Conseil, de rendre lesdits comptes en la forme ordonnée par l'Arrêt du Conseil du 29. Mars 1729.

Du 8. May 1731.

Arrest du Conseil, qui reçoit Pierre Carlier Adjudicatai-

re des Fermes Generales-Unies de France , appellant de la
Sentence du Siege de l'Amirauté de Nantes du 23. Juin 1730.
faisant droit sur son appel , casse & annulle ladite Sentence ;
ordonne que la piece de Flanelle blanche de quatre-vingt-onze aunes & demie , & les deux piéces de Calmande , l'une de
soixante-six aunes , & l'autre de soixante aunes qui ont été
trouvées cachées au fond de calle du Navire le Leonore de
Kintal en Irlande , Capitaine de Hendrick Coquelan , sous
des pierres qui servoient de Lest , & qui ont été saisies le 12.
Juin 1730. demeureront confisquées au profit dudit Carlier ,
& condamne ledit sieur Hendrick Coquelan , Capitaine dudit Navire le Leonore en trois mille livres d'amende , &c.

Du 8. Mai 1731.

Arrest du Conseil , qui ordonne que M. Fagon , Conseiller
d'Estat ordinaire , & au Conseil Royal , Intendant des Finances , se transportera en la maison du défunt sieur le Cordier ,
chargé du recouvrement du Droit d'un pour cent sur les Marchandises des Isles & Colonies Françoises de l'Amerique ,
pour en presence de sa Veuve , proceder à la reconnoissance
& levée des scellés par lui apposés sur un coffre fort & une
armoire dans lesquels ont été trouvés les especes d'or , argent
& monnoye qu'il y a fait remettre lors de son procès verbal du 4. Mai , montantes à quatre-vingt deux mille sept cens
dix livres neuf sols , & ensuite être lesdites especes tirées desdits coffre & armoire avec ce qui se trouvera avoir été reçu
par ladite Dame veuve le Cordier , du montant des Lettres
de change dont elle a été chargée par ledit procès verbal , jusqu'à concurrence de la somme de cent sept mille deux cens
quarante-six livres seize sols deux deniers , porté & remis
entre les mains du Garde du Tresor Royal en exercice , qui sera tenu d'en donner sa Quittance à la décharge dudit feu sieur le Cordier , & à compte de sa gestion & manie-
ment dudit Droit , & être ladite Quittance rapportée audit S^r.
Fagon , par lui remise dans ledit coffre-fort , & laissée en dépôt
à ladite Dame le Cordier , à l'effet de l'employer dans le
compte de l'année 1730. pour du tout être par ledit sieur

Façon dreſſé procès verbal, rapporté au Conſeil, être par Sa Majeſté ordonné ce qu'il appartiendra.

Du 15. May 1731.

*   Arreſt du Conſeil, qui permet pendant un an, à compter du 15. Septembre 1731. ſans qu'il ſoit beſoin de permiſſions particulieres aux Marchands & Habitans, tant de la Provence, que des autres Provinces, de faire voiturer en Provence des grains des autres Provinces du Royaume, à la charge ſeulement par ceux qui en feront paſſer pendant ledit tems, de faire pardevant les ſieurs Intendans ou leurs Subdelegués, declaration de la quantité de Grains qu'ils feront tranſporter dans ladite Province, & leur ſoûmiſſion de rapporter la preuve du déchargement qui y aura été fait deſdits grains; ordonne que tous les Grains, Farines, ou Legumes qui ſeront voiturés & conduits en Provence, ſoit par Mer, par les Rivieres ou par terre, ſeront & demeureront francs & exemts, tant des Droits des Fermes, que de tous Droits Locaux, de Travers, Peages, Paſſages, Pontenages, Coutumes, & autres de toute nature, ſoit qu'ils appartiennent à des Villes & Communautés, ou à des Seigneurs Eccleſiaſtiques & Laïques : Fait très-expreſſes inhibitions & défenſes à tous Receveurs, Commis, & autres Prépoſés à la perception des Droits, tant de Sa Majeſté que des Villes, Communautés, & des Seigneurs particuliers, d'en exiger aucuns pour raiſon deſdits Grains, à peine de concuſſion & de reſtitution du quadruple, même d'être pourſuivis extraordinairement.

Du 15. May 1731.

Arreſt du Conſeil, qui liquide à la ſomme de trois cens quatorze mille quatre cens deux livres cinq ſols trois deniers, le rembourſement dû à Pierre Carlier, Adjudicataire des Fermes Generales-Unies, pour le montant des Droits des Marchandiſes & autres effets mentionnés aux Paſſeports qui ont été expediés par les ordres de Sa Majeſté pendant la quatriéme année du Bail dudit Carlier commencée le premier

Octobre

Octobre 1729. & finie le dernier Septembre 1730. pour le montant de laquelle somme de trois cens quatorze mille quatre cens deux livres cinq sols trois deniers ; ordonne qu'il sera expediée au profit dudit Carlier une Ordonnance de comptant sur le Garde du Tresor Royal en exercice , laquelle lui sera payée en une Quittance comptable, sur & en déduction du prix de son Bail , en vertu dudit Arrêt seulement , & que lesdits Passeports & les Certificats y joints, au nombre de deux mille cinq cens quatre-vingt-quatorze piéces, cottées & paraphées par premiere & derniere ; ensemble l'Etat certifié de quatre des Cautions dudit Carlier seront remises au Greffe & annexés à la minutte dudit Arrest, &c.

Du 22. Mai 1731.

Arrest du Conseil , qui casse une Sentence du Juge des Traittes de Montaigu du 18. Juin 1729. & fait main-levée des Bleds , Chevaux & Harnois saisis sur les nommés François Brin & Maturin Rotureau le 17. Juin 1729.

Du 22. Mai 1731.

Arrest du Conseil, qui ordonne que les deniers provenans du produit du droit d'un pour cent sur les Marchandises des Isles & Colonies Françoises de l'Amerique , depuis le premier Janvier 1731. seront remis par les Receveurs particuliers desdits Droits entre les mains du sieur de Barillon , chargé par Arrêt du Conseil du 6. Mai 1731. de la recette generale dudit Droit pour en compter au Conseil au lieu du feu sieur le Cordier.

Du 29. Mai 1731.

* Arrest du Conseil , qui ordonne que les Actionnaires de de l'ancienne Compagnie des Indes Orientales seront tenus de nommer des Syndics , tant pour soûtenir les demandes par eux formées ou qui pourroient l'être dans la suite , que pour défendre à celles des Directeurs de la nouvelle Compagnie d'Occident.

Du 29. Mai 1731.

Arrest du Conseil, qui commet le sieur le Pelletier de Beaupré, Intendant & Commissaire départi en la Generalité de Châlons, pour instruire & juger le procès au nommé Nicolas Pignard, Postillon de la Malle de Strasbourg à Paris, accusé d'introduire des Toiles peintes, Tabac & Marchandises de contrebande; ensemble aux auteurs, complices, participes & adherans des contraventions mentionnées dans le procès verbal des Employés des Fermes à Châlons du 31. Mars 1731. circonstances & dépendances; évoque en tant que de besoin les Procedures qui pourroient avoir été commencées pour raison de ce, en quelque Jurisdiction que ce soit; & icelles circonstances & dépendances, les renvoye pardevant ledit sieur de Beaupré, pour être le tout par lui jugé souverainement & en dernier ressort, en appellant avec lui le nombre de Gradués requis par l'Ordonnance, lui attribuant à cet effet toute Cour, Jurisdiction & connoissance; Permet audit sieur de Beaupré de subdeleguer pour l'instruction, & de commettre pour faire les fonctions de Procureur du Roi en ladite Commission, tels Officiers ou Gradués qu'il voudra choisir; Ordonne en outre que les procedures commencées, si aucunes ont été faites, en quelque Jurisdiction que ce soit, pour raison desdites contraventions, seront incessamment remises au Greffe de ladite Commission.

Du 29. Mai 1731.

Arrest du Conseil, qui évoque à icelui les procedures faites, tant par les Officiers des Traittes à Mezieres, à l'occasion de l'émotion arrivée à Sedan le 22. Avril 1731. contre les Employés de la Ferme du Tabac au poste de Douzy, qui avoient arrêté un Contrebandier, que celles faites par le Lieutenant Criminel de Sedan, pour raison de ladite émotion arrivée, & icelles, circonstances & dépendances renvoye pardevant le Sieur de Creil, Intendant & Commissaire départi en la Generalité de Metz, pour être les procedures par lui continuées & jugées souverainement & en dernier ressort, en appellant

avec lui le nombre de Gradués requis par l'Ordonnace , lui
attribuant à cet effet toute Cour, Jurisdiction & connoissance , & icelle interdisant à toutes ses Cours ; Permet audit
Sieur de Creil de subdeleguer pour l'instruction, & de commettre pour faire les fonctions de Procureur du Roi en la pré-
sente Commission, tels Officiers ou Gradués qu'il voudra choisir , & ordonne en outre que les charges , informations & autres procedures commencées, tant en la Jurisdiction des Traittes de Mezieres que devant le Lieutenant Criminel de Sedan,
seront incessamment remises au Greffe de ladite Commission,
à ce faire tous Greffiers & Dépositaires contraints , quoi faisant , ils en demeureront bien & valablement déchargés, &c.

Du 29. Mai 1731.

Resultat du Conseil , portant Bail à Pierre Carlier & à
Nicolas Desboves, des Droits Domaniaux & autres établis &
à établir dans la Principauté d'Orange, réünie à la Couronne
par l'échange fait avec M. le Prince de Conty le 23. Avril
1731. aux prix, charges, clauses & conditions y portées.

Du 29. Mai 1731.

Arrest du Conseil , qui ordonne qu'en attendant l'expedition,
sceau & enregistrement où besoin sera, du Résultat du même
jour , Pierre Carlier & Nicolas Desboves , Adjudicataires des
Fermes Generales de Sa Majesté, joüiront successivement des
Domaines & Droits Domaniaux de la Principauté d'Orange
& dépendances , contenus dans le Bail passé le 26. Septembre
1723. par Loüis-Armand de Bourbon, Prince de Conty , à
M. Loüis Crozat , & encore des Gabelles & autres Droits
qui se levent dans l'étenduë de la Province de Dauphiné au
profit de Sa Majesté , & qui sont compris dans le Bail general des Fermes-Unies fait ausdits Carlier & Desboves pour
le tems mentionné audit Resultat ; Veut que lesdits Droits
soient payés ausdits Carlier & Desboves , leurs Sous-Fermiers , Procureurs, Commis & Preposés aux Bureaux pour ce
établis & à établir ; à quoi faire les Débiteurs seront contraints
par les voyes ordinaires pour les deniers & affaires de Sa Ma-

jesté, & que lesdits Carlier & Desboves pourvoyent à tout ce qu'ils estimeront nécessaire pour l'entiere & paisible joüissance desdits Droits; & enjoint au Sieur Intendant & Commissaire départi dans la Province de Dauphiné & aux Juges ordinaires des Fermes, de mettre en possession desdits Droits lesdits Carlier & Desboves, leurs Sous-Fermiers, Procureurs & Préposés, & de tenir la main à l'execution d'icelui, nonobstant toutes oppositions ou appellations, dont si aucunes interviennent Sa Majesté s'en reserve la connoissance & à son Conseil, & icelle interdit à toutes ses Cours & autres Juges, &c.

Du 29. Mai 1731.

Arrest du Conseil, & Lettres Patentes qui exemptent de tous Droits les Marchandises & Denrées qui passeront de la Principauté d'Orange dans le Dauphiné, & réciproquement celles qui passeront du Dauphiné dans la Principauté d'Orange; Ordonne qu'il sera établi dans la Ville d'Orange un Grenier dans lequel le Sel y sera vendu & distribué aux Habitans de la Principauté, au prix qu'il est délivré aux Habitans du Dauphiné dans le Grenier d'Avignon, suivant la fixation portée par l'Etat arrêté au Conseil le 19. Août 1726. Qu'il sera pareillement établi des Bureaux dans ladite Principauté d'Orange & dépendances, dans lesquels se percevront les mêmes Droits que ceux qui se levent actuellement dans le reste de la Province de Dauphiné, au profit de Sa Majesté, & qui sont compris dans le Bail general des Fermes - Unies fait à Pierre Carlier, à l'effet dequoi les Edits, Declarations, Arrêts & Reglemens concernant lesdits Droits, & ceux de la Ferme du Tabac, seront executés dans l'étenduë de ladite Province, &c.

Du 30. Mai 1731.

* Declaration du Roi, registrée au Parlement de Paris le 28. Juin mil sept cens trente-un, & encelui de Roüen le six Juillet de la même année, portant Reglement pour les formalités à observer à l'occasion de la coupe & récolte des Herbes de Mer, connuës sous les noms de Varech ou Vraicq,

Sar ou Goüefmon, propres à faire la Soude, & à engraiffer
les Terres, & qui croiffent fur les côtes des Provinces de
Flandres, Païs conquis & reconquis, Boulonnois, Picardie & Normandie, contenant vingt-cinq Articles.

Du 10. *Juin* 1731.

* Arreft du Confeil, qui défend d'introduire dans le Royaume aucunes Etoffes de foye, ou autres Marchandifes de la
Fabrique & du Commerce de la ville & du Comtat d'Avignon, fous peine de confifcation defdites Marchandifes &
de mille livres d'amende contre ceux qui les introduiront ou
en feront chargés.

Du 10. *Juin* 1731.

Arreft du Confeil, qui commet le fieur de Fontanieu, Intendant & Commiffaire départi en la Province de Dauphiné,
pour inftruire & juger le Procès, circonftances & dépendances aux nommés Terras, & François Chevrot, & à leurs
complices, participes & adherans, tant des faits mentionnés
dans le Procés verbal du 28. Mai 1731. que du Commerce
de Contrebande dont ledit Terras eft accufé, ainfi que des
autres crimes dont il eft prévenu; évoque les procedures qui
pourroient avoir été commencées pour raifon de ce en quelque Jurifdiction que ce foit, & icelles, circonftances & dépendances, renvoye pardevant ledit fieur de Fontanieu, pour
être le tout par lui jugé fouverainement & en dernier reffort, en
appellant avec lui le nombre de Gradués requis par l'Ordonnance, lui attribuant à cet effet toute Cour Jurifdiction &
connoiffance, icelle interdifant à toutes fes Cours & Juges;
permet audit fieur de Fontanieu de fubdeleguer pour l'inftruction, & de commettre pour faire les fonctions de Procureur du Roi en ladite Commiffion, tels Officiers ou Gradués
qu'il voudra choifir; ordonne en outre que les charges, informations & autres procedures commencées en quelque Jurifdiction que ce foit, tant pour raifon du Commerce de
contrebande, que pour raifon des autres crimes, dont ledit

Terras eſt prévenu, ſeront inceſſamment envoyées au Greffe de ladite Commiſſion, à ce faire tous Greffiers & dépoſitaires contraints, quoi faiſant ils en demeureront bien & valablement quittes & déchargés.

Du 10. Juin 1731.

Arreſt du Conſeil, qui ordonne en execution de celui du 3. Avril précedent, que ſur les deniers étant entre les mains de la Dame Veuve du Sieur Eſtienne le Cordier, commis par Arreſt du 11. Novembre 1727. pour faire la Recette generale du Droit d'un pour cent ordonné par la Declaration de Sa Majeſté du 10. dudit mois de Novembre, être levé & perçû par les Receveurs des Bureaux de la Ferme du Domaine d'Occident ſur les Marchandiſes venant des Iſles & Colonies Françoiſes de l'Amerique, provenans du recouvrement des Lettres de change qui ſe ſont trouvées après le décès dudit Sieur le Cordier, ladite Dame ſa Veuve ſera tenuë de remettre inceſſamment entre les mains du Garde du Treſor Royal en exercice, la ſomme ſix mille livres, dont il lui ſera donné recepiſſé, à la décharge dudit Sieur le Cordier ſur ſa Recette dudit Droit d'un pour cent de l'année 1730. moyennant quoi, & en rapportant par ladite Dame le Cordier ledit recepiſſé, elle en demeurera bien & valablement d'autant déchargée ſur le montant deſdites Lettres de change.

Du 12. Juin 1731.

Arreſt du Conſeil, qui commet le Sieur de Pomereu, Intendant & Commiſſaire Déparci en la Generalité d'Auch, pour inſtruire & juger le Procès, circonſtances & dépendances aux auteurs complices, participes & adherans des Rebellions, Aſſaſſinats & mauvais traitemens faits aux Employés des Fermes dans les Paroiſſes de Bidaray & de la Houſſoua au Païs de la Bours, enſemble des autres faits mentionnés dans les Procès verbaux deſdits Employés des 21. Mars & 24. Mai 1731. évoque & renvoye pardevant ledit Sieur de

Pomereu les procedures qui pourroient avoir été commencées pour raison de ce, en quelque Jurisdiction que ce soit, pour être le tout par lui jugé souverainement & en dernier reffort, en appellant avec lui le nombre de Gradués requis par l'Ordonnance, lui attribuant à cet effet toute Cour, Jurisdiction & connoiffance, icelle interdifant à toutes fes Cours & autres Juges, permet audit Sieur Commiffaire départi de fubdeleguer pour l'inftruction, & de commettre pour faire les fonctions de Procureur du Roi en la Commiffion, tels Officiers ou Gradués qu'il voudra choifir, & ordonne en outre que les charges, informations & autres procedures commencées, en quelque Jurisdiction que ce foit, feront inceffamment envoyées au Greffe de ladite Commiffion, à ce faire tous Greffiers & dépofitaires contraints, quoi faifant ils en demeureront bien & valablement quittes & déchargés, &c.

Du 19. Juin 1731.

Arreft du Confeil!, qui fans s'arrêter à l'appel interjetté par la nommée Philberte Traquin, femme de Pierre Girard, Marchand demeurant à Mâcon, de l'Ordonnance du Sieur le Peletier de Beaupré, Intendant de la Province & Frontiere de Champagne, du 23. Decembre 1730. portant confifcation au profit de Sa Majefté, de trente-cinq livres pefant de fols, demi fols, & liards de la Fabrique de Lorraine, de la valeur de cent livres cinq fols faifis fur ladite Philberte Traquin par les Gardes des Fermes du Pofte de Clefmont, fuivant leur Procès verbal des dix-huit & dix-neuf du mois de Novembre mil fept cent trente, ordonne que lefdites Efpeces feront portées à la Monnoye de Troyes, pour être converties en Efpeces au cours de France, condamne ladite Traquin en trois mille livres d'amende, au payement de laquelle, enfemble des dépens aufquels elle a été condamnée, elle fera contrainte fuivant & ainfi qu'il eft accoûtumé pour les deniers & affaires de Sa Majefté, & que ladite Ordonnance fera executée felon fa forme & teneur, &c.

Du 19. Juin 1731.

Arreſt du Conſeil, qui commet M. Chauvelin, Conſeiller d'Eſtat, Intendant & Commiſſaire départi en la Generalité d'Amiens, pour inſtruire & juger le Procès aux nommés Eſtienne Benoiſt Chaudronnier, Jean Baudry Plaqueur, Loüis Cambronne Mandelieres, un des fils dudit Cambronne, & à leurs complices, participes ou adherans, de l'émotion populaire arrivée dans la ville de S. Quentin le 30. Mai 1731. à l'occaſion du Commerce des Bleds dans ladite Ville, & des autres faits mentionnés dans le Procès verbal dudit jour 30. Mai, circonſtances & dépendances; évoque les procedures qui pourroient avoir été commencées pour raiſon de ce, en quelque Juriſdiction que ce ſoit, & icelles, circonſtances & dépendances, renvoye pardevant ledit Sieur Chauvelin pour être le tout par lui jugé ſouverainement & en dernier reſſort, en appellant avec lui le nombre de Gradués requis par l'Ordonnance, lui attribuant à cet effet toute Cour, Juriſdiction & connoiſſance, icelle interdiſant à toutes ſes Cours & autres Juges; permet audit Sieur Chauvelin de ſubbeleguer pour l'inſtruction, & de commettre pour faire les fonctions de Procureur du Roi en ladite Commiſſion, tels Officiers ou Gradués qu'il voudra choiſir; ordonne en outre que les charges, informations & autres procedures, ſi aucunes ont été faites, ſeront inceſſamment envoyées au Greffe de ladite Commiſſion, à ce faire tous Greffiers & dépoſitaires contraints, quoi faiſant ils en ſeront bien & valablement quittes & déchargés.

Du 19. Juin 1731.

Arreſt du Conſeil, qui liquide à la ſomme de quarante-deux mille livres l'indemnité dûë à Pierre Carlier Adjudicataire general des Fermes de Sa Majeſté, pour la non-joüiſſance des Droits des Huilles de Poiſſon, provenant de la Pêche Françoiſe, & arrivées dans le Royaume pendant la quatriéme année de ſon Bail; ordonne que les pieces mentionnées

nées audit Arreſt, au nombre de cent quatre-vingt-onze,
cottées & paraphées par premiere & derniere, ſeront remiſes au Greffe du Conſeil & annexées à la minutte d'icelui,
ensemble l'Etat general ſigné & certifié de quatre des Cautions dudit Carlier; ordonne en outre que de ladite ſomme
de quarante-deux mille livres à laquelle monte la liquidation, il ſera expedié au profit dudit Carlier une Ordonnance
de Comptant ſur le Garde du Treſor Royal en exercice,
laquelle ſomme lui ſera payée en une Quittance comptable,
ſur & en déduction du prix de ſon Bail en vertu d'icelui.

Du 26. Juin 1731.

* Arreſt du Parlement de Bretagne, qui declare le Sieur
Joſeph Chevalier, Berard de Perpilly, & le Sieur François
Govezin Sieur Dubignon, Officiers des Vaiſſeaux du Roi,
non-recevables dans l'appel par eux relevé audit Parlement,
d'une Sentence contr'eux renduë par les Juges des Traittes
de S. Brieuc, qui les condamne ſolidairement & par corps en
une amende de mille livres, & aux dépens, pour cauſe d'une
ſaiſie de Tabac trouvé caché dans un lieu près leur domicile,
& en une autre amende de ſoixante-quinze livres au Roi,
moitié moins à la partie, faute par eux d'avoir conſigné dans
le mois du jour de la notification à eux faite de ladite Sentence à leur domicile, la ſomme de trois cens livres, quoiqu'ils en euſſent fait offre, & même fait faire ſommation au
Receveur & Prépoſé du Regiſſeur du Tabac, de recevoir ladite conſignation trois jours après le mois expiré, & que ledit Sieur Berard fût mineur & eût prétendu que la fin de non-
recevoir ne devoit avoir lieu à ſon égard, &c.

Du 26. Juin 1731.

Arreſt du Conſeil, qui ordonne que par Pierre Carlier & ſes
ſucceſſeurs, Adjudicataires des Fermes generales-unies, il
ſera payé annuellement & ſans aucune retenuë du dixiéme
au Sieur Darlui, Receveur deſdites Fermes au Bureau de
Dunkerque, la ſomme de deux cens livres, & ce à commen-

cer du premier Janvier de la presente année 1731. par forme
de gratification, à cause du soin dont il est chargé d'envoyer
exactement au Conseil des copies signées de lui des declarations des Marchandises qui entrent & sortent par le Port de
ladite Ville , de laquelle somme de deux cens livres il sera
fait emploi annuellement dans les Etats qui seront arrêtés au
Conseil pour les charges assignées sur les Cinq Grosses Fermes , à commencer audit jour premier Janvier 1731. & sera
ladite somme de deux cens livres passée & allouée sans difficulté dans les Etats au vrai & comptes qui seront rendus
au Conseil , & en la Chambre des Comptes par ledit Adjudicataire, du prix de son Bail , en rapportant la quittance dudit Receveur , le tout en vertu dudit Arrest.

Du 3. Juillet 1731.

Arrest du Conseil , qui deboute Pierre Carlier de la demande en cassation de l'Arrest du Parlement de Bretagne du
8. Juillet 1730. portant confirmation d'une Sentence du Juge
des Traittes de Brest, du 5. Mai 1728. par laquelle il avoit
été fait main-levée du Bâtiment, agrez & apparaux, ensemble des Bleds fromens dont il étoit chargé , le tout saisi par
les Employés des Fermes du Bureau de Roscof sur le nommé Bertrand le Roux , Maître dudit Bâtiment, faute par lui
d'avoir fait sa declaration de Relâche dans l'Isle de Bas dans
les 24. heures de son arrivée.

Du 3. Juillet 1731.

Arrest du Conseil, qui ordonne, que par le Sr de Vattant,
Intendant & Commissaire départi en la Generalité de Caën,
il sera incessamment procedé à l'Adjudication au rabais &
moins disant, en la maniere accoutumée, des Ouvrages à faire
pour le rétablissement du Port de Cartret , suivant & conformément au Plan & Devis qui en ont été dressés par le Sieur
la brosse , Ingenieur, le 18. Novembre 1726. du montant de
laquelle Adjudication les Entrepreneurs seront payés sur les
Ordonnances dudit Sieur Commissaire départi , au fur & à

mefure ; ou après la reception defdits Ouvrages par Pierre
Carlier, Adjudicataire general des Fermes-Unies, qui en
fera rembourfé par celui qui lui fuccedera dans le Bail defdites Fermes generales-unies, en rapportant l'expedition ou
copie collationnée d'icelui, les Plans & Devis eftimatifs, les
Procès verbaux d'Adjudication & de reception defdits Ouvrages, les Ordonnances dudit Sieur Commiffaire départi,
les Quittances defdits Entrepreneurs & autres Pieces fur ce
fuffifantes, &c.

Du 10. Juillet 1731.

Arreft du Confeil, qui deboute les Maîtres & Gardes
des Corps & Communautés des Marchands & Maîtres fabriquans en Drap d'or, d'argent & foye, & autres Etoffes mé-
langées des Villes & Fauxbourgs de Paris, Lyon & Tours, de
leur demande ; ordonne que les Lettres Patentes du 2. Janvier
1731. accordées au Sieur Guillaume-Claude Tixier, portant
Privilege exclufif pendant 20. années, pour faire fabriquer
toutes fortes d'Etoffes de foye, Ouvrages & Couvertures
drapées & foulées, feront executées felon leur forme & teneur.

Du 10. Juillet 1731.

Arreft du Confeil, qui ordonne qu'à la diligence de Pierre
Carlier, Adjudicataire des Fermes generales-unies, il fera
inceffamment procedé à la reconftruction ou réparation du
mur de l'aile gauche dépendant de l'Hôtel des Fermes, conformément au Devis qui en a été dreffé par le Sieur de Cofte,
Infpecteur & Controlleur des Bâtimens dépendans defdites
Fermes generales ; & en confequence Sa Majefté autorife
ledit Carlier à en faire les avances, defquelles il lui fera tenu
compte fur le prix de fon Bail, en rapportant l'expedition ou
copie collationnée dudit Arreft, & les Quittances fur ce
fuffifantes, &c.

Du 12. Juillet 1731.

* Ordonnance du Roi, qui fait défenfes à toutes perfon-

F ij

nes , de quelque qualité & condition qu'elles foient , de tranfporter aucuns Grains, Farines, ou Legumes dans les Païs Étrangers, à peine de confifcation & de cinq cens livres d'amende , & de faire aucuns tranfports defdites Denrées , en quelqu'endroit que ce puiffe être, à trois lieuës près des Frontieres des Païs Etrangers, après le foleil couchant ; & ordonne que les Habitans des lieux fitués dans l'étenduë defdites trois lieuës, feront tenus, fous les mêmes peines, de fe pourvoir de Certificats des Officiers des lieux de leur demeure ; que les Grains qu'ils feront obligés d'aller chercher, foit avant ou après le foleil couchant, pour les porter dans les lieux de leur réfidence, font pour leur propre confommation & de leur famille.

Du 17. Juillet 1731.

Arreft du Confeil , qui ordonne que les Cautions de Jean Grillau , fubrogé à Nicolas Poirier qui l'avoit été à Aymard Lambert, Adjudicataires des Fermes Generales-Unies , remettront au Trefor Royal les Quittances & décharges fuffifantes de deux Ordonnances de comptant des 16. Mai 1727. & 28. Mai 1728. montantes à un million neuf cens huit mille huit cens foixante-une livres un fol fix deniers , pour laquelle il fera expedié au Trefor Royal une ou plufieurs Quittances à la décharge dudit Grillau & de fes Cautions, libellées pour revenant-bon fur le produit des Fermes-Generales-Unies au-delà du prix du Bail ci-devant fait audit Lambert , & qu'il remettra au Greffe du Confeil les Quittances qui lui auront été expediées de ladite fomme, avec plufieurs autres Quittances des Gardes du Trefor Royal, montantes enfemble à la fomme de deux millions vingt-neuf mille huit cens vingt livres quinze fols un denier, pour y avoir recours dont il lui fera délivré acte par le Secretaire du Confeil , au moyen de laquelle remife , enfemble du Bilan & de l'Etat de fupplément des recettes & dépenfes du Bail dudit Lambert, ledit Grillau & fes Cautions demeureront quittes & déchargés, tant envers tous Créanciers dudit Bail , fi aucuns y a , des créances qu'ils pourroient avoir à exercer, qu'envers les Actionnaires pour le supplément du Dividende de leurs Actions, & les Certificats délivrés en consequence de l'Arrest du Conseil du 17. Septembre 1720. qui demeureront nuls à leur égard ; & le sieur Malo, Receveur general desdites Fermes, déchargé desdits Certificats par lui délivrés : Fait défenses ausdits Actionnaires de faire aucunes demandes ni poursuites contre ledit Grillau & ses Cautions, ni contre ledit sieur Malo, Receveur General des Fermes dudit Bail, & si aucunes étoient formées par la suite, Sa Majesté s'en reserve & à son Conseil la connoissance, & icelle interdit à toutes ses Cours & Juges, imposant sur ce silence à ses Procureurs Generaux, leurs Substituts, Controlleurs des Restes & Bons d'Etats du Conseil & tous autres.

Du 17. Juillet 1731.

Arrest du Conseil, qui ordonne que par le Garde du Tresor Royal en exercice, Pierre Carlier, Adjudicataire des Fermes Generales-Unies, sera remboursé de la somme de deux cens cinquante-huit mille quatre cens cinquante-neuf livres neuf sols onze deniers, à quoi montent les payemens faits des deniers de la quatriéme année de son Bail, pour le supplément des rentes des Paroisses de Paris, Versailles, Marly, & S. Germain-en-Laye, indemnités des réductions faites des nouvelles rentes desdites Paroisses de Paris sur les Aydes & Gabelles & sur les Tailles, remedes fournis par le sieur Helvétius Medecin, & envois d'iceux dans les Provinces, Droits accordés à la Ville de Lyon sur les Etoffes étrangeres, confection des Etats du Roi des Petites Gabelles, & autres rentes sur les anciens dépôts de la Ville de Roüen, entretien du nouveau Canal fait à l'embouchure de la Riviere du Letz, réparations au bord du Rhône joignant l'Ecluse de Silvereal, Peages sur les Sels destinés pour les Etats de Savoye, frais d'envois aux Intendans départis dans les Provinces & Generalités du Royaume, & autres du Recüeil des Reglemens concernant les Manufactures, frais de signification d'Arrêts dudit Conseil concernant les Peages en Champagne, appointemens de Commis & frais d'impressions pour

le Bureau des Tarifs ; & generalement toutes dépenses ci-
deſſus mentionnés , à l'effet dequoi il ſera expedié audit Carlier une Ordonnance de comptant de ladite ſomme de deux
cens cinquante-huit mille quatre cens cinquante-neuf livres
neuf ſols onze deniers ſur le Garde du Treſor Royal en exercice , lequel donnera en payement audit Carlier ſa Quittance comptable ſur le prix de ladite quatriéme année de ſon
Bail , & que l'Etat deſdites dépenses , enſemble les piéces juftificatives d'icelles au nombre de ſept cens , cottées & paraphées par premiere & derniere , ſeront dépoſés au Greffe dudit Conſeil , pour être le tout annexé à la minutte d'icelui ,
&c.

Du 17. Juillet 1731.

Arreſt du Conſeil , concernant les Privileges & Exemptions
dont les Habitans du Pays Bruillois & de la Ville & Vicomté
d'Auvillars ont droit de joüir.

Du 24. Juillet 1731.

Arreſt du Conſeil , qui ordonne que Pierre Carlier & Nicolas Desboves , Adjudicataires des Fermes Generales de Sa
Majeſté , & Fermiers des Droits & revenus de la Principauté
d'Orange par Reſultat du Conſeil du 29. Mai 1731. payeront
au Treſor Royal le prix du Bail de ladite Principauté , nonobſtant l'oppoſition formée par le Sieur Marquis de Neſle par
Acte du 23. Juin 1731. quoi faiſant , leſdits Carlier & Deſboves , & leurs Cautions ſeront bien & valablement déchargés.

Du 24. Juillet 1731.

* Arreſt du Conſeil , en interprétation de ceux des 12. Septembre 1729. & 11. Fevrier 1731. portant Reglement pour
les Toiles Batiſtes & Linons qui ſe fabriquent dans les Provinces de Picardie, d'Artois , du Haynaut, de la Flandre Françoiſe , du Cambreſis , & dans les Generalités de Paris &
Soiſſons , *contenant 7. articles.*

Du 31. Juillet 1731.

* Arrest du Conseil, portant qu'il sera perçu quarante sols par Quintal de Fer ou de Fonte, quatre livres par chaque Quintal de Fer, & six livres sur chaque Balon d'Acier, qui seront transportés de Savoye en Dauphiné.

Du 31. Juillet 1731.

* Arrest du Conseil, qui attribuë au sieur Hardoüin, Inspecteur des Manufactures au Bureau de la Doüanne de Paris, l'entiere inspection des Marchandises de Bonneterie, venant de dehors, à l'exclusion d'un Adjoint nommé par Arrest du Conseil du 8. Janvier 1716. aux appointemens de six cens livres par an pour cette partie.

Du 31. Juillet 1731.

Arrest du Conseil, par lequel Sa Majesté ayant égard à la Requête presentée par Pierre Carlier, Adjudicataire General des Fermes-Unies ; Ordonne que les pieces mentionnées en icelui, au nombre de huit, cottées & paraphées par premiere & derniere, au sujet de la démolition & réedification en entier du Corps de Garde de Manicamp, Generalité de Soissons, servant aux Employés des Fermes, seront remises au Greffe du Conseil, & annexées à la minutte dudit Arrêt ; ensemble l'Etat desdites Pieces, signé & certifié de quatre des Cautions dudit Pierre Carlier ; & ordonne en outre, que du montant dudit Etat il sera expedié au profit dudit Carlier une Ordonnance de comptant sur le Garde du Tresor Royal en exercice, de la somme de treize cens cinquantequatre livres, laquelle lui sera payée en une Quittance comptable, sur & en déduction du prix de son Bail, en vertu d'icelui seulement, moyennant quoi Sa Majesté en demeurera bien & valablement quitte & déchargée, &c.

Du 31. Juillet 1731.

Arrest du Conseil, par lequel Sa Majesté ayant égard à la Requête presentée par Pierre Carlier, Adjudicataire General des Fermes de Sa Majesté, ordonne que les Pieces mentionnées en icelui au nombre de vingt, cottées & paraphées par premiere & derniere, concernant l'acquisition faite au nom de Sa Majesté, de deux petites maisons mentionnées dans le devis dressé en execution d'autre Arrest dudit Conseil du 24. Fevrier 1731. & dans l'adjudication au rabais des ouvrages & réparations à faire à la maison servant de Bureau des Traittes à Amiens, suivant & conformément audit Devis, seront remises au Greffe dudit Conseil, & annexées à la minutte d'icelui ; ensemble l'Etat desdites piéces, signé & certifié de quatre des Cautions dudit Carlier ; & ordonne en outre que du montant dudit Etat il sera expedié au profit dudit Carlier une Ordonnance de comptant sur le Garde du Tresor Royal en exercice, de la somme de trente-six mille huit cens soixante-dix livres seize sols, laquelle lui sera payée en une Quittance comptable, sur & en déduction du prix de son Bail, en vertu d'icelui seulement, moyennant quoi Sa Majesté en demeurera bien & valablement quitte & déchargée, &c.

Du 31. Juillet 1731.

Arrest du Conseil, par lequel Sa Majesté ayant égard à la Requête presentée par Pierre Carlier, Adjudicataire General des Fermes-Unies, ordonne que les piéces mentionnées en icelui, au nombre de quatorze, cottées & paraphées par premiere & derniere, concernant les réparations faites à la maison qui sert de Bureau des Traittes en la Ville de Calais, seront remises au Greffe du Conseil, & annexées à la minute dudit Arrest ; ensemble l'Etat desdites piéces signé & certifié de quatre des Cautions dudit Carlier ; ordonne en outre que du montant dudit Etat il sera expedié au profit dudit Carlier une Ordonnance de comptant sur le Garde du Tresor Royal en exercice, de la somme de cinq mille sept cens seize livres deux

deux fols quatre deniers , laquelle lui fera payée en une Quittance comptable , fur & en déduction du prix de fon Bail , en vertu d'icelui feulement , moyennant quoi Sa Majefté en demeurera bien & valablement quitte & déchargée , &c.

Du Aouft 1731.

* Lettre Circulaire aux Receveurs du Tabac , concernant les approvifionnemens.

Du 4. Août 1731.

* Ordonnance du Roi , qui difpenfe pendant fix années les Vaiffeaux Marchands qui feront armés & deftinés pour la Colonie de la Loüifiane, d'y porter des engagés & des fufils, ainfi qu'ils y étoient obligés par les Ordonnances & Reglemens.

Du 9. Août 1731.

* Reglement pour la difcipline & la police dans l'interieur de l'Hôtel Royal des Invalides, arrêté au Confeil de l'Hôtel par Monfeigneur d'Angervilliers, Miniftre , Secretaire d'Eftat, & Adminiftrateur General dudit Hôtel Royal , *contenant* 48. *art.* Par le 37ᵉ. duquel il eft expreffément défendu à tous Sergens , Cavaliers & Soldats de vendre ni débiter aucune forte de Tabac dans l'Hôtel , fous peine d'en être chaffés , fans efperance de pouvoir y rentrer , & faute par les camarades de la chambrée de ceux qui auront contrevenu audit article d'en informer les Superieurs , ils feront punis de prifon pendant trois mois , & mis fur le Cheval de Bois fix heures par jour pendant quinze jours; & enfuite deux ans à l'Hôpital General de Bicêtres.

Du 18. Août 1731.

Arreft du Confeil , qui commet M. de Fontanieu , Intendant & Commiffaire départi en la Province de Dauphiné , pour inftruire & juger le procès , tant au nommé Jean Foureau, Conttebandier de profession, qu'aux auteurs, complices, participes ou adherans du meurtre commis le 24. Juillet 1731. en la personne du sieur Blanc, Sous-Brigadier de la Maréchaussée de Gap, & du mauvais traitement & excès commis contre un Cavalier de la Brigade de la Maréchaussée de Gap; évoque les procedures qui pourroient avoir été commencées pour raison de ce, en quelque Jurisdiction que ce soit, & icelles, circonstances & dépendances, renvoye pardevant ledit sieur de Fontanieu, pour être le tout par lui jugé souverainement & en dernier ressort, en appellant avec lui le nombre de Gradués requis par l'Ordonnance, lui attribuant à cet effet toute Cour, Jurisdiction & connoissance icelle interdisant à toutes ses Cours & Juges; lui permet de subdeleguer pour l'instruction, & de commettre pour faire les fonctions de Procureur du Roi en ladite Commission tels Officiers ou Gradués qu'il voudra choisir; Ordonne que les charges & informations & autres procedures commencées en quelque Jurisdiction que ce soit, seront envoyées au Greffe de ladite Commission, à ce faire tous Greffiers & Dépositaires conttaints, quoi faisant ils en demeureront quittes & déchargés.

Du 21. Août 1731.

Arrest du Conseil, qui ordonne que par M. de l'Esseville, Intendant & Commissaire départi en la Generalité de Tours, il sera procedé à l'adjudication au rabais & moins disant, en la maniere accoûtumée, des ouvrages & réparations à faire à la Crêche ou Digue, depuis les fondemens de la maison qui sert de Bureau & de Corps de Garde aux Ponts de Cé; conformément au Devis qui en a été dressé par les nommés Charron & le Tourneux, du prix desquels ouvrages les Entrepreneurs seront payés sur les Ordonnances dudit sieur de l'Esseville, à mesure ou après la reception desdits ouvrages, par Pierre Carlier, Adjudicataire des Fermes Generales-Unies, auquel il en sera tenu compte sur le prix de son Bail, en rapportant l'expedition ou copie collationnée dudit Arrest, le Devis estimatif, les procès verbaux d'adjudication & de reception desdits Ouvrages, les Ordonnances dudit sieur de l'Esseville, & les Quittances des Entrepreneurs.

Des 21. Août & 9. Octobre 1731.

Arrest du Conseil, & Lettres Patentes sur icelui, qui ordonnent que le Droits d'enregistrement à la Cour des Aydes de Bordeaux du Bail de la Ferme du Tabac fait pour huit années consecutives, tant à Pierre Carlier qu'à Nicolas Desboves, seront & demeureront fixés pour toutes choses generalement quelconques, à la somme de douze cent soixante-six livres.

Du 22. Août 1731.

* Ordonnance du Roi, portant défenses de transporter aucuns Foins des Provinces de Flandre & du Hainault, dans les Pays Etrangers, à peine de confiscation des Foins, & des Batteaux, Chevaux, Charettes & Chariots sur lesquels ils seront chargés, & de cinq cens livres d'amende, applicable moitié au Dénonciateur, & l'autre moitié à ceux qui auront fait la capture.

Du 28. Août 1731.

Arrest du Conseil, qui ordonne que le Sieur Prince de Monaco, & Pierre Carlier, Adjudicataire des Fermes Generales-Unies, remettront dans quinzaine ès mains du Sieur Controlleur General des Finances, leurs Requêtes & Piéces tendantes, sçavoir, celles de Carlier à joüir de l'exemption des Droits de Peages prétendus par M. le Prince de Monaco sur les Tabacs & Ustensiles servant à leur fabrication, qui passent sur le Rhône, conformément à l'Arrest du 20. Fevrier 1722. & celles dudit Sieur Prince de Monaco, à ce que lesdits Droits lui soient payés, pour après ledit délai, être par Sa Majesté fait droit aux Parties, ainsi qu'il appartiendra, sur ce qui aura été remis ; fait défenses de proceder ailleurs, à peine de nullité.

Du 28. Août 1731.

Arrest du Conseil, qui ordonne que Pierre Carlier, Ad-

judicataire des Fermes-Unies , fera l'acquifition au nom &
pour le compte de Sa Majefté , d'une petite maifon fituée
ruë de Grenelle , joignant l'aîle gauche de l'Hôtel des Fermes , moyennant le prix & fomme de vingt mille livres ;
de laquelle fomme de vingt mille livres , enfemble des
Lods & Ventes , Centiéme denier & autres frais , il lui fera
tenu compte fur le prix de fon Bail , en rapportant l'expedition ou copie collationnée dudit Arrêt ; enfemble les
Titres de la proprieté de ladite maifon , le Contrat de vente ,
& la Quittance du Proprietaire , &c.

Du 11. *Septembre* 1731.

* Arreft du Confeil , qui proroge pour un an , à compter
du 15. Octobre 1731. les difpofitions portées par l'Arrêt du
26. Septembre 1730. en confequence ordonne que les Bleds
Fromens , Meteils , Seigles , Orges , Baillarges & autres
Grains , Farines & Legumes qui pafferont des Provinces des
Cinq Groffes Fermes dans les Provinces reputées Etrangeres , & des Provinces reputées Etrangeres dans celles des
Cinq Groffes Fermes , feront exempts de tous Droits d'Entrée & de Sortie , & autres generalement quelconques , même des Droits d'Octroys appartenans aux Villes , lorfque lefdits Grains , Farines & Legumes ne feront que paffer par lefdites Villes & n'y feront point confommés ; à la charge par
ceux qui feront tranfporter lefdits Grains , Farines & Legumes , foit par eau ou par terre , de declarer aux Bureaux d'Entrée & de Sortie , la quantité & la qualité defdits Grains , Farines & Legumes , ainfi que le lieu de leur deftination , &
d'en fouffrir la vifite par les Commis defdits Bureaux , à peine
de cinq cens livres d'amende & de confifcation defdits
Grains , Farines & Legumes en cas de fauffe declaration ou
faute d'en avoir fait. Permet à tous Marchands , Negocians
ou autres , de tranfporter & faire des envois de Grains , Farines & Legumes d'un Port du Royaume dans un autre Port
du Royaume , même dans les Ports de Provence , à l'égard
defquels l'Arreft du 15. Mai precedent fera executé felon fa
forme & teneur ; à la charge par les Marchands , Negocians

ou autres, de donner au Sieur Intendant de la Province de laquelle se fera l'envoi, une declaration de la quantité & de la qualité desdits Grains, Farines & Legumes qu'ils voudront faire sortir pour une autre Province du Royaume, & de faire leur soûmission pardevant ledit Sieur Intendant, de rapporter au plûtard dans trois mois, un Certificat de la décharge desdits Grains, Farines & Legumes dans le lieu qui aura été declaré, à peine de cinq cens livres d'amende, & d'être contraints de payer la valeur desdits Grains, Farines & Legumes au profit de Sa Majesté; & en outré à la charge de se conformer aux differens Reglemens faits dans lesdites Provinces, concernant le transport desdits Grains, sous les peines y contenuës : Et défend à toutes personnes de quelque qualité & condition qu'elles soient, de transporter aucuns Grains, Farines ou Legumes dans les Pays Etrangers, sous les peines portées par les Arrêts du Conseil des 27. Septembre 1710. 5. Decembre 1711. & premier Octobre 1712.

Du 11. Septembre 1731.

* Ordonnance du Roi, servant de Reglement pour la sûreté des sommes de deniers, Marchandises & effets qui se déposent dans les Chancelleries des Consulats de Levant & de Barbarie, *contenant 5. articles.*

Du 11. Septembre 1731.

* Arrest du Conseil, qui commet le Sieur de la Neuville, Intendant & Commissaire départi en la Province du Comté de Bourgogne, pour instruire, faire & parfaire le procès tant aux nommés Philipes Chagrin, & Jacques Oudet, arrêtés chargés de faux Tabac, par la Brigade des Fermes, établie à S. Jean de Losne, & par eux conduit dans les Prisons de Dijon, qu'aux nommés Tacheron & la Roche, Gardes des Fermes, détenus dans les Prisons de Dole, & autres Employés compris dans le decret de prise de corps donné par le Juge des Gabelles de ladite Ville; & le tout, circonstances & dépendances, renvoye pardevant ledit sieur de la Neuville,

pour être par lui jugé souverainement & en dernier ressort, en appellant avec lui le nombre d'Officiers ou Gradués qu'il voudra choisir, lui attribuant à cet effet toute Cour & Jurisdiction, & icelle interdisant à toutes ses Cours & Juges, lui permet de subdeleguer pour l'instruction, & de commettre pour faire les fonctions de Procureur du Roi, tels Officiers ou Gradués qu'il voudra choisir ; Ordonne que lesdits deux accusés détenus dans les Prisons de Dijon, seront transferés dans celle de Dole, à ce faire le Geollier desdites Prisons contraint par corps, quoi faisant déchargé, & que les Procedures commencées pour raison de ce, tant au Siege des Traittes de Dijon, qu'en celui des Gabelles de Dole, & tous autres Sieges seront envoyées au Greffe de ladite Commission, à ce faire tous Greffiers & Dépositaires contraints par corps, quoi faisant déchargés.

Du 11. Septembre 1731.

Arrest du Conseil, qui ordonne avant faire droit sur l'Instance d'entre le Procureur General, Syndic de la Ville & Communauté de Libourne ; & Pierre Carlier, Adjudicataires des Fermes Generales, sur ce que le Receveur au Bureau de la Ville de Castillon a prétendu être en droit d'exiger des sieurs Macé & Souchard, Bourgeois de Libourne, le Droit de petite Coutume de leurs Vins qu'ils feroient voiturer audit Libourne, soit par eau ou par terre, provenant de leurs Vignes, situées en la Jurisdiction dudit Castillon, Sénéchaussée dudit Libourne ; que les Parties remettront les Titres & autres Piéces justificatives de leurs demandes ès mains du sieur Boucher, Intendant & Commissaire départi en la Generalité de Guyenne, pour sur le procès verbal qui en sera par lui dressé, & sur son avis vûs & rapportés au Conseil, être par Sa Majesté ordonné ce qu'il appartiendra, &c.

Du 11. Septembre 1731.

Arrest du Conseil, qui commet le Sieur le Peletier de Beaupré, Intendant & Commissaire départi en la Generalité de Châlons, pour inftruire & juger le procès au nommé Choifeau, Courier conduifant la Malle de Strasbourg à Paris & autres fes complices, participes & adherans du commerce de Marchandifes prohibées, telles que Toiles peintes, Tabacs & autres mentionnées dans le procès verbal du 2. de Septembre 1731. circonftances & dépendances; évoque les Procedures qui pourroient avoir été commencées pour raifon de ce, en quelque Jurifdiction que ce foit, & a le tout renvoyé pardevant ledit fieur de Beaupré, pour être par lui jugé fouverainement & en dernier reffort, en appellant avec lui le nombre de Gradués requis par l'Ordonnance, lui attribuant à cet effet toute Cour, Jurifdiction & connoiffance, icelle interdifant à toutes fes Cours & Juges; lui permet de fubdeleguer pour l'inftruction & pour faire les fonctions de Procureur du Roi en ladite Commiffion, tels Officiers ou Gradués qu'il voudra choifir; Ordonne que les Procedures, fi aucunes ont été faites en quelque Jurifdiction que ce foit, pour raifon defdites contraventions, feront remifes au Greffe de ladite Commiffion, à ce faire tous Greffiers & Dépofitaires contraints, quoi faifant déchargés.

Du 16. Septembre 1731.

Ordonnance renduë par les Sieurs Commiffaires Generaux du Confeil, députés par Arrêts du Confeil d'Eftat des 16. Août 1729. & 19. Septembre 1730. pour examiner & juger en dernier reffort les prétentions & conteftations d'entre les fieurs Houel & Boifferet ou leurs Reprefentans & ayans caufe; & le Fermier du Domaine d'Occident, qui reçoit les fieur & Dame de Senneterre & ledit fieur Houel, oppofans à l'Arreft du Confeil du 9. Mars 1728. faifant droit fur leur oppofition, fans s'arrêter audit Arreft, en ce qui concerne lefdits fieur & Dame de Senneterre & ledit fieur Houel, ni aux fins & conclufions prifes par les Cautions de Loüis Bourgeois & Pierre Carlier, Adjudicataires des Fermes-Unies & Domaine d'Occident; Ordonne que lefdits fieur & Dame de Senneterre & ledit fieur Houel, leurs fucceffeurs ou ayans caufe, continuëront de joüir de l'exemption des Droits de

Capitation pour tous leurs Domestiques , tant Blancs que Negres & Negresses , servans à l'exploitation des habitations qui leur appartiennent en proprieté , ou de celles démembrées de leur Fief , qu'ils pourroient dans la suite réünir à la table de leur Fief ; ensemble des Droits de Poids & de Sortie pour les Marchandises & Denrées provenans du crû de leursdites habitations & autres exemptions & Droits exprimés dans le Contrat de vente passé entre les sieur & Dame de Champigny , & la Compagnie des Indes le 10. Juillet 1664. ainsi qu'eux & leurs auteurs en ont joüi jusqu'à present , sans neanmoins que lesdits sieur & Dame de Senneterre & ledit sieur Houel , ou leurs successeurs ou ayans cause , puissent [prétendre ni joüir de l'exemption d'aucuns desdits Droits pour les Terres & Habitations qu'ils pourroient avoir acquis ou acquerir à l'avenir hors de l'étenduë de leurs Fiefs , à l'effet dequoi ordonne que pardevant le Sieur Intendant de la Martinique ou son Subdelegué , & en presence du Directeur du Domaine , ou lui düement appellé , il sera fait un dénombrement de toutes les terres & habitations que lesdits sieur & Dame de Senneterre & ledit sieur Houel possedent actuellement à la Guadeloupe à titre de Fief , ladite Ordonnance déclarée commune avec les sieur & Dame de Champigny ; & sur les autres demandes , fins & conclusions , met les Parties hors de Cour , &c.

Du 23. Septembre 1731.

Arrest du Conseil , qui ordonne que jusqu'au premier Septembre 1732. & sans tirer à consequence pour les années suivantes les Vins & Eaux-de-Vie de la Province de Languedoc qui seront portés dans les Pays Etrangers par les Ports de Cette , Agde , & la Nouvelle , continuëront d'être déchargés du tiers des Droits de Sortie , & du tiers du Droit de Fret ; Ordonne en outre que la même moderation du tiers desdits Droits aura lieu pour les Vins & les Eaux-de-Vie de ladite Province qui sont sortis depuis le premier dudit mois de Septembre par lesdits Ports de Cette, Agde, & la Nouvelle, à l'effet dequoi ceux qui pourroient avoir été payés au-delà de la fixation portée par icelui seront restitués , &c.

F I N.

TABLE

DES EDITS, DECLARATIONS,

ARRESTS ET REGLEMENS,

RENDUS pendant la cinquiéme année du Bail
de M^e. PIERRE CARLIER.

Commencée le premier Octobre 1730. *& finie le dernier
Septembre* 1731.

Concernant les Gabelles de France, Lyonnois, Dauphiné, Provence, Languedoc, Roussillon, & Auvergne; Salines de
Moyenvic, Gabelles des Evêchés de Metz, Toul & Verdun;
Gabelles & Domaines de Franche-Comté & d'Alsace, & Droits
manuels.

Du 3. *Octobre* 1730.

JUGEMENT souverain rendu par M. l'Intendant de la Generalité de Moulins, contre plusieurs
Faux-Sauniers armés & à cheval, & tous chargés de faux Sel, qu'ils avoient pris aux Salor-
ges de S. Georges, accusés & convaincus de vols, meurtres

GABELLES.   A

& affaſſinats par eux commis ſur les Employés de la Brigade des Gabelles de Manzat, leſquels paſſoient près du Village de Malmouche, comme auſſi de s'être tous trouvés le 6. Avril 1731. avec la même Bande, armés & à cheval, & chargés de faux Sel, & d'avoir donné la chaſſe aux Employés de la Brigade d'Ebreüille, qui ſe trouvoient en nombre inferieur, près du Bois de S. Pardoux : pour réparation deſquels crimes, violences, & excès, condamne les uns à être pendus, d'autres à être rompus vifs, & le reſte à ſervir le Roi ſur ſes Galeres, en qualité de forçats à perpetuité, préalablement flétris publiquement des lettres G. A. L. déclare leurs biens acquis & confiſqués au profit du Roi, ou des Seigneurs à qui il appartiendra, préalablement pris ſur iceux la ſomme de 500. livres d'amende, en cas que confiſcation n'ait pas lieu au profit de Sa Majeſté.

Du 3. Octobre 1730.

Arreſt du Conſeil qui ordonne, ſans avoir égard aux demandes & prétentions des heritiers Anguille, ci-devant Receveur du Grenier à Sel de la Haye en Touraine, que ſur la ſomme de 4511. livres 6. ſols 10. deniers, à laquelle ſe trouve monter les débets ſubſiſtans, tant ſur les comptes dudit Sieur Anguille, de l'année du Bail de Pillavoine, que ſur celui des reſtes d'impôts du Bail de Lambert, cedés audit Pillavoine, déduction ſera faite auſdits heritiers Anguille de celle de 110. livres 4. ſols 9. deniers, au moyen de quoi leſdits debets ſur les comptes de Pillavoine ne ſubſiſteront plus que pour la ſomme de 4400. livres 17. ſols 6. deniers, ordonne en outre que ſur la ſomme de 2066. 4. ſols 4. deniers, à laquelle ſe trouve monter les debets ſubſiſtans ſur les comptes des deux premieres années du Bail de Louis Bourgeois, déduction ſera faite de la ſomme de 143. livres 7. ſols 4. d. dont il étoit en avance dans le compte de la troiſiéme année du Bail dudit Bourgeois : au moyen de quoi leſdits debets des comptes deſdites deux premieres années de Bourgeois, ne ſubſiſteront plus que pour la ſomme de 1922. livres 17. ſols, au payement de laquelle & de celle de 4400. livres 17. ſols

4. deniers, frais & dépens, lesdits heritiers Anguille seront contraints par toutes voyes, ainsi qu'il est accoûtumé pour les deniers & affaires de Sa Majesté, & au surplus débouce lesdits heritiers Anguille de toutes leurs autres demandes & prétentions pour raison desdits debets, &c.

Du 22. Octobre 1730.

Arrêt du Conseil qui ordonne, qu'il ne pourra estre enlevé aucuns Sels de dessus les Marais de Soubize, Havre de Broüage, Marennes, Riviere de Seudres, la Tremblade, Mornac & autres lieux de cette étenduë, que par le ministere des Jurés Mesureurs, soit que lesdits Sels proviennent des Marais appellés francs ou autres, à peine contre les Proprietaires, de confiscation desdits Sels, & de cent livres d'amende pour chaque contravention ; défend sous peine de pareille amende de cent livres, de sortir des Achenaux avec des Sels de quelques Marais qu'ils proviennent, sans être Porteurs à chaque Voiture d'un certificat signé dudit Mesureur dans la forme prescrite par l'Article XIII. de la Declaration du 3. Septembre 1726. pour estre ledit Certificat par eux remis aux Commis préposés au renversement & mesurage desdits Sels dans les Navires & autres Bâtimens, le tout en conformité dudit Article XIII. Enjoint d'abondant, conformément aux Articles XII. XIII. & XIV. de ladite Declaration, ausdits Jurés Mesureurs, de tenir chacun un Livre relié, numerotté & paraphé par le Juge des lieux, sur lequel ils enregistreront tous les Sels qu'ils auront levés chaque jour, à peine de cinquante livres d'amende pour chaque Article obmis : Enjoint aussi ausdits Jurés Mesureurs de fournir tous les mois aux Commis des Droits de Broüage, au Bureau de Marennes, un Extrait de leurs Registres, signé & certifié d'eux, à peine de cent livres d'emende pour chaque Article auquel ils n'auront pas satisfait ; & qu'au surplus ladite Declaration du 3. Septembre 1726. sera executée en tout son contenu selon sa forme & teneur.

Du 22. *Octobre* 1730.

Arreſt du Conſeil, qui commet le Sieur Moreau de Sechelles, Intendant & Commiſſaire départi en Haynault,
pour inſtruire, faire & parfaire le Procès aux nommés Martin & Pierre du Fleau, & Antoine Toillier, arrêtés la nuit
du 25. au 26. Septembre 1730. dans la Paroiſſe de Villerpol,
dépendante du Queſnoy, avec trois ſacs de faux Sel, ainſi
qu'à leurs complices & participes, & les juger tous en dernier reſſort, en appellant avec lui le nombre de Gradués requis par les Ordonnances : Sa Majeſté lui attribuant à cet
effet toute Cour Juriſdiction, & connoiſſance, & icelle
interdiſant à tous autres Juges : Permet audit Sieur de Sechelles de ſubdeleguer pour l'inſtruction, & de commettre pour faire les fonctions de Procureur du Roi, & de Greffier en ladite Commiſſion, tels Officiers ou Gradués qu'il
jugera à propos.

Du 31. *Octobre* 1730.

Arreſt du Conſeil qui interdit le Sieur Douaizé, Préſident
au Grenier à Sel de Chollet en Anjou, des fonctions de ſa
Charge, juſqu'à ce qu'autrement par Sa Majeſté en ait été
ordonné, pour s'y être comporté d'une maniere irreguliere.

Du 31. *Octobre* 1730.

Arreſt du Conſeil qui ordonne, que l'Article III. du Titre XVII. de l'Ordonnance des Gabelles du mois de Mai
1680. en ce qui concerne les Faux-Sauniers à cheval, ſera
executé ſelon ſa forme & teneur : en conſequence caſſe &
annulle la Sentence diffinitive des Officiers du Grenier à Sel
de Vervins, renduë le 7. Decembre 1729. en ce qu'elle ne
condamne qu'en 200. livres d'amende le nommé Jean Pe-
chot, dit S. Quentin, du Bourg d'Hirſon, arrêté en faiſant
le Faux-Saunage à cheval ; fait très-expreſſes défenſes auſdits Officiers & à tous autres de rendre à l'avenir de pareil-

les Sentences, à peine de demeurer garants & responsables en leurs propres & privés noms des amendes encouruës par les contrevenans; condamne ledit Pichot en trois cens livres d'amende, qu'il sera tenu de payer dans le mois du jour de la signification qui lui en sera faite, à peine de conversion, suivant l'Article VIII. du Titre XVII. de l'Ordonnance des Gabelles, & declare le cheval & le Sel saisis sur ledit Pichot acquis & confisqués au profit de Pierre Carlier, Adjudicataire des Fermes Generales Unies, envers lequel ledit Pichot est condamné aux dépens, &c.

Du 31. Octobre 1730.

Arrest du Conseil, qui ordonne que les Ouvrages nécessaires pour mettre le Port de Croix-de-Vic dans sa perfection, pour l'avantage des Sujets de Sa Majesté, dans cette partie du Poitou, & énoncés dans le Procès verbal de Visite du sieur Lusset Dubuisson, du 10. Juin 1730. seront publiés au rabais pardevant le sieur Commissaire départi pour l'execution des Ordres de Sa Majesté, dans la Generalité de Poitiers, qui en sera l'Adjudication au meilleur marché que faire se pourra, & que la somme à laquelle montera ladite Adjudication, sera avancée par les Cautions du Bail de Maistre Pierre Carlier, Adjudicataire des Fermes Generales-Unies, laquelle leur sera remboursée par le Fermier qui leur succedera, en rapportant le Devis dudit sieur Lusset Dubuisson, le Procès verbal de l'Adjudication, les Ordonnances dudit sieur Commissaire départi, les Quittances des Entrepreneurs, & le Procès verbal de reception desdits Ouvrages; Ordonne en outre que pour mieux assurer & rendre solide le Mur projetté par ledit Procès verbal de Visite, les Maistres & Patrons des Barques, & autres Bâtimens qui viendront charger du Sel dans ledit Port, seront tenus un mois après la publication d'icelui, de renverser leur lest dans l'espace renfermé entre le nouveau Mur, l'Eperon & le Rocher de la côte, à peine pour chaque contravention de vingt livres d'amende, qui ne pourra être réputée comminatoire, remise & moderée, sous quelque pretexte que ce soit, & dont le produit fera remis au Greffe de l'Amirauté des Sables d'Olonnes, pour fervir à l'entretien defdits Ouvrages fur les ordres qu'en donnera ledit fieur Commiffaire départi, à qui Sa Majefté attribuë la connoiffance defdites contraventions en premiere Inftance, conjointement avec les Officiers de ladite Amirauté; & par appel au Confeil.

Du 21 Novembre 1730.

Arreft du Confeil, qui commet & fubroge le fieur de Vanolles, Maiftre des Requeftes, Intendant & Commiffaire départi en la Generalité de Moulins, au lieu & place du fieur Brunet d'Evry, pour ce qui refte à executer des Arrefts du Confeil des 6. Fevrier 1725. & 19. Fevrier 1726. & en conféquence ordonne que par ledit fieur de Vanolles le Procès fera fait & continué en dernier reffort au nommé Jean Perrin, dit Lenot, déclaré convaincu d'avoir participé au meurtre du nommé Gardeche, Employé des Gabelles, & condamné à mort par coutumace, enfemble aux autres Coutumax dénommés au Jugement rendu par ledit fieur Brunet d'Evry le 20. Septembre 1726. fi aucuns font arrêtés, ou fe reprefentent, pour efter à droit, en appellant par ledit fieur de Vanolles avec lui, le nombre de Gradués requis par l'Ordonnance, à l'effet de quoi Sa Majefté lui en attribuë toute Cour, Jurifdiction & connoiffance, & icelle interdit à toutes fes Cours & autres Juges, & permet audit fieur de Vanolles de fubdeleguer pour l'Inftruction, & de commettre pour faire les fonctions de Procureur du Roy en la Commiffion, tels Officiers ou Gradués qu'il voudra choifir.

Du 21. Novembre 1730.

Arreft du Confeil, qui caffe & annulle un Arreft de la Cour des Aydes de Clermont Ferrand, du premier Septembre 1730. ordonne que la Sentence de reception de Jean Graugheon pour fourniffeur du Dépôt de Rys, renduë par les Officiers dudit Dépôt le 20. Novembre 1723. enfemble celle du 28. Janvier 1730. feront executées felon leur forme & teneur, &

en conséqueuce que ledit Jean Graugheon continuëra de faire ses sonctions de fournisseur de Sel audit Dépôt ; fait défenses à Gilbert Matichard de l'y troubler, & de faire aucunes sonctions de Fournisseur audit Dépôt.

Du 28. Novembre. 1730.

Arrest du Conseil, qui commet le sieur de Pomereu ; Intendant & Commissaire départi en la Generalité de Tours, pour instruire & juger le Procés aux auteurs & complices des mauvais traitemens exercés par une troupe de trente à trente-cinq Faux-Sauniers de Brenezay, armés, contre plusieurs Cavaliers de la Maréchaussée à la residence de Poiriers, conduisans sept Faux-Sauniers condamnés aux Galeres ; évoque & renvoye pardevant ledit sieur de Pomereu les Procedures qui pourroient avoir été commencées pour raison de ce, en quelque Jurisdiction que ce soit, pour être le tout par lui jugé souverainement & en dernier ressort, en appellant avec lui le nombre de Gradués requis par l'Ordonnance, Sa Majesté lui attribuant à cet effet, toute Cour, Jurisdiction & connoissance, icelle interdisant à toutes ses Cours & Juges, & permet audit sieur de Pomereu de subdeleguer pour l'instruction, & de commettre pour faire les sonctions de Procureur du Roy en la presente Commission, tels Officiers ou Gradués qu'il voudra choisir, &c.

Du 28. Novembre 1730.

Arrest du Conseil, qui ordonne que par le Receveur du Grenier à Sel de Mezieres, il sera annuellement délivré aux Prieur & Religieux de l'Abbaye de Notre-Dame de Belleval, Ordre de Premontrés, la quantité de six cens livres pesant de Sel, pour leur usage & consommation, seulement à la charge par eux d'en payer le prix à raison de dix livres huit sols quatre deniers le quintal, qui est sur le pied de deux sols un denier la livre, & de payer en outre les quatre sols pour livre imposés sur les Sels de privilege, tant & si long-temps que ladite Imposition aura lieu.

Du 28. Novembre 1730.

Arrest du Conseil , qui fixe & liquide à la somme de cinquante-sept mille trois cens soixante-neuf livres trois sols quatre deniers , l'indemnité dûë aux Interessés au Bail de Georges Gouget , ci-devant Fermier des Gabelles & Salines de Franche-Comté , pour raison de douze mille neuf cens charges de Sel en pain , par eux délivrés au Canton de Fribourg pendant les trois années de leur Bail , à raison de quatre livres huit sols onze deniers un tiers de denier par charge ; Ordonne que pour le montant de ladite indemnité il leur sera expedié & delivré une Ordonnance de comptant sur le Garde du Tresor Royal en Exercice , laquelle lui sera payée en une Quittance comptable de pareille somme , à la décharge du prix du Bail dudit Gouget , en rapportant ladite Ordonnance , quittancée seulement de deux des Interessés audit Bail.

Du 28. Novembre 1730.

Arrest du Conseil , qui liquide à la somme de cinquante-six mille neuf cens cinquante livres dix sols huit deniers , l'indemnité dûë aux Interessés au Bail de Georges Gouget , ci-devant Adjudicataire des Fermes des Gabelles des Evêchés , Gabelles & Domaines du Comté de Bourgogne , & des Domaines & Droits Domaniaux de la Province d'Alsace , pour la non-joüissance des Droits sur les Bestiaux , Grains & Legumes , entrées & sorties en franchise par les Bureaux de la Province d'Alsace , pendant les trois années 1716. 1717. & 1718. que leur Bail a subsisté ; Ordonne que pour le montant de ladite somme il sera expedié au profit desdits Interessés une Ordonnance de comptant sur le Garde du Tresor Royal en Exercice , laquelle sera par lui payée en une Quittance comptable de pareille somme , à la décharge du prix du Bail dudit Gouget , en rapportant l'Ordonnance , quittanceé seulement de deux des Interessés audit Bail.

Du

Du 28. Novembre 1730.

Arreſt du Conſeil, qui approuve l'Adjudication au rabais faite le 16. Octobre 1730. par le ſieur de Fontanieu, Intendant & Commiſſaire départi en la Generalité de Grenoble, des Ouvrages à faire pour reparer les chemins qui ſont le long du Rhône à l'endroit des Roches-Malais, dans l'étenduë de quatre cens vingt toiſes, moyennant la ſomme de vingt-ſix mille ſept cens livres, ſuivant & conformément au Devis qui en a été dreſſé le dix Aouſt précedent ; en conſéquence ordonne que les Entrepreneurs deſdits Ouvrages ſeront payés ſur les Ordonnances dudit ſieur Commiſſaire départi, au fur & à meſure, ou après la reception deſdits Ouvrages, par Pierre Carlier, Adjudicataire des Fermes Generales-Unies, qui en ſera rembourſé ſur le fonds des Ponts & Chauſſées, qui ſeront aſſignés pour la Province de Dauphiné, & ſuivant la répartition qui en ſera faite par ledit ſieur Commiſſaire départi, en rapportant pour la premiere fois ſeulement par ledit Carlier, l'Expedition ou Copie collationnée dudit Arreſt, le Devis eſtimatif, les Procès verbaux d'Adjudication & de reception deſdits Ouvrages, & les Ordonnances dudit ſieur Commiſſaire départi, avec les Quittances deſdits ſieurs Entrepreneurs, au fur & à meſure des Rembourſemens qui lui ſeront faits ſur leſdits Fonds des Ponts & Chauſſées de ladite Province.

Du 5. Decembre 1730.

Arreſt du Conſeil, portant qu'il ſera paſſé outre à la verification du Sel ſaiſi ſur le nommé François Gallouïn, Meſureur au Grenier à Sel d'Ernée, par Procès verbal du 13. Juillet 1729. devant les Juges dudit Grenier à Sel d'Ernée, pour ſur icelle être par leſdits Juges ordonné ce que de raiſon, ſauf l'appel à la Cour des Aydes.

Du 5. Decembre 1730.

Arreſt du Conſeil, qui ordonne que par les Collecteurs

de l'Impôt du Sel de la Paroisse de la Chapelle-Huslin, Election d'Angers, de l'Exercice de l'année 1731. imposition sera faite de la somme de deux cens quarante-deux livres sept sols neuf deniers, sur tous les Habitans de ladite Paroisse, par un Rolle particulier qui sera fait à cet effet au marc la livre dudit Impôt du Sel de ladite année, lequel sera verifié & rendu executoire par le sieur Commissaire départi, ou par son Subdelegué, pour être les deniers provenans de ladite Imposition remis par lesdits Collecteurs au nommé Dupré, habitant de ladite Paroisse, qui avoit été contraint de payer par solidité ladite somme de deux cens quarante-deux livres sept sols six deniers, pour les Collecteurs de l'Impôt de l'année 1728. qui se sont trouvés insolvables.

Du 12. Decembre 1730.

Arrest du Conseil, qui liquide à la somme de quatre-vingt-dix-neuf mille six cens vingt-trois livres huit sols sept deniers, toutes les dépenses faites & avancées par les Interressés au Bail de Georges Goujet, Fermier de la Saline de Moyenvick, en consequence de l'Arrest dudit Conseil du 2. May 1716. & des Ordonnances du sieur de Harlay, Intendant dans la Province des trois Evêchés, pour raison des Ouvrages & Reparations faites aux Poesles, & autres Bâtimens de ladite Saline de Moyenvick, incendiés le six Avril de la me année, pour valeur de laquelle somme de quatre-vingt-dix-neuf mille six cens vingt-trois livres huit sols sept deniers, Ordonne qu'il sera expedié & délivré ausdits Interessés, une Ordonnance de comptant de pareille somme, sur le Garde du Tresor Royal en Exercice ; & qu'en rapportant ladite Ordonnance acquitée, & Quittance de deux desdits Interessés, la valeur leur en sera par lui payée en sa Quittance comptable, à la décharge du prix du Bail dudit Gouget, en vertu dudit Arrest seulement.

Du 19. Decembre 1730.

Arrest du Conseil, qui déboute Pierre Carlier, Adjudicataire des Fermes Generales-Unies de sa demande , & décharge les Syndic , Habitans & Communauté de la Paroisse de Seüilly , des condamnations prononcées contr'eux , par Sentence des Officiers du Grenier à Sel de Chinon , du 23. Decembre 1729. pour n'avoir pas sonné le Tocsin sur une bande de Faux-Sauniers.

Du 26. Decembre 1730.

* Arrest du Conseil , qui ordonne que les Officiers des Traittes de la Ville d'Angers , seront tenus de lever les Scellés par eux apposés dans la maison & sur les Effets du défunt sieur Gohory de la Tour , Receveur General des Fermes à Angers , & ce à la premiere requisition qui leur en sera faite , sinon & à faute de ce faire , que lesdits Scellés seront brisés & rompus , après avoir été préalablement reconnus sains & entiers , pour être ensuite procedé par les Officiers du Grenier à Sel de la Ville d'Angers , à la reconnoissance & levée de ceux par eux apposés , ainsi qu'à l'inventaire & description des Effets en cas de requisition, & au Jugement des contestations qui pourroient se former à ce sujet , le tout en la maniere accûtumée ; fait défenses ausdits Officiers des Traittes d'Angers de les y troubler , à peine de tous dépens, dommages & interêts , Ordonne en outre qu'à l'avenir ceux des Officiers des Traittes ou Gabelles qui auront les premiers apposé les Scellés dans le cas de decès des Directeurs ou Receveurs Generaux des Fermes , connoîtront par prevention des suites desdits Scellés , &c.

Du 2. Janvier 1731.

Arrét du Conseil , qui ordonne l'execution de ceux des 31. Decembre 1712. & 11. Juillet 1719. & en conséquence que les quatre Minots de sel dont le sieur François du Rivet, Marquis de Montelas , President , Juge-Mage , Lieutenant General au Senechal & Siege Presidial de Nismes , a droit de joüir en qualité de l'un des Proprietaires des Salins qui étoient autres fois à Villeneuve lez Maguelonne, & dont l'em-

ploy eſt fait dans les Etats des Gabelles de Languedoc , lui
ſeront annuellement délivrés ſans frais , & ſans payer les
Droits manuels, ni aucuns autres Droits,

Du 9. Janvier 1731.

Arreſt du Conſeil, qui ordonne que par le Sieur Goujon
de Gaſville , Intendant & Commiſſaire déparit pour l'execution des Ordres de Sa Majeſté en la Generalité de Roüen ,
il ſera inceſſamment procedé à l'Adjudication au rabais &
moins diſant , en la maniere accoûtumée , des Ouvrages &
reparations à faire aux dépôts des Sels de Roüen , conformément au Mémoire eſtimatif du Sieur Martinet , du 5. Août
1730. & juſqu'à concurrence de la ſomme de treize mille
livres ſeulement , du prix deſquels Ouvrages les Entrepreneurs ſeront payés ſur les Ordonnances dudit Sieur de Gaſville au fur & à meſure , ou après la reception deſdits Ouvrages par Pierre Carlier , Adjudicataire des Fermes Generales
unies , auquel il en ſera tenu compte ſur le prix de ſon
Bail , en rapportant l'expedition ou copie collationnée dudit
Arreſt , le Mémoire eſtimatif , les Procès verbaux d'Adjudication & de reception deſdits Ouvrages , & les quittances
des Entrepreneurs ſur ce ſuffiſantes.

Du 16. Janvier 1731.

Arreſt du Conſeil, qui ordonne , ſans tirer à conſequence
pour l'avenir , que par le Fermier General des Gabelles , il
ſera delivré pendant le cours de l'année commencée au premier Octobre 1730. & pendant le cours de celles qui com-
menceront à pareil jour 1731. & 1732. la quantité de quarante Minots de Sel , pour chacune deſdites trois années ,
pour la conſommation de l'Hôpital General de la Ville de
Roüen , outre & pardeſſus les vingt-quatre Minots , dont
l'emploi eſt & ſera fait annuellement dans les Etats des Gabelles , ſous le nom dudit Hôpital , de laquelle quantité de
quarante Minots pour chacune deſdites trois années , il ſera
tenu compte audit Fermier General dans ſes Etats & comp-

tes de chacune de ces trois années, en rapportant pour chacune d'icelles expedition ou copie collationnée dudit Arrest, avec les certificats de delivrance, signés par trois des Sieurs Administrateurs dudit Hôpital, &c.

Du 23. Janvier 1731.

Arrest du Conseil, qui ordonne par grace, & sans tirer à consequence, que le prix de la corde de bois, fixée à quinze sols par l'Arrest du 18. Juillet 1721. sera payée à l'avenir à M. le Prince de Guise sur le pied de deux livres cinq sols la corde de tous les bois qui proviendront de la quantité de trois cens arpens, qui seront exploités par chacune année, pour le service de la Saline de Moyenvick dans les Bois de Rechicourt, sans qu'à l'avenir ledit prix puisse être augmenté sous quelque prétexte que ce soit, duquel prix de deux livres cinq sols la corde, ledit Sieur Prince de Guise sera payé, à compter de l'exploitation commencée en 1729. & achevée au mois d'Avril 1730. pour l'ordinaire 1730. & ce, pour ce qui peut lui être dû de ladite exploitation seulement; ordonne en outre, (en acceptant les offres dudit Sieur Prince de Guise) que le Fermier des Gabelles des trois Evêchés, se chargera de la Ferme du Moulin, qui est sur l'Etang de Rechicourt, & des Etangs de Bru & de Rechicourt, ainsi que de la Pesche desdis Etangs, moyennant la somme de sept mille livres par an, qui lui seront payées à Paris, ou à Moyenvick, à son choix, & ce pour le tems que lesdits Etangs seront necessaires pour le flotage desdits Bois destinés à l'usage de ladite Saline de Moyenvick, après lequel tems ledit Sieur Prince de Guise, rentrera dans la possession & joüissance desdits Moulins & Etangs. Ordonne au surplus, que les Arrests du 2. Avril 1709. & du 18. Juillet 1721. concernant l'acquisition & affectation desdits Bois, seront executés selon leur forme & teneur, & deboute ledit Sieur Prince de Guise de ses demandes & prétentions en dédomagement depuis ledit Arrest du 18. Juillet 1721. jusqu'au jour de l'Adjudication faite pour l'ordinaire de ladite année 1730.

Du 23. Janvier 1731.

Arreſt du Conſeil, qui ordonne, que par le Sieur de Gaſville, Intendant & Commiſſaire départi en la Generalité de Roüen, il ſera procedé à la vente & adjudication au plus offrant & dernier encheriſſeur, en la maniere accoûtumée, des Pierres ou Dalles qui ſont aux environs des Dépôts des Sels de la Ville de Roüen, & qui avoient été deſtinés à paver les Greniers à Sel de ladite Ville, à la charge par l'Adjudicataire d'en remettre le prix à la Caiſſe des Fermes, pour être employé aux réparations à faire auſdits Dépôts, ſur & en déduction du prix de l'Adjudication ordonnée par l'Arreſt du 9. Fevrier 1731. &c.

Du 30. Janvier 1731.

* Arreſt du Conſeil, qui deboute les Officiers de la Juriſdiction des Traittes de la Ville d'Angers, de leur Requeſte, & ordonne que celui du 26. Decembre 1730. portant, qu'à l'avenir ceux des Officiers des Traittes ou Gabelles qui auront les premiers appoſé les Scellés dans le cas du décès des Directeurs ou Receveurs Generaux des Fermes, connoîtront par prévention des ſuites deſdits Scellés, ſera executé ſelon ſa forme & teneur, &c.

Du 30. Janvier 1731.

Arreſt du Conſeil, qui leve par grace l'interdiction prononcée contre le Sieur Douaiſé, Preſident au Grenier à Sel de Cholet en Anjou, par celui du 31. Octobre 1730. & en conſequence le renvoye aux fonctions de ſon Office, &c.

Du 30. Janvier 1731.

Arreſt du Conſeil, par lequel Sa Majeſté faiſant droit ſur l'Inſtance d'entre Joſeph Yverneau, Proprietaire des deux Offices de Meſureurs au Grenier à Sel de Dieppe & Saint

Vallery en Caux ; Et la Communauté des Marchands de la
Ville de Dieppe ; Ordonne conformément à l'avis du sieur
de Gasville, Intendant & Commissaire départi en la Generalité de Roüen, & en interprétant en tant que de besoin
l'Arrest du 18. Novembre 1727. que dix desdits Marchands
dénommés en la sommation qui leur a été faite le 27. Aoust
1728. seront tenus de payer audit Yverneau chacun pour ce qui
les concerne, la somme de trois cens quatre-vingt-seize livres
dix sols six deniers, pour le mesurage de leurs sels des années 1717. 1718. 1719. & 1720. à raison de cinq sols par muid
seulement, pour toutes peines & salaires ; Ordonne en outre conformément audit Arrest, que ledit Yverneau sera payé
par la Communauté desdits Marchands, des sommes ausquelles se trouveront monter le mesurage des emplacemens, &
relevement qu'ils ont fait faire de leurs sels de franchise depuis le 18. Novembre 1727. jusqu'au 15. Avril 1728. sur le
pied de huit sols par muid, pour raison de l'acquisition faite
par ledit Yverneau du second Office de Mesureur audit Grenier à Sel de Dieppe & de Saint Vallery en Caux, créé par
Edit de 1634. & ayant aucunement égard aux offres faites par
la Communauté des Marchands de ladite Ville de Dieppe,
de rembourser audit Yverneau le prix desdits deux Offices
dont il est pourvû, ordonne que dans huitaine après la signification qui lui aura été faite dudit Arrest, de remettre au
sieur de Gasville les Provisions, & autres Titres de proprieté
dudit Office, pour être par lui procedé à la liquidation, tant
de la Finance principale, que des frais & loyaux coûts dudit
Office de second Mesureur ; du montant de laquelle liquidation, il sera payé & remboursé par ladite Communauté,
sans que pour raison de ce ils puissent prétendre aucun remboursement ou indemnité pour raison dudit Office, qui demeurera éteint & supprimé du jour du Remboursement qui
en aura été fait, jusqu'au quel jour il continuëra de joüir desdits huit sols par muid.

Du 30. Janvier 1730.

Arrest du Conseil, qui ordonne que par les Collecteurs

de l'Impôt du Sel de la paroiſſe de Saint Criſtophe de Luart, Election de Laval, il ſera impoſé pendant l'année 1731. une ſomme de deux cens cinquante-huit livres trois ſix deniers ſur tous les Habitans de ladite Paroiſſe, au marc la livre de l'Impôt de leur Sel, laquelle ſomme ſera remiſe au nommé Michel Couſin, & aux heritiers de François Garnier, pour le rembourſement de pareille ſomme par eux payée en conſéquence d'une Sentence de ſolidité, prononcée contr'eux par les Officiers du Grenier à Sel de Sainte Suſanne, pour reſtant de l'impôt de ladite Paroiſſe, pendant l'année 1727, dont les Collecteurs ſe ſont trouvés inſolvables.

Du 30. Janvier 1731.

Arreſt du Conſeil, qui ordonne qu'à la diligence de Pierre Carlier, Ajudicataire des Fermes-Unies de Sa Majeſté, il ſera inceſſamment procedé aux Réparations du Grenier à Sel de la Ville de Paris, conformément au Devis qui en a été dreſſé par le ſieur de Coſte, & en conſéquence l'autoriſe à en faire les avances, deſquelles il lui ſera tenu compte ſur le prix de ſon Bail, en rapportant l'Expedition ou Copie collationnée dudit Arreſt, & les Quitrances ſur ce ſuffiſantes, &c.

Du 31. Janvier 1731.

Jugement Souverain, rendu par Monſieur de Vanolles, Intendant de la Generalité de Moulins, qui déclare le nommé Gilbert Fleur d'Epine, dit le Milicien, atteint & convaincu de Faux-ſaunage, avec attroupement & port d'armes, pour réparation de quoi condamne ledit Gilbert Fleur-d'E-pine, dit le Milicien, à être pendu, déclare pareillement Jean Fleur-d'Epine, dit Picot, dûement atteint & convaincu de s'être trouvé dans ledit attroupement, & d'avoir participé aux excès & violences faites aux Employés, dont un a été grievement bleſſé; pour reparation de quoy condamne ledit Jean Fleur-d'Epine, d'aſſiſter à l'execution à mort dudit Gilbert Fleur-d'Epine, ſon frere, & aux Galeres à perpetuité, préalablement fletry d'un fer chaud, portant ces lettres G. A. L. déclare les Biens deſdits

dits Gilbert & Jean Fleur-d'Epine, acquis & confisqués au Roy, ou à qui il appartiendra, & condamne en outre lesdits Fleur d'Epine en mille livres d'interests civils envers le Fermier, & aux dépens du Procès.

Du 13. Fevrier 1731.

Arrest du Conseil qui ordonne, que par le sieur de Gasville, Intendant & Commissaire départi en la Generalité de Roüen, il sera incessamment procedé à l'Adjudication au rabais & moins disant, en la maniere accoûtumée, des Ouvrages & Réparations à faire aux trois Magasins à Sel de la Ville d'Honfleur, conformémement au Procès verbal & Devis estimatif du 19. Octobre 1730. du prix desquels Ouvrages les Entrepreneurs seront payés sur les Ordonnances dudit sieur de Gasville, au fur & à mesure, ou après la reception desdits Ouvrages, par Pierre Carlier, Adjudicataire des Fermes Generales-Unies de Sa Majesté, auquel il en sera tenu compte sur le prix de son Bail, en rapportant l'Expedition ou Copie collationnée dudit Arrest, le Procès verbal & Devis estimatifs, les Procès verbaux d'Adjudication & reception desdits Ouvrages, & les Quittances des Entrepreneurs sur ce suffisantes, &c.

Du 13. Fevrier 1731.

Arrest du Conseil, qui déboute le sieur Chevalier de Sabran Baudinard, Propietaire des Salins des Embiez, des fins & conclusions de sa Requeste, tendante à ce qu'il plaise à Sa Majesté lui accorder une Pension sur la Ferme des Gabelles, pour lui tenir lieu d'indemnité desdits Salins qui ont été détruits & mis en nature de prez, &c.

Du 20 Fevrier 1731.

* Arrêt du Conseil, qui ordonne que les Officiers du Grenier à Sel d'Argentan, demeureront interdits des Fonctions de leurs Charges, jusqu'à ce qu'autrement par Sa Majesté

il en ait été ordonné ; & renvoye la connoiſſance des Procés mûs & à mouvoir dans le reſſort dudit Grenier à Sel d'Argentan, devant les Officiers de celui de Carrouges,

Du 21. Fevrier 1731.

Arreſt de la Cour des Aydes, qui reforme une Sentence des Officiers du Grenier à Sel de Montſaujeon du 15. Juin 1730. en ce que par icelle la nommée Claudine Monniot, Veuve Manniez, chez laquelle il a été fait une ſaiſie de faux ſel, par les Employés des Fermes le 27. May 1730. n'a été condamnée qu'en cent livres d'amende ; la condamne en celle de deux cens livres, & aux dépens.

Du 27. Fevrier 1731.

* Arreſt du Conſeil, qui ordonne, conformément à l'avis des Sieurs Intendans & Commiſſaires départis dans les Départemens de Limoges & d'Angouleſme, que l'Arreſt du trente Aouſt mil ſix cent ſoixante & deux, ſera executé ſelon ſa forme & teneur ; en conſéquence ſupprime les Droits de Peages prétendus par la Demoiſelle de Langallerie, tant en argent ſur les Batteaux chargés de Marchandiſes qu'en nature ſur les Batteaux chargés de Sel, qui paſſent ſur la Riviere de Charente, au pas du Sault de l'Etang, dans le lieu de la Motte Charente, Paroiſſe de Nerſac, près Angouleſme, leſdits Droits conſiſtans en trente ſols par Batteau chargé de toutes ſortes de Marchandiſes, & en un boiſſeau de ſel ſur chacun Batteau qui s'en trouve chargé ; lui fait très-expreſſes inhibitions & défenſes de les percevoir à l'avenir ſous aucun pretexte ; lui enjoint de laiſſer en tout tems la Navigation de ladite Riviere libre audit Pas-du-Sault de l'Etang, enſemble les marche-pieds de ladite Riviere pour le tirage des Batteaux, conformément aux diſpoſitions de l'Ordonnance du mois d'Aouſt 1669. concernant les Eaux & Foreſts ; le tout à peine contre ladite Demoiſelle de Langallerie, de reſtitution des Droits qui auroient été exigés, des dommages & intereſts des Marchands & Maîtres Gabariers, & d'une amende au profit de Sa Majeſté, & contre ſes Fermiers ou Rece-

veurs, d'être poursuivis extraordinairement comme concul-
sionnaires, & punis suivant la rigueur des Ordonnances, sauf
auxdits Marchands & Maîtres des Gabares, de faire remonter
leurs Batteaux par des hommes ou par des bœufs, ainsi qu'ils
le jugeront à propos ; Ordonne en outre que dans trois mois
le sieur Aubert de Tourny, Intendant en la Generalité de
Limoges, fera faire par Experts qui seront nommés par ladite Demoiselle de Langallerie, & par le Syndic des Marchands d'Angoulesme, frequentans ladite Riviere, la visite
dudit Pas du Sault de l'Etang, à l'effet de constater si la Chauf-
fée & l'Ecluse sont absolument nécessaires, pour rendre ladite Riviere navigable audit lieu, de laquelle Visite, ensemble des dires, requisitions & contestations des Parties,
sera dressé Procès verbal par ledit sieur Intendant, pour icelui rapporté avec son avis, être ordonné par Sa Majesté ce
qu'il appartiendra, &c.

Du 6. Mars 1731.

* Arrest du Conseil, qui casse & annulle celui de la Cour
des Aydes de Paris, du 19. Juillet 1730, & tout ce qui s'en
est ensuivi, & ordonne que la Sentence des Officiers du Grenier à Sel du Pouancé du 26. Aoust 1729. portant condamnation de l'amende de deux cens livres, contre la Veuve
Desgrais, & René Desgrais son fils, chez lesquels il s'est trouvé du faux sel pour leur usage, sera executée selon sa forme
& teneur, &c.

Du 20. Mars 1731.

Arrest du Conseil, qui appouve l'Adjudication des Ouvrages à faire pour la reconstruction du Pont de Ponchara,
sur la Riviere ou Torrent de Breda, & conformément à l'a-
vis du sieur de Fontanieu, Intendant & Commissaire départi
en Dauphiné, ordonne que l'Entrepreneur desdits Ouvrages
sera payé du montant de ladite Adjudication sur les Ordonnances dudit sieur Commissaire, au fur & à mesure, ou après
la reception desdits Ouvrages, par Pierre Carlier, Adjudicataire des Fermes Generales-Unies, dont il lui sera tenu

compte fur le prix de fon Bail , en rapportant l'Expedition
ou Copie collationnée dudit Arreſt , les Procès verbaux
d'Adjudication & de reception deſdits Ouvrages , les Ordonnances dudit ſieur Commiſſaire départi , & les Quittances
ſur ce ſuffiſantes , &c.

Du 20. Mars 1731.

Arreſt du Conſeil , rendu ſur l'avis des Sieurs Commiſſaires départis dans les Generalités de Poitiers & Limoges , qui
ſupprime le Droit de Péage prétendu par le Sieur de Saint
Hermine , conſiſtant en un demi-Boiſſeau de Sel par chaque
Gabarre chargée de Sel , & cinq ſols par Batteau chargé
d'autres Marchandiſes , montant ſur la Rivierre de Charente,
& paſſant au Pas du Fa, dans ſa Seigneurie de Cireüil , Generalité de Limoges, lui fait défenſe d'en percevoir à l'avenir
aucun ſur ladite Riviere de Charente, ſoit à titre de péage , de
trait & ſous quelque autre dénomination que ce ſoit ; lui enjoint de laiſſer en tout tems la navigation de ladite Riviere
libre dans l'étenduë de ladite Seigneurie de Cireüil ; enſemble les marche-pieds de ladite Riviere pour le tirage des Batteaux , conformément aux diſpoſitions de l'Ordonnance du
mois d'Août 1669. concernant les Eaux & Forêts : le tout à
peine contre ledit Sieur de Saint Hermine , de reſtitution des
Droits qui auroient été exigés , des dommages & interêts
des Marchands & Maîtres Gabariers , & d'une amende au
profit de Sa Majeſté, & contre ſes Fermiers ou Receveurs,
d'être pourſuivis extraordinairement comme Concuſſionnai-
res , & punis comme tels , ſuivant la rigueur des Ordonnances ; & ordonne que dans trois mois ledit Sieur Intendant de
ladite Generalité de Limoges , fera faire la viſite dudit Pas
du Fa par Experts & gens à ce connoiſſans , qui ſeront nommés par ledit Sieur de Saint Hermine , & par le Syndic des
Marchands d'Angoulême , frequentant ladite Riviere, ſinon
pris & nommés d'office par ledit Sieur Intendant ; à l'effet de
conſtater l'état dudit Pas, s'il n'eſt pas trop élevé, & ſi l'ouverture de l'Ecluſe eſt d'une largeur ſuffiſante pour le paſſage
ſûr & commode en tout tems des Gabarres & Batteaux, de

de laquelle viſite, enſemble des dires, requiſitions & con-
teſtations des Parties, ſera dreſſé Procès verbal par ledit Sieur
Intendant, pour icelui rapporté au Conſeil avec ſon avis,
être ordonné par Sadite Majeſté ce qu'il appartiendra, &c.

Du 27. Mars 1731.

Arreſt du Conſeil, qui ordonne avant faire droit ſur la
Requeſte de Pierre Carlier, Adjudicataire des Fermes Generales-Unies, que M. le Procureur General du Parlement
de Bretagne, envoyera à M. le Controlleur General des Finances, les motifs de celui de ladite Cour, du 22. Septembre 1730. rendu ſur l'appel interjetté par Jean Gohin, dit du
Houx, Faux-Saunier, de la Paroiſſe de Fougerolles, Province du Grand Mayne, de la Sentence renduë par les Officiers du Dépôt à Fougeres, le 4. Août 1730. par laquelle il
a été debouté de l'inſcription de faux par lui formée & dé-
noncée au Procureur du Roi, & condamné en cinq cens
livres d'amende; pour leſdits motifs vûs & examinés, être par
Sa Majeſté ordonné ce qu'il appartiendra : toutes choſes juſqu'à ce demeurant en état, &c.

Du 24. Avril 1731.

Arreſt du Conſeil, par lequel Sa Majeſté ayant égard à la
Requeſte preſentée par le Sieur Bourbonne, Receveur au
Grenier à Sel de Langres, ordonne que ledit Sieur Bourbonne ſera déchargé des douze cens ſoixante-dix-huit livres
onze ſols neuf deniers, qui lui ſont demandés par les cautions de Louis Bourgeois, ci-devant Adjudicataire des Fermes Generales, pour forcement d'augmentations d'eſpeces,
& qu'il ſera payé auſdites cautions pareille ſomme de douze
cens ſoixante-dix-huit livres onze ſols neuf deniers, par le
Garde du Treſor Royal en exercice, des fonds à ce deſtinés,
pour leur remplacement, de la déduction qui a été faite de
cette même ſomme ſur les diminutions d'eſpeces qui leur
étoient dûës lors de la liquidation ordonnée par Arrêt du 27.
Mai 1727.

Du 24. Avril 1731.

'Arrest du Conseil, qui deboute François Gallouin Mesureur au Grenier à Sel d'Ernée, de l'opposition par lui formée à l'execution de ceux des 5. Septembre & 5. Decembre 1730. ordonne qu'ils seront executés selon leur forme & teneur, & en consequence qu'il sera passé outre à la verification du Sel saisi sur ledit Gallouin par Procès verbal du 13. Juillet 1729. devant les Juges du Grenier à Sel d'Ernée, pour sur icelle être par lesdits Juges ordonné ce que de raison, sauf l'appel à la Cour des Aydes, &c.

Du 24. Avril 1731.

'Arrest du Conseil, qui liquide à la somme de soixante & douze mille huit cens treize livres dix-neuf sols neuf deniers l'indemnité dûë à Pierre Carlier, Adjudicataire General des Fermes de Sa Majesté, dont celle des Gabelles & Saline de Franche-Comté font partie, pour le supplement du prix des Sels par lui fournis aux Cantons Suisses Catholiques en consequence des Traités entre Sa Majesté & eux, ainsi qu'au Chapitre de Besançon pendant la troisiéme année de son Bail, commencée le premier Octobre 1728. & finie le dernier Septembre 1729. pour valeur de laquelle somme de soixante & douze mille huit cens treize livres dix-neuf sols neuf deniers, ordonne qu'il sera expedié au profit dudit Carlier une Ordonnance de comptant sur le Garde du Tresor Royal, qui lui sera payée en une quittance dudit Garde du Tresor Royal, à la décharge du prix de son Bail, en vertu dudit Arrest seulement, & que les quittances desdits Cantons Suisses, & dudit Chapitre de Besançon, avec l'ordre du Sieur de Bonnac, le tout au nombre de douze Piéces, seront annexés à la Minutte dudit Arrest, & déposés au Greffe du Conseil, pour y avoir recours si besoin est, &c.

Du 8. Mai 1731.

Arrest du Conseil, qui ordonne avant faire droit sur la Requeste presentée par Pierre Carlier, Adjudicataire General des Gabelles & autres Fermes-Unies de Sa Majesté, qu'elle sera communiquée au Sieur de la Tour, Proprietaire des Greniers à Sel de la Ville de Nismes, dont il demande une augmentation de cent livres de loyer. Pour y fournir de réponse & remettre ses Réponses & Piéces dans deux mois pour tout délai, ès mains du Sieur Controlleur General des Finances, pour lesdites Réponses vûës, ou à faute par ledit Sieur de la Tour de les remettre dans ledit délai, être par Sa Majesté ordonné ce qu'il appartiendra : toutes choses jusqu'à ce demeurant en état, &c.

Du 8. May 1731.

Arrest du Conseil, qui évoque & renvoye à la Cour des Aydes de Paris, les Procedures & Informations qui pourroient avoir été commencées en quelque Jurisdiction que ce soit, pour raison des mauvais traitemens faits aux Employés de la Sous-Brigade des Fermes, établis à Creil le 23. Avril 1731. par le Sieur Chevalier de Vendeüil, & plusieurs Habitans de la Paroisse de Dieu-Donné, pour à la Requeste, poursuite & diligence de M. le Procureur General de ladite Cour, y être le Procès fait & jugé souverainement & en dernier ressort, aux Auteurs & complices des excès mentionnés dans le Procès verbal desdits Employés, dudit jour 23. Avril 1731. attribuant à cet effet à ladite Cour des Aydes toute Cour, Jurisdiction & connoissance, & icelle interdisant à toutes ses Cours & autres Juges : Ordonne que les Procedures qui pourroient avoir été commencées, seront incessamment envoyées au Greffe de ladite Cour : à ce faire tous Greffiers & Depositaires contraints, quoi faisant ils en demeureront quittes & déchargés.

Du 8. Mai 1731.

* Arrest du Conseil, qui declare communs avec les Officiers du Bureau des Finances de Caën, l'Arrêt du Conseil du 3. Juillet 1725. servant de Reglement entre les Officiers du Bureau des Finances d'Orleans, & les Officiers des Elections & Greniers à Sel de ladite Generalité; ensemble ceux rendus pour les Officiers des Bureaux des Finances de Bourges, Tours, Lyon, Poitiers & Châlons, les 19. Août, 16. Decembre 1727. 2. Mars 1728. 7. Fevrier & 9. Mai 1730. en consequence ordonne, que le Sieur Dezeret, Juge-Garde des mesurages, dépôts, & envois des Sels, & Controlleur au Grenier à Sel de Caën, & tous ceux desdits Officiers qui auront negligé de faire enregistrer leurs provisions, & de prêter serment audit Bureau des Finances de Caën, seront tenus d'y satisfaire dans quinzaine du jour de la signification qui leur sera faite dudit Arrest, & de payer pour ce les Droits ordinaires & accoûtumés, à peine de radiation de leurs gages, & de suspension de leurs Offices, &c.

Du 15. Mai 1731.

Arrest du Conseil, portant que les Consuls de la Ville d'Arles continuëront de délivrer des Billets aux Pescheurs, comme aux autres Habitans, pour lever le Sel necessaire pour leur consommation & celle de leur famille, & d'autres Billets pour leurs salaisons : sçavoir, pour la salaison d'un quintal d'Anguilles, quarante livres de Sel, poids de table ; pareille quantité de quarante livres pour la salaison d'un quintal de Carpes, Muges-Loups & autres Poissons de semblable qualité, lorsqu'ils en feront des salaisons pendant les mois de Juin, Juillet & Août ; & trente livres seulement, lorsqu'ils feront les salaisons de cette derniere espece de Poissons pendant les autres saisons de l'année ; & vingt livres seulement pour la salaison d'un quintal de Sardines, Melettes, Maquereaux, Finants & autres petits Poissons : Qu'il sera delivré à chaque Chiourme de Pescheurs sur les Billets desdits

dits Confuls fix Emines de Sel, pour commencer leurs falaifons ; à l'effet de quoi lefdits Pefcheurs feront tenus de repréfenter aux Commis de l'Adjudicataire, le Poiffon frais qu'ils voudront faler dans la Ville, & d'en fouffrir la vifite après qu'il aura été falé ; & à l'égard des Pefcheurs qui feront des falaifons de poiffons à la campagne, qu'ils feront feulement tenus de le repréfenter une feule fois aux Commis dudit Adjudicataire, & d'en fouffrir la vifite, après qu'il aura été falé. Permet aufdits Confuls de délivrer, comme par le paffé, aux Chaircuitiers de ladite Ville & du Territoire, des Billets, ainfi qu'aux autres Habitans, pour lever le Sel neceffaire pour leur confommation & celle de leur famille, & d'autres Billets, pour lever au premier Juin & au premier Août le Sel, dont ils pourront avoir befoin pour leurs falaifons, à raifon de trente livres de Sel, poids de table, pour la falaifon d'un quintal de chair. Et d'autant que les quantités de Sel ci-deffus fixées pour la falaifon des chairs pourroient n'être point fuffifantes, permet aufdits Confuls de donner dans le cours de l'année aufdits Chaircuitiers des Billets, pour lever par augmentation le Sel, dont ils juftifieront avoir befoin, lorfque celui par eux levé, aura été entierement confommé, duquel Sel levé par augmentation, il fera fait mention par l'un des Confuls, tant fur l'Etat de dénombrement, & en marge de chaque article, que fur le double qui en fera délivré au Controlleur des Gabelles, lequel, lors de la délivrance du Sel, fera mention des charges en marge de chaque article, au fur & à mefure des endoffemens qu'il mettra fur les Billets de Gabellemens. Enjoint en outre aufdits Confuls, de remettre au plus tard dans le courant du mois de Fevrier de chacune année au Commis de l'Adjudicataire des Fermes, un état de dénombrement appellé communément Regiftre fexté, qui contiendra les noms, qualités & emplois des Habitans de ladite Ville & du Territoire, le nombre de perfonnes dont chacune famille eft compofée, & le nombre de leurs Beftiaux, fuivant & conformément aux difpofitions de l'Ordonnance des Gabelles de 1680. & autres Reglemens depuis intervenus fur ce fait.

Du 22. Mai 1731.

Arreſt du Conſeil, qui ſubroge le Sieur de la Galaiſiere, Intendant & Commiſſaire départi en la Generalité de Soiſſons, au lieu & place du Sieur Daube, pour continuer à inſtruire & juger ſouverainement & en dernier reſſort le Procès aux nommés Gilles Groulard, Charles Poulet, & Jean le Fevre & autres auteurs & complices de la rebellion arrivée au Village de Menevret le 11. Decembre 1728. contre les Brigadier & Archers de la Maréchauſſée, qui s'y étoient tranſportés à l'effet d'y arrêter leſdits ſuſnommés, en execution des ordres du Roi, circonſtances & dépendances; évoquant à cet effet les Procedures, qui pourroient avoir été commencées à ce ſujet en quelque Juriſdiction que ce ſoit, & icelles renvoyant pardevant ledit Sieur de la Galaiſiere, pour être le tout par lui jugé, en appellant avec lui le nombre d'Officiers ou Gradués requis par l'Ordonnance, lui attribuant à cet effet toute Cour, Juriſdiction & connoiſſanoe; & icelle interdiſant à toutes ſes Cours & Juges.

Du 22. May 1731.

Arreſt du Conſeil, qui ordonne que la Chambre à Sel établie à Salliagouſe, ſera inceſſamment transferée au Montloüis, à l'effet de quoi & pour que les Habitans de ladite Ville de Salliagouſe, & des lieux circonvoiſins du côté de l'Eſpagne, puiſſent ſe pourvoir commodément du Sel neceſſaire à leur conſommation, il ſera établi des Regrats dans ladite Ville, & dans les autres lieux qui ſeront jugés convenables, &c.

Du 29. May 1731.

Arreſt du Conſeil, qui fait main-levée aux Parties prenantes, employées dans les Etats des Charges aſſignées ſur les Salines du Comté de Bourgogne, des ſaiſies faites par le ſieur de Santans, Preſident en la Chambre des Comptes de Dole, fils & heritier de feu ſieur de Santans ſon pere, ci-devant Tresorier, Payeur desdites Charges, entre les mains du sieur Marquis, actuellement Tresorier Payeur des mêmes Charges; Ordonne que ledit sieur de Santans fils, se retirera pardevant le sieur de la Neuville, Intendant & Commissaire départi en la Province du Comté de Bourgogne, pour dresser en sa presence un Etat détaillé des Parties prenantes qui ont été payées, soit en Especes ou en Billets de Banque, de ce qui pouvoit leur être dû anterieurement à l'année 1720. sçavoir, de l'année 1718. depuis le 21. Mars 1720. & de l'année 1719. depuis le 25. Juillet de ladite 1720. pour ledit Etat arrêté par ledit sieur de la Neuville, & signé dudit sieur de Santans, vû & rapporté avec l'avis dudit sieur Commissaire sur ledit Etat, être par Sa Majesté ordonné ce qu'il appartiendra.

Du 29. May 1731.

Arrest du Conseil, portant qu'avant faire droit sur la Requeste du sieur Janneret, l'un des Receveurs des Sels que Sa Majesté fait fournir annuellement aux Cantons Suisses, que ledit Janneret sera admis à faire à ses frais & dépens dans la Saline de Salins, l'Epreuve de la Machine qu'il a inventé, au moyen de laquelle il prétend rendre la formation du Sel plus prompte, avec un tiers moins de bois que celui qui se consomme, & sans alterer la qualité du Sel, & de la maniere qu'il est expliqué dans sa soumission; ordonne que cette Epreuve ayant tout le succès promis, il en soit fait Epreuve de comparaison dans ladite Saline de Salins, & dressé Procès verbal en bonne forme, en presence des Directeurs, Commis, Employés & Ouvriers de ladite Saline, par le sieur Intendant & Commissaire départi dans le Comté de Bourgogne, pour ledit Procès verbal vû & examiné, avec l'avis dudit sieur Commissaire départi, être par Sa Majesté fait droit sur la Requeste dudit Janneret, &c.

Du 29. May 1731.

Resultat du Conseil, portant Bail à Pierre Carlier & à Nicolas Desboves, des Droits Domaniaux & autres, établis &

D ij

à établir dans la Principauté d'Orange , réünie à la Couronne par l'Echange fait avec M. le Prince de Conty , le 23. Avril 1731. aux prix , charges , clauses & conditions y portées.

Du 29. May 1731.

Arrest du Conseil , qui ordonne qu'en attendant l'expedition , Sceau & Enregistriment où besoin sera, du Resultat du même jour, Pierre Carlier & Nicolas Desboves , Adjudicataires des Fermes Generales de Sa Majesté , joüiront successivement des Domaines & Droits Domaniaux de la Principauté d'Orange & dépendances, contenus dans le Bail passé le 26. Septembre 1723. par Loüis-Armand de Bourbon, Prince de Conty , à Maistre Loüis Crozat , & encore des Gabelles & autres Droits qui se levent dans l'étenduë de la Province du Dauphiné , au profit de Sa Majesté , & qui sont compris dans le Bail General des Fermes - Unies fait ausdits Carlier & Desboves , pour le tems mentionné audit Resultat : Veut que lesdits Droits soient payés ausdits Carlier & Desboves, leurs Sous-Fermiers , Procureurs , Commis & Préposés , aux Bureaux pour ce établis & à établir , à quoi faire les Debiteurs seront contrairrs par les voyes ordinaires pour les deniers & affaires de Sa Majesté , & que lesdits Carlier & Desboves , pourvoyent à tout ce qu'ils estimeront necessaire pour l'entiere & paisible joüissance desdits Droits , & enjoint au sieur Intendant & Commissaire départi dans la Province de Dauphiné , & aux Juges ordinaires des Fermes , de mettre en possession desdits Droits , lesdits Carlier & Desboves , leurs Sous - Fermiers , Procureurs & Préposés , & de tenir la main à l'execution d'icelui , nonobstant toutes oppositions ou appellations , dont si aucunes interviennent , Sa Majesté s'en reserve la connoissance & à son Conseil , & icelle interdit à toutes ses Cours & autres Juges , &c.

Du 29. May 1731.

Arrest du Conseil & Lettres Patentes , qui exemptent de tous Droits les Marchandises & Denrées qui passeront de la

Principauté d'Orange dans le Dauphiné, & reciproquement celles qui passeront du Dauphiné dans la Principauté d'Orange; Ordonnent qu'il sera établi dans la Ville d'Orange un Grenier, dans lequel le Sel y sera vendu & distribué aux Habitans de la Principauté, au prix qu'il est délivré aux Habitans de Dauphiné dans le Grenier d'Avignon, suivant la fixation portée par l'Etat arrêté au Conseil le 19. Aoust 1726. Qu'il sera pareillement établi des Bureaux pour la levée & perception dans ladite Principauté d'Orange, & dépendances, des mêmes Droits qui se levent actuellement dans le reste de la Province de Dauphiné au profit de Sa Majesté, & qui sont compris dans le Bail general des Fermes-Unies, fait à Pierre Carlier; à l'effet de quoi les Edits, Declarations, Arrests & Reglemens concernans lesdits Droits, & ceux de la Ferme du Tabac, seront executés dans l'étenduë de ladite Province.

Du 12. Juin 1731.

Arrest du Conseil, qui commet M. Chauvelin, Intendant & Commissaire départi en la Generalité d'Amiens, pour instruire & juger le Procès, conformément à l'Ordonnance & Reglement des Gabelles, & notamment à la Declaration du Roy du 5. Juillet 1704. aux nommés Jean Difon, Loüis Massé, François Blot, Pierre Massé, André Bourgeois & Lievin Dannet, & à leurs complices, du Faussaunage mentionné dans le Procès verbal des Employés des Fermes de la Brigade d'Auxy-le-Chasteau, des 3. & 4. May 1731. évoque les Procedures qui pourroient avoir été commencées pour raison de ce en quelque Jurisdiction que ce soit, & icelles circonstances & dépendances, renvoye pardevant ledit sieur Chauvelin, pour être le tout par lui jugé souverainement & en dernier ressort, en appellant avec lui le nombre de Gradués requis par l'Ordonnance, lui attribuant à cet effet toute Cour, Jurisdiction & connoissance, & icelle interdisant à toutes ses Cours & Juges; permet audit sieur Chauvelin de subdeleguer pour l'instruction, & de commettre pour faire les fonctions de Procureur du Roy de la Commission, tels Officiers ou Gradués qu'il voudra choisir; or-

donne que les Informations & autres Procedures, si aucunes ont été faites, seront remises au Greffe de ladite Commission, à ce faire tous Greffiers & Dépositaires contraints,
quoi faisant, ils en demeureront bien & valablement déchargés.

Du 12. Juin 1731.

Arrest du Conseil, qui ordonne que par les Collecteurs de
l'Impôt du Sel de la paroisse de Pellouaille, il sera imposé
pendant l'année 1731. une somme de trois cens quatre-vingt-
dix-sept livres quinze sols deux deniers, sur tous les Habitans
de ladite Paroisse, au marc la livre de l'Impost de leur Sel,
laquelle somme sera remise aux nommés Deschamps, de
Corée, Daburon & Poitiers, pour le remboursement de pareille somme par eux payée en conséquence d'une Sentence
de solidité, prononcée contr'eux par Sentence des Officiers
du Grenier à Sel d'Angers, du 5. Decembre 1730. pour restant de l'impôt du Sel de ladite Paroisse, pendant l'année
1727. dont les Collecteurs de ladite année se sont trouvés
redevables.

Du 12. Juin 1731.

Arrest du Conseil, qui ordonne que par Monsieur Fagon,
Conseiller d'Estat ordinaire & au Conseil Royal, Intendant des
Finances, les Scellés par lui apposés dans la maison de défunt le
sieur Estienne le Cordier, chargé du Recouvrement du Droit
d'un pour cent, ordonné par Declaration du 11. Novembre
1727. être levé & perçû par les Receveurs des Bureaux de la
Ferme du Domaine d'Occident en France, seront par lui reconnus & levés en presence de la Dame Veuve dudit le Cordier;
qu'une assignation de cent treize mille deux cens quarante-six
livres seize sols deux deniers, rapportée par le sieur de Selle,
Treforier de la Marine, & qui avoit été mise dans le coffre fort dudit défunt le Cordier, en sera tirée pour être remise avec les Registres de Recette & Dépense dudit sieur le
Cordier, au sieur Hamel, chargé par Arrest du Conseil du
huit May 1731. de rendre les Comptes dudit sieur le Cordier,
à la charge toutesfois que les Scellés qui avoient été appo-

ſés dans ledit Cabinet ou Caiſſe par le Commiſſaire Cleret, en preſence dudit ſieur Fagon, ſeront rétablis & reappoſés de la même maniere qu'ils ont été trouvés par ledit ſieur Fagon, lors de ſes Procès verbaux des 29. Avril & 4. May 1731. à l'exception toutefois dudit Coffre fort, ſur lequel il ne ſera appoſé aucuns Scellés, & dont du tout ſera dreſſé Procès verbal particulier par ledit ſieur Fagon.

Du 19. Juin 1731.

* Arreſt du Conſeil, qui reçoit les repreſentations faites par le ſieur Marion de Givry, contre l'Arreſt du Conſeil du ſept Mars 1730. & contenant un nouveau Tarif pour le Droit de Peage à Givry ſur la Riviere de Loire, Generalité de Moulins, lequel Droit de Peage conſiſte entr'autres en dix ſols pour chacun Chalant ou Sentine-mere, chargé de Sel en telle quantité que ce ſoit, ſans qu'il puiſſe être rien perçû ſur les Alleges.

Du 26. Juin 1731.

Arreſt du Conſeil, qui commet Monſieur de la Briffe, Conſeiller d'Eſtat, Intendant du Duché de Bourgogne, pour inſtruire & juger le Procès aux auteurs & complices du meurtre commis en la perſonne du nommé Erard fils, & des excès commis envers le nommé Erard pere & ſa femme, de la Paroiſſe de Millay, par les Employés des Fermes poſtés à Châteauchinon, circonſtances & dépendances; évoque & renvoye pardevant ledit ſieur de la Briffe, les Procedures qui pourroient avoir été commencées pour raiſon de ce, tant pardevant le Juge du lieu de Millay, & devant le ſieur Lieutenant Criminel à Autun, que devant les Officiers du Grenier à Sel de ladite Ville, pour le tout être par lui jugé ſouverainement & en dernier reſſort, en appellant avec lui le nombre de Gradués requis par l'Ordonnance, lui attribuant à cet effet toute Cour, Juriſdiction & connoiſſance; & permet audit ſieur de la Briffe de ſubdeleguer pour l'inſtruction, & de commettre pour faire les fonctions de Procureur du Roy, tels Officiers

ou Gradués qu'il voudra choisir ; Ordonne en outre que les
procedures commencées dans quelque Jurisdiction que ce
soit , seront incessamment envoyées au Greffe de ladite Commission ; à ce faire tous Greffiers & Dépositaires contraints ,
quoi faisant, il en seront & demeureront bien & valablement
déchargés.

Du 3. Juillet 1731.

Arrest du Conseil , qui évoque à icelui l'Instance actuellement pendante en la Cour des Aydes de Roüen, entre Pierre
Carlier , Adjudicataire des Fermes Generales-Unies , & les
nommés Bonfort , Bellanger , le Mœuf & Robillard , Ma-
telots , retenus dans les Prisons de Roüen , pour avoir été arrêtés avec une Barque de faux Sel dans le Port du Havre ,
sous pretexte de relâche forcé , & icelle circonstances
& dépendances , renvoye pardevant le sieur Goujon de
Gasville , Intendant & Commissaire départi en la Generalité
de Roüen , pour y être le tout par lui jugé souverainement &
en dernier ressort , en appellant avec lui le nombre de Gradués requis par l'Ordonnance , Sa Majesté lui en attribuant
à cet effet toute Cour , Jurisdiction & connoissance , icelle
interdisant à toutes ses Cours & Juges ; fait défenses aux Parties de proceder sur ladite Instance , ailleurs que pardevant
ledit sieur de Gasville, à peine de nullité, cassation de procedures , & de tous dépens , dommages & interests ; Ordonne en
outre que les Procedures concernant ladite Instance , seront
incessamment remises au Greffe dudit sieur Commissaire départi ; à ce faire , tous Greffiers & Dépositaires contraints ,
quoi faisant déchargés , & que ledit Arrest sera executé
nonobstant opposition , recusation , prise à Partie , ou autres
empêchemens quelconques, dont si aucuns interviennent, Sa
Majesté se reserve & à son Conseil la connoissance , & icelle
interdit à toutes ses Cours & Juges , &c.

Du 3. Juillet 1731.

Arrest du Conseil , qui confirme deux Sentences des Officiers du Grenier à Sel de Buzançois , des 29. Avril 1729. &

16.

16. Juin 1730. & deux autres renduës par ceux du Grenier à Sel de la Chaſtre le 25. Novembre 1730. ordonne, que les ſommes y mentionnées ſeront réimpoſées au marc la livre de l'Impôt du Sel , & à la marge des Rolles dudit Impôt de l'année 1731. ſur chacune des Paroiſſes de Palluau , de Luant & Verneüil , par les Collecteurs de l'Impôt du Sel deſdites Paroiſſes ; ſçavoir , quatre cens ſix livres huit ſols , ſur celle de Palluau , pour l'inſolvabité de Charles Morand , Collecteur pendant l'année 1727. cent quatre-vingt-douze livres un ſol trois deniers , ſur celle de Luant , pour l'inſolvabilité de Blaiſe Landillon , Collecteur du Sel de l'année 1728. cent ſoixante-cinq livres douze ſols dix deniers , ſur celle de Verneüil , pour l'inſolvabilité de Germain Boirin , Collecteur du Sel de ladite année 1728. pour être leſdites ſommes remiſes ; ſçavoir , quatre cens ſix livres huit ſols , aux nommés de la Haye , le May , Torchot & Toulombeau , Habitans de Palluau ; celle de cent quatre-vingt - douze livres un ſol trois deniers , aux nommés Lignoux , Gautier , Duris & du Pouſier , Habitans de Luant , qui en ont fait les avances , & au Receveur du Grenier à Sel de la Chaſtre , celle de cent ſoixante-cinq livres douze ſols dix deniers , attendu que cette ſomme n'a point été payée par les Habitans de la Paroiſſe de Verneüil , par l'inſolvabilité dudit Boüin Collecteur.

Du 3. Juillet 1731.

Arreſt du Conſeil , qui déboute le ſieur de Caraman, Meſtre de Camp du Regiment de Berry Cavalerie , de ſa demande , tendante à êtredéchargé du payement d'une ſomme de ſix cens quatre-vingt-dix livres à lui demandée par les Officiers du Bureau des Finances de Montpellier auſquels elle appartient , en conſéquence de l'acquiſition par eux faite des Droits attribués aux Offices de Verificateurs des Francs-Salés, réünis audit Bureau des Finances par Edit du mois de Juin 1707. & ce pour raiſon de ſoixante-neuf Minots de Franc-ſalé , dont ledit ſieur de Caraman a droit de joüir.

Du 10. Juillet 1731.

* Arreſt du Conſeil , qui ſupprime la Portion prétenduë par le ſieur de Noalhes , dans le Droit de Peage ſur la Riviere du Rhône , appellé le Peage des Gentilhommes de Bais en Vivarais , conſiſtant en dix ſols par Batteau chargé de Sel , & en un denier pite par gros Muids de Sel remontant le Rhône.

Du 10. Juillet 1731.

* Arreſt du Conſeil , qui ſupprime la Portion du Droit de Peage , tant en Sel qu'en argent , prétenduë par le ſieur de Banne de la Batie du Verre , ſur les Batteaux chargés de Sel , montant & deſcendant ſur le Rhoſne , devant le lieu de Bais ſur Bais en Vivarais.

Du 10. Juillet 1731.

* Arreſt du Conſeil , qui ſupprime le Droit de Peage , prétendu par les Cordeliers de la Ville de Libourne en Guyenne , conſiſtant en une Mine de Sel ſur chaque Barque ou Batteau , arrivant & déchargé au Port de ladite Ville.

Du 17. Juillet 1731.

Arreſt du Conſeil , qui ſubroge Monſieur de Leſſeville , Intendant & Commiſſaire départi en la Generalité de Tours , au lieu & place de Monſieur de Pommereu , pour l'execution de celui du 5. Septembre 1730. qui avoit commis ledit Sieur de Pommereu , ci-devant Intendant en la Generalité de Tours , pour inſtruire & juger ſouverainement & en dernier reſſort , le Procès aux auteurs & complices de l'aſſaſſinat commis le 29. Juillet précedent , en la perſonne de Jean le Meignan , Laboureur du lieu de la Chedaniere , Paroiſſe de Villiers-Charlemagne , Election de Châteaugontier , Generalité de Tours , circonſtances & dépendances , en appellant avec lui le nombre de Gradués requis par l'Ordonnance ,

Sa Majesté lui ayant attribué à cet effet toute Cour, Jurifdiction & connoissance, & icelles interdit à toutes ses
Cours & Juges, &c.

Du 31. Juillet 1731.

Arrest du Conseil qui commet le Sieur de la Neuville,
Intendant & Commissaire départi au Comté de Bourgogne,
pour être par lui procedé à l'Adjudication au rabais des Ouvrages & Travaux à faire, pour l'établissement de sept grandes
Chaudieres dans le Terrain des quatre Bernes de Martel-
let, Beauregard, grand Bief & la Salle, dépendant de la
gran de Saline de Salins, lesquelles seront de la même lon-
gueur & largeur qu'est actuellement la Chaudiere de la Berne
du Creux ; ordonne que les vingt-uné petites Chaudieres qui sont dans ladite grande Saline, demeureront sup-
primées, en sorte neanmoins que la suppression de trois petites
Chaudieres ne puisse être faite que lorsque l'une des grandes
sera construite, & ce pour ne point causer d'interruption dans
la formation des Sels ; Que les trois Rerservoirs qui sont
vis-à-vis de la Berne de la Salle seront démolis & comblés,
& le terrain pavé, & que les Adjudicataires desdits Ouvrages, seront payés à mesure ou après la reception d'iceux, par
Pierre Carlier, Adjudicataire General des Fermes, & ce sur
les Ordonnances dudit sieur Intendant, & qu'il sera tenu
compte audit Carlier sur le prix de son Bail, des sommes
ausquelles se trouveront monter lesdits Ouvrages, en rapportant par lui copie collationnée dudit Arrest, les Devis
& Adjudications, l'Acte de reception desdits Ouvrages, les
Ordonnances dudit sieur Intendant, & Quittances desdits
Adjudicataires ; & que pour le montant d'icelles il lui sera
expedié une Ordonnance de Comptant sur le Garde du Tresor Royal en Exercice, pour la valeur de laquelle il lui sera
donné une Quittance à la décharge de son Bail.

Du 31. Juillet 1731.

Arrest du Conseil, par lequel Sa Majesté ayant égard à la

Requeſte preſentée par Pierre Carlier, Adjudicataire General des Fermes - Unies, ordonne que les Pieces mentionnées en icelui, au nombre de onze, cottées & paraphées par premiere & derniere, au ſujet de l'acquiſition du terrain propoſé pour l'élevation des Greniers & Dépôts neceſſaires au Bourg de Gacé, Generalité d'Alençon, ſeront remiſes au Greffe du Conſeil, & annexées à la Minutte d'icelui, enſemble l'Etat deſdites Pieces, ſigné & certifié de quatre des Cautions dudit Pierre Carlier ; & ordonne en outre que du montant dudit Etat, il ſera expedié au profit dudit Carlier, une Ordonnance de Comptant ſur le Garde du Treſor Royal en Exercice, de la ſomme de ſix mille cinq cens livres, laquelle lui ſera payée en une Quittance Comptable, ſur & en déduction du prix de ſon Bail, en vertu d'icelui ſeulement, moyennant quoi Sa Majeſté en demeurera bien & valablement quitte déchargée, &c.

Du 31. Juillet 1731.

Arreſt du Conſeil, par lequel Sa Majeſté ayant égard à la Requeſte preſentée par Pierre Carlier, Adjudicataire General des Fermes-Unies, ordonne que les Pieces mentionnées en icelui au nombre de trente-quatre, cottées & paraphées par premiere & derniere, concernant la reconſtruction du Grenier à Sel de la Ville de Châteaudun, incendié, ſeront remiſes au Greffe du Conſeil, & annexées à la Minutte dudit Arreſt ; enſemble l'Etat deſdites Pieces, ſigné & certifié de quatre des Cautions dudit Pierre Carlier ; & ordonne en outre que du montant dudit Etat il ſera expedié au profit dudit Carlier une Ordonnance de Comptant ſur le Garde du Treſor Royal en Exercice, de la ſomme de ſoixante-onze mille ſept cens une livres dix-neuf ſols ſix deniers, laquelle lui ſera payée en une Quittance comptable, ſur & en déduction du prix de ſon Bail en vertu dudit Arreſt ſeulement ; moyennant quoi Sa Majeſté en demeurera bien & valablement quitte & déchargée, &c.

Du 31. *Juillet* 1731.

Arreſt du Conſeil, par lequel Sa Majeſté ayant égard à la Requeſte preſentée par Pierre Carlier, Adjudicataire General des Fermes-Unies, ordonne que les Pieces mentionnées en icelui au nombre de dix-huit, cottées & paraphées par premiere & derniere, concernant les Ouvrages faits pour le rétabliſſement des vingt-deux Portes Marinieres, ſituées ſur la Riviere de Mayenne, depuis Laval juſqu'à Château-Gontier, ſuivant & conformément au Devis qui en a été dreſſé le 6. May 1726. ſeront remiſes au Greffe du Conſeil, & annexées à la Minutte dudit Arreſt, enſemble l'Etat deſdites Pieces, ſigné & certifié de quatre des Cautions dudit Carlier; Ordonne en outre que du montant dudit Etat, il ſera expedié au profit dudit Carlier une Ordonnance de Comptant ſur le Garde du Treſor Royal en Exercice, de laſomme de quarante-huit mille cinq cens livres, laquelle lui ſera payée en une Quittance comptable ſur & en déduction du prix de ſon Bail, moyennant quoi Sa Majeſté demeurera bien & valablement quitte & déchargée.

Du premier Aouſt 1731.

Arreſt du Conſeil qui admet M. de la Gombaude dans les Fermes Generales, à la place de feu M. le Noir de Cindré.

Du 7. *Aouſt* 1731.

Arreſt du Conſeil, par lequel Sa Majeſté avant faire droit ſur la Requeſte preſentée par Pierre Carlier, Adjudicataire General des Gabelles, & autres Fermes-Unies, ordonne que Monſieur le Procureur General en la Cour des Aydes de Roüen, envoyera inceſſamment au Sieur Controlleur General des Finances, les motifs de celui de ladite Cour du 27. Avril 1731. qui modere à dix livres l'amende de trois cens livres encouruë & prononcée par les Officiers du Grenier de Verneüil, par Sentence du 7. Mars 1729. contre Michel Joſſe

& fa femme , Maiftre Droguetier en la Paroiffe dudit Verneüil , pour groffes falaifons trouvées chez eux fans avoir
levé du Sel à cet effet audit Grenier de Verneüil , pour lefdits motifs vûs & examinés, être par Sa Majefté ordonné ce
qu'il appartiendra , toutes chofes jufqu'à ce demeurant en
état , &c.

Du 21. Aouft 1731.

Arreft du Confeil, qui admet M. de Bragouze dans les
Fermes Generales, à la place de feu M. Joly.

Du 21. Aouft 1731.

Arreft du Confeil, qui ordonne que M. le Procureur General du Parlement de Bretagne , envoyera au Confeil les motifs d'un Arreft de ladite Cour du 7. Aouft 1730. confirmatif d'une Sentence des Juges des Traittes & Gabelles de
Cliffon du 15. Janvier 1729. par laquelle les nommés Gaillard, Lefort & Maffon , ont été renvoyés d'une accufation
formée contr'eux pour crime de Faux-faunage.

Du 21. Août 1731.

Arreft du Confeil , qui commet M. de Vanolles , Intendant & Commiffaire départi en la Generalité de Moulins ,
pour inftruire & juger le Procès , circonftances & dépendances , tant à cinq Faux-Sauniers arrêtés dans le Village de
S. Didier , Reffort du Grenier de Vichy , & au Cabaretier ,
qui leur a donné retraite, lefquels ont été conduits dans les
prifons de Vichy , qu'à leurs complices & participes ou adherans du commerce du Faux-Sel , à port d'armes ; évoque
les Procedures qui pourroient avoir été commencées pour
raifon de ce en quelque Jurifdiction que ce foit , & icelles
renvoye pardevant ledit Sieur de Vanolles, pour être le tout
par lui jugé fouverainement & en dernier reffort , en appellant
avec lui le nombre des Gradués requis par l'Ordonnance , lui
attribuant à cet effet toute Cour, Jurifdiction & connoiffance,
icelles interdifant à toutes fes Cours & Juges ; lui permet de

subdeleguer pour l'instruction, & de commettre pour faire les
fonctions de Procureur du Roi tels Officiers ou Gradués,
qu'il voudra choisir : Ordonne que les charges, informations
& autres procedures commencées en quelque Jurisdiction
que ce soit, seront envoyées au Greffe de ladite Commission ; à ce faire tous Greffiers & dépositaires contraints, quoi
faisant, ils en demeureront quittes & déchargés.

Du 21. Août 1731.

Arrest du Conseil, qui commet le Sieur de Vanolles, Intendant & Commissaire départi en la Generalité de Moulins,
pour instruire & juger le Procès à cinq Faux-Sauniers, faisant partie d'une bande, au Cabaretier chez lequel ladite
bande s'étoit retirée, ensemble à leurs complices & participes, ou adherans ; évoque & renvoye pardevant ledit Sieur
de Vanolles toutes les Procedures qui pourroient avoir été
commencées pour raison de ce en quelque Jurisdiction que
ce soit, circonstances & dépendances, pour être le tout par
lui jugé souverainement & en dernier ressort, en appellant
avec lui le nombre de Gradués requis par l'Ordonnance ;
lui permet de subdeleguer pour l'instruction, & de commettre, pour faire les fonctions de Procureur du Roi en ladite
Commission tels Officiers ou Gradués qu'il voudra choisir :
ordonne en outre, que les charges, informations & autres
Procedures commencées en quelque Jurisdiction que ce soit,
seront incessamment envoyées au Greffe de lad. Commission :
à ce faire tous Greffiers & dépositaires contraints, quoi faisant ils en demeureront bien & valablement quittes & déchargés.

Du 22. Août 1731.

* Arrest de la Cour des Aydes, qui juge, que faute par les
nommés François Locrais, & François Lequeux, Faux-Sauniers, d'avoir payé l'amende de trois cens livres, à laquelle
chacun a été condamné solidairement avec Jean le Gourd
aussi Faux-Saunier, par Sentence des Officiers du Grenier
à Sel de Craon, du 24. Mai 1729. ladite amende ne doit

être convertie en la peine des Galeres, que contre lesdits Locrais & Lequeux, qui n'ont pas payé leurs amendes.

Du 28. Août 1731.

Arrest du Conseil, qui maintient les Maire & Consuls de la Ville d'Alby, dans la joüissance de trois minots de Francsallé, qui leur sont attribués pour l'abonnement d'un Droit de Pontenage que ladite Ville a droit de lever sur le Sel qui se debite audit lieu; ordonne que ledit Franc-sallé continuera d'être employé dans les Etats, qui s'arrêtent tous les ans au Conseil, & que les trois minots seront delivrés ausdits Maire & Consuls en la maniere accoûtumée par l'Adjudicataire de la Ferme des Gabelles de Languedoc.

Du 4. Septembre 1731.

Arrest du Conseil, qui admet M. de Bragouze dans la Ferme Generale du Tabac, à la place de feu M. Joly.

Du 4. Septembre 1731.

Arrest du Conseil, qui confirme pour neuf années consecutives, à compter du jour & datte d'icelui, les Doyen, Tresorier, Chanoines & Chapitre de l'Eglise de S. Martin de Tours, dans le Droit de prendre par chacun an au Grenier à Sel de Tours, la quantité de deux muids de Sel, mesure de Paris, pour la provision de leurs maisons & familles, en payant sept livres par minot pour le prix du Marchand, les quarre sols pour livre, & les Droits manuels; en consequence ordonne, que lesdits Doyen, Tresorier, Chanoines & Chapitre de l'Eglise de S. Martin de Tours, seront annuellement employés pour lesdits deux minots de Sel dans les Etats des Francs-sallés, dont la délivrance leur sera faite par les Officiers dudit Grenier à Sel de Tours, pour être distribués entre lesdits Doyen, Tresorier, Chanoines & autres Ecclesiastiques de ladite Eglise, ainsi qu'il est accoûtumé, & ensuite être par eux usés & consommés, sans qu'ils puissent

en

en difposer au profit d'autres perfonnes, à peine d'être déchus
dudit Droit, & à la charge par eux de dire & celebrer par
chacun an les cinq Anniverfaires portés par le Cartulaire de
ladite Eglife dans les tems accoûtumés : fçavoir, aux Quatre-
Tems, & le 29. Août de chacune année, & de rapporter par
chacun an aux Officiers dudit Grenier le certificat de la célé-
bration qui en aura été faite, figné du Doyen ou du Treforier, ou en leur abfence, de celui qui préfidera audit Chapitre, &c.

Du 4. Septembre 1731.

Arreft du Confeil, qui ordonne, que celui de la Cour des
Aydes de Paris, du 18. Août 1731. fera executé felon fa forme & teneur, & en confequence, que les fcellés appofés à
la Requefte du Procureur du Roi du Grenier à Sel de Poiffy,
par les Officiers d'icelui, fur les effets du défunt Pierre-Char-
les Cadet, Receveur audit Grenier à Sel de Poiffy, & à fon
défaut par le premier ou plus ancien, fuivant l'ordre du Tableau des Officiers dudit Grenier à Sel ; à l'effet de quoi les
Officiers de la Juftice ordinaire de Poiffy feront tenus de
comparoître à la premiere fommation qui leur en fera faite,
pour reconnoître les Scellés par eux appofés fur lefdits effets,
finon que lefdits Scellés feront reconnus, levés & ôtés par
ledit Officier Commis, & par lequel fera enfuite procedé à
l'Inventaire defdits effets qui fe trouveront fous lefdits Scellés : le tout en préfence du Procureur du Roi audit Grenier
à Sel ; ordonne en outre, que les deniers comptans qui fe
trouveront fous lefdits Scellés, feront remis entre les mains
du Commis à la Recette dudit Grenier à Sel de Poiffy, pour
être par lui portés à la décharge dudit Cadet, à la Recette
generale des Fermes à Paris : & à l'égard des Regiftres & autres Piéces, & Papiers concernant les comptes rendus & à
rendre des Recettes faites par ledit défunt Cadet, qu'ils feront remis entre les mains de Marguerite Hannau, veuve Cadet, qui s'en chargera, & le furplus des effets, après Inventaire fait, tenus en Juftice jufqu'à ce qu'autrement il en ait
été ordonné par les Officiers dudit Grenier à Sel, ou con-
venu entre Pierre Carlier, Adjudicataire general des Ga-

belles & autres Fermes-Unies de France , & autres Parties interessées ; & fait défenses à tous autres Juges que lesdits Officiers dudit Grenier à Sel de Poissy , & à ladite Cour des Aydes par appel , d'en connoître , & aux Parties de se pourvoir ailleurs , à peine de mille livres d'amende , & de tous dépens, dommages & interêts.

Du 4. Septembre 1731.

* Arrest du Conseil, qui casse celui du Parlement de Bretagne , du 22. Septembre 1730. par lequel il a été ordonné , qu'une dénonciation faite au Procureur du Roy de Fougers, d'inscrire un Procès verbal de faux , seroit suivie à la Requeste dudit Procureur du Roi , & ordonne que par ledit Parlement il sera passé outre au Jugement de l'appel interjetté par un Faux-Saunier nonobstant ladite prétenduë inscription.

Du 4 Septembre 1731.

Arrest du Conseil , qui ordonne que Georges Gouget cidevant Adjudicataire de la Ferme des Gabelles des trois Evêchés de Metz , Toul & Verdun , Saline de Moyenvick, Gabelles, Salines & Domaines du Comté de Bourgogne , & des Domaines d'Alsace , ne sera tenu de compter au Conseil que par un seul & même état au vrai du prix de son Bail pour les trois années qu'il en a joüi, & ensuite aussi par un seul & même compte en la Chambre des Comptes de Paris , trois mois après l'arrêté dudit état au vrai , au moyen de quoi il demeurera déchargé des amendes ordinaires & extraordinaires , ausquelles il a pû, ou pourroit être condamné tant pour n'avoir compté dans le tems de l'Ordonnance ; que pour n'avoir fait enregistrer le Resultat du 25. Août 1714. en ladite Chambre , & le décharge pareillement des interêts des sommes contenuës ès quittances des Gardes du Tresor Royal , nonobstant les dispositions portées par la Declaration du 27. Decembre 1701. depuis le dernier jour de semestre dans lequel ledit compte auroit dû être clos & jugé , jusqu'aux jours & dattes desdites quittances : le tout sans tirer à consequence.

Du 18. Septembre 1731.

Arreſt du Conſeil, qui ordonne que par les Ingenieurs qui ſeront nommés par le Sieur de Bernage de S. Maurice, Intendant en Languedoc, il ſera procedé à la verification de l'Etat des Canaux & Gués de Bourgidou, & de Silvereal, pour par eux être levé un plan, & dreſſé un devis eſtimatif des Ouvrages qu'ils eſtimeront neceſſaires, pour aſſûrer la garde des Salines, le tout en preſence, tant d'un Commiſſaire qui ſera auſſi nommé par ledit Sieur de Saint Maurice, que des Proprietaires des Terres qui avoiſinent leſdits Canaux, & autres qui peuvent avoir interêt de conſentir ou s'oppoſer auſdits Ouvrages, ou leſdites Parties dûëment appellées à la diligence de Pierre Carlier, Adjudicataire des Fermes Generales-Unies, lequeldit Commiſſaire dreſſera Procès verbal des dires, requiſitions, & proteſtations qui ſeront faites par leſdites Parties; pour ledit Procès verbal rapporté au Conſeil, avec le plan & devis des Ingenieurs, & l'avis dudit Sieur de S. Maurice, être par Sa Majeſté ordonné ce qu'il appartiendra.

F I N.

TABLE
DES EDITS, DECLARATIONS,
ARRESTS ET REGLEMENS,

RENDUS pendant la cinquiéme année du Bail de Me PIERRE CARLIER.

Commencée le premier Octobre 1730. & finie le dernier Septembre 1731.

CONCERNANT les Aydes, Entrées, Pied-fourché & Droits y joints, Papier & Parchemin timbrés, Domaine & Barrage, Poids-le Roi ; Domaines de Flandres, Marque d'or & d'argent, Marque des Fers, Impôts & Billots de Bretagne, Droits sur le Poisson, Droits établis aux Entrées & sur les Ports, Quais, Halles, Places & Marchés de la Ville & Fauxbourgs de Paris ; alienés aux Officiers, créés par Edit de Juin 1730. Inspecteurs des Boucheries & aux Boissons ; Courtiers, Commissionnaires & Jaugeurs de Futailles ; Droits appartenans à la Ville de Paris, à l'Hôpital General & à l'Hôtel-Dieu, &c.

Du 3. Octobre 1730.

ARREST du Conseil, qui ordonne que les Fermiers de la Marque d'or & d'argent, du Bail de Jean Cottin, remettront à Loüis Gervais, ou à ses Commis & Préposés, les Matrices, Poinçons & Cachets dont ils se sont servis pendant le cours de leur Bail ; en-

AYDES.   A

femble tous les abonnemens & arrieres - baux, tant du tems de leur joüiffance, que de celui des précedens Fermiers ; permet audit Gervais de refilier les arrieres - baux actuellement exiftans , & de fe fervir des poinçons dudit Cottin, ou d'en faire faire de nouveaux ; & ordonne que le Bail fait audit Gervais, par Me Pierre Carlier, pour les deux années qui reftoient à expirer de celui de Cottin , fera enregiftré fans frais dans les Elections.

Du 3. Octobre 1730.

* Arreft du Confeil , qui liquide à la fomme de douze mille cinq cens trente - trois livres trois fols neuf deniers , l'indemnité dûë aux Sous-Fermiers des Aydes, à caufe des diminutions arrivées en confequence de l'Arreft du Confeil du 28. Novembre 1729. fur les fols de trente deniers qui fe font trouvés lors de la publication dudit Arreft, dans les Caiffes de leurs Bureaux, provenans des droits de leurs Sous - Fermes ; fçavoir, aux cautions d'Alexis Baillet Adjudicataire de la Souferme des Aydes de la Generalité de Paris, dix-huit cent vingt-fept livres onze fols ; aux cautions de Charles Boyer, adjudicataire des mêmes droits de la Generalité de Roüen, deux mille quarante-trois livres, quartorze fols ; aux cautions de Loüis Gervais , Adjudicataire des mêmes droits de la Generalité de Caën , fept cent foixante & huit livres un fol dix deniers ; aux cautions de Jean-Baptifte Adam , Adjudicataire des mêmes droits de la Generalité d'Alençon , feize cent vingt-fept livres un fol ; aux Cautions de Denis Guerbois Adjudicataire des mêmes droits de la Generalité de Poitiers , deux cent quatre-vingt dix-neuf livres fix fols fix deniers ; aux Cautions de Jacques Duval Adjudicataire des mêmes droits des Generalités de Bourges & Moulins , fix cent quarante-fept livres feize fols trois deniers ; aux Cautions de Pierre Broffard , Adjudicataire des mêmes droits de la Generalité d'Orleans , treize cent trente-quatre livres quinze fols fix deniers ; aux cautions d'Alexandre Froment, Adjudicataire des mêmes droits de la Generalité de Soiffons , mil quatre-vingt onze livres treize fols cinq deniers; & aux Cautions d'Adrien de la Foffe, auffi Adjudicataire des mêmes droits de la Generalité de Châlons , deux mille

huit cent quatre-vingt treize livres quatre sols trois deniers.

Du 17. *Octobre* 1730.

Arrest du Conseil, qui ordonne que la Requeste d'Alexis Baillet Fermier des Aydes de la Generalité de Paris, la Ville & Election exceptée, sera communiquée aux douze & vingt-cinq Marchands de Vin Privilegiés suivant la Cour, pour y fournir de réponses dans le mois; décharge ledit Baillet de l'assignation à lui donnée devant le Grand Prevôt de l'Hôtel, à la requête des nommés Gaultier, de Rougemont & Varcousin Marchands de Vins Privilegiés; leur deffend & à tous autres de se pourvoir ailleurs que pardevant les Officiers des Elections en premiere Instance, & à la Cour des Aydes en cas d'appel, sous les peines portées par l'Ordonnance; ordonne l'execution des contraintes décernées & à décerner par ledit Baillet contre lesdits Marchands de Vin Privilegiés, pour raison des droits d'Entrées, Gros & Augmentation, Jauge & Courtage, Détail, Annuel, Courtiers-Jaugeurs & Inspecteurs aux Boissons, sur les Vins, Bierres, Cidres & autres Boissons qu'ils ont fait entrer, vendre & débiter dans la Ville de Compiegne pendant le séjour du Roi; & condamne lesdits Gaultier & Varcousin au coût dudit Arrest, liquidé à 50. livres.

Du 22. *Octobre* 1730.

* Arrest du Conseil, qui ordonne que dans le 1. Avril 1731. pour toute préfixion & dernier délai, les Proprietaires d'Offices & droits supprimés seront tenus de faire proceder aux liquidations de leur Finance, & d'en recevoir les remboursemens, passé lequel tems, ils en demeureront déchus, leurs liquidations & titres annullés, les quittances de finance déchargées du Controlle, & le tout porté aux Archives du Conseil, Sa Majesté quitte & déchargée de tous remboursemens à l'avenir.

Du 24. *Octobre* 1730.

* Arrest du Conseil, qui permet aux Sous-Fermiers des Ay-

des & Droits y joints, auſquels il a été fait de nouveaux Sous-Baux pour les deux années reſtantes à expirer du Bail de Pierre Carlier & à ceux des Sous-Fermiers qui continuënt la joüiſſance des Sous-Baux qui leur ont été faits, à commencer du premier Octobre 1726. d'entretenir ou reſilier en tout ou partie les Marchés, Abonnemens ou Compoſitions des Droits, en le dénonçant par écrit avant le premier Janvier 1731. pour le reſtant deſdites deux années, à compter du jour de la ſignification ; & enjoint aux ſieurs Intendans de tenir la main chacun en droit ſoi, à l'execution d'icelui, qui ſera enregiſtré ſans frais aux Greffes des Elections ou autres Juriſdictions, & executé nonobſtant oppoſition & tous autres empêchemens, pour leſquels il ne ſera differé ; dont ſi aucuns interviennent, Sa Majeſté s'en reſerve & à ſon Conſeil la connoiſſance, & icelle interdit à tous ſes autres Juges, &c.

Du 24. Octobre 1730.

Arreſt du Conſeil, qui autoriſe Nicolas Desboves Adjudicataire des Fermes Generales-Unies, à paſſer Bail de la Sous-Ferme des Aydes & Droits y joints, de la Generalité d'Alençon aux Fermiers actuels, pour ſix années, à compter du premier Octobre 1732. moyennant le prix & ſomme de ſix cent ſoixante & dix-huit mille livres, pour chacune deſdites ſix années, & ordonne que les Abonnemens faits deſdits droits dans les lieux circonvoiſins des Generalités de Roüen & Caën, ſeront reſiliés.

Du 25. Octobre 1730.

* Ordre de Meſſieurs les Fermiers Generaux, aux Receveurs, Controlleurs & Commis des Portes & Barrieres de Paris, pour la Régie & Perception des droits rétablis, ſous le nom de Remy Barbier, *contenant cinq Articles* ; avec un Avis aux Bourgeois & Privilegiés pour joüir des privileges & exemptions à eux accordés par la Déclaration du Roi du 15. Mai 1722. ſur les Foins & Avoines de leur crû, en ſatisfaiſant aux formalités preſcrites par les Arreſts du Conſeil des 10. Août & 12. Octobre 1728.

Du 31. *Octobre* 1730.

Arrest du Conseil, qui ordonne que les Déclarations des 6. Aoust 1715. & 15. Mai 1732. & les Reglemens rendus en consequence, seront executés selon leur forme & teneur; en consequence condamne les nommés Fontaine & sa femme, Marchands de Vin en gros & en détail, ruë du Paon, quartier Saint Victor, comme civilement responsables des faits d'Aldulphe Oüartelle leur garçon, vendant & débitant leurs vins dans le Cabaret qu'ils ont au Fauxbourg Saint Germain, ruë Saint Dominique, près la Barriere, & lesdits Oüartelle & sa femme, demeurans en ladite maison & cabaret susdite ruë Saint Dominique, en deux cens livres d'amende, & en la confiscation de onze demi-queuës de vin blanc & d'un quart de vin rouge saisis dans ladite maison & cabaret tenus par lesdits Oüartelle & sa femme, en consequence de l'Ordonnance portée par le Procès-verbal du sieur President de l'Election de Paris, pour avoir été lesdits Vins voiturés, déchargés, roullés & serrés nuitamment & à heure induë en ladite maison & cabaret, en fraude des droits dûs à Sa Majesté; comme aussi évoque au Conseil la reclamation de deux bachots qui ont servi à voiturer lesdits Vins; & la demande formée en consequence en ladite Election de Paris par le nommé Loüis Germain, demeurant ruë des Jardins au Port Saint Paul. Contre Pierre Carlier Adjudicataire general des Fermes du Roy, par Exploit du 9. Septembre 1730. & en décharge ledit Carlier, ainsi que de tout ce qui pourroit s'en étre ensuivi; condamne lesdits Fontaine & sa femme, & lesdits Oüartelle & sa femme en la confiscation desdits deux bachots, trois avirons & dépendances, sauf le recours s'il y échet, des Proprietaires d'iceux contre lesdits Fontaine, Oüartelle & leurs femmes, à la representation desquelles onze demi queuës de vin blanc & quart de vin rouge, Jean Mariette Cabaretier au Gros-Caillou gardien desdits Vins, sera contraint par corps, comme dépositaire de biens de Justice, sinon à l'option du Fermier d'en payer par les mêmes voyes la valeur montant à six cent soixante & quinze livres, à raison de soixante livres la demi-queuë, suivant l'évaluation par lui con-

sentie dans le procès-verbal dudit sieur Président de l'Election,
& à la représentation desdits deux Bachots, ou au payement
de leur juste valeur ; le nommé Antoine Lamiral Marinier &
Bâtelier de la Patache de la Conference, Gardien desdits deux
Bachots, sera pareillement contraint par corps, comme dépositaire de biens de Justice ; quoi faisant lesdits Gardiens déchargés; au payement desquelles amendes & confiscations seront solidairement contraints lesdits Joseph Fontaine & sa
femme, & lesdits Aldulphe Oüartelle & sa femme par toutes
voyes dûës & raisonnables, comme pour les propres deniers
& affaires de Sa Majesté, &c.

Du 31. *Octobre* 1730.

* Arrest du Conseil, qui ordonne, que conformément au
Tarif arrêté au Conseil le 13. Juin 1730. il sera payé aux Jurés Vendeurs, Controlleurs & Compteurs de Poisson d'eau-
douce, après l'acquisition desdites Offices, deux sols dix deniers
pour livre, du prix du Poisson d'eau-douce, entrant pour être
vendu ou consommé dans la Ville, Fauxbourgs & Banlieüe de
Paris, au lieu de deux sols six deniers employés par erreur dans
l'expedition & dans les exemplaires imprimés dudit Tarif ; en
consequence autorise Remy Barbier Bourgeois de Paris, auquel il a été fait Bail desdits droits par resultat du 5. Septembre 1730. ses Commis & Préposés à la perception desdits deux
sols dix deniers, en conformité dudit Tarif.

Du 14. *Novembre* 1730.

* Jugement Souverain rendu par M. de Vatan Intendant de
la Generalité de Caën : Qui déclare Antoine le Coëspelier,
ci-devant Cabaretier à Hamard, Election de Caën, atteint &
convaincu d'avoir témérairement & calomnieusement accusé
quatre Commis aux Aydes, de lui avoir volé trois mille quatre cent soixante & seize livres de nouvelles especes, & plusieurs vieilles especes, lors d'une visite qu'ils ont faite chez lui,
& d'un procès-verbal qu'ils ont rendu contre lui pour fraude
d'entrepôt ; d'avoir excité sur eux une violente rebellion, &

fait rendre les vieilles especes sur lui saisies en consequence de l'Edit du mois de Fevrier 1726. de les avoir enfermé & gardé à vûë pendant douze heures, &c. Pour réparation de quoi, le bannit hors de la Province de Normandie pendant neuf ans; le condamne en trois mille livres de dommages & interêts pour la fausse accusation; en cinq cent livres d'amende pour la rebellion, cinq cent livres d'amende pour la fraude d'entrepôt, & à la confiscation des boissons saisies, avec dépens.

Condamne Jean le Heron, & François Becquemie, témoins de l'Information de Coëspelier, & ses complices de la rebellion, à un bannissement de trois ans hors de la Province de Normandie; Robert Frisley Syndic de la Paroisse de Hamard, à un bannissement de trois ans hors l'étenduë du Bailliage de Caën, & François-Robert, dit l'Esperance, à un bannissement d'un an hors l'étenduë dudit Bailliage; Jacques & Jean de Lorme adherans à la rebellion, solidairement au payement de l'amende de cinq cens livres pour ladite rebellion; de deux cens livres pour la confiscationdes boissons saisies, & au quart des dépens.

Du 17. *Novembre* 1730.

* Sentence de Police, qui défend au sieur Morel, Fermier de l'Etape, d'embarrasser la voye publique & le carreau de la Place de Greve.

Du 20. *Novembre* 1730.

* Ordonnance de Monsieur le Prevost des Marchands de la Ville, Prevôté & Vicomté de Paris; qui déclare la saisie faite sur Michel Villiot Marchand de bois, d'un train de bois de sciage tant en Chêne que Sapin, contenant quatorze coupons, faute par lui d'en avoir fait declaration au Bureau de Remy Barbier, Fermier des Droits rétablis; ordonne que lesdits bois seront vendus au profit dudit Barbier; condamne ledit Villiot en deux cent livres d'amende & aux dépens; & fait deffenses à tous autres Marchands de bois de sciage & à œuvrer, de faire arriver des bois à Paris, sans en déclarer la quantité & la qualité, & representer leurs Lettres de Voiture, &c.

Du 21. Novembre 1730.

* Arreſt du Conſeil, qui ordonne qu'en remettant au Garde du Tréſor Royal en exercice, tant par les Proprietaires des Finances des anciens Offices ſupprimés ſur les Quais, Ports, Halles, Foires, Places & Marchés de la Ville, Fauxbourgs & Banlieuë de Paris, que par les Proprietaires des Rentes ſur les Aydes, Gabelles & ſur les Tailles, ou interêts au denier cinquante, provenant des rembourſemens ci-devant faits des Finances de pareils Offices, les titres & pieces y mentionnés, il leur ſera délivré pour la valeur de leur rembourſement, des Récepiſſés à la décharge du Tréſorier des Revenus caſuels, pour être employés en acquiſition de nouveaux Offices créés par Edit du mois de Juin 1730. &c. *contenant huit Articles.*

Du 21. Novembre 1730.

* Lettres Patentes du Roi, *regiſtrées en Parlement le* 31. *Janvier* 1731. renduës en interpretation des Articles II. V. & XI. de l'Edit du mois de Juin 1730. Portant rétabliſſement des Offices ſur les Quais, Ports & Halles de la Ville de P ris, *contenant huit Articles.*

Du 21. Novembre 1730.

Arreſt du Conſeil, qui déboute les Marchands Bouchers du Bourg d'Argenteüil, de la ſubrogation par eux demandée au Sous-Bail des droits d'Inſpecteurs aux Boucheties dudit Bourg, paſſé par Pierre Carlier Fermier General, à Claude-Dagon de la Cointerie ſon Directeur des Aydes audit Argenteüil ; & faiſant droit ſur l'appel interjetté par Jean-Baptiſte Laiſement, & Vincent Potheron Bouchers dudit Bourg d'Argenteüil, de deux Ordonnances contr'eux renduës par le ſieur Intendant de la Generalité de Paris le 17. Juillet 1730. qui confiſquent deux Bœufs ſur eux ſaiſis & les condamnent en chacun trois cent livres d'Amende ; ordonne qu'elles ſeront executées ſelon leur forme & teneur, &c.

Du

Du 26. Novembre 1730.

* Declaration du Roy, *regiſtrée en Parlement le 9. Decembre*
1730. qui ordonne que pendant le courant de l'année 1731.
il ſera perçû au profit de l'Hôpital General de la Ville de
Paris, dix ſols par chaque Voye de Bois à brûler, & deux
ſols par chaque Voye de Charbon de bois, qui ſeront vendus ſur les Quais Ports, & Chantiers de lad. Ville, leſd. Droits
payables, ainſi qu'il a été ordonné par les Declarations des
3. Janvier & 21. Decembre 1728. & 20. Decembre 1729.
Sçavoir, moitié par les Marchands de Bois & de Charbon,
& l'autre moitié par les Acheteurs.

Du 28. Novembre 1730.

Arreſt du Conſeil, qui ordonne que les Fermiers des
Aydes de l'Election de Pethiviers, ſeront tenus de repreſenter à toute requiſition qui leur en ſera faite, aux Controlleurs & Commis des Aydes de l'Election de Paris, les Regiſtres des Inventaires & ceux des Dépris & Remuages des
Vins des Paroiſſes de ladite Election de Pethiviers, ſur leſquels Regiſtres leſdits Controlleurs & Commis des Aydes
de l'Election de Paris pourront faire telles obſervations qu'ils
jugeront à propos, & parapher leſdits Regiſtres, dont ils
dreſſeront leurs Procès Verbaux, pour enſuite en être délivré à Pierre Carlier, Fermier General, tels Extraits qu'il
jugera à propos par le Preſident de ladite Election de Pethiviers ; & permet audit Mᵉ Carlier de faire dreſſer par ledit
Juge commis, & par le Preſident de ladite Election deParis,
chacun dans l'étenduë de ſon reſſort, tous Procès verbaux &
autres qui lui ſeront neceſſaires, &c.

Du 5. Decembre 1730.

* Declaration du Roy, *regiſtrée en la Cour des Aydes le* 15. *De-*
cembre 1730. qui éteint & ſupprime, à commencer du premier Janvier 1731. les differentes formules, dont l'établiſſe-

ment avoit été ordonné par Declaration du sept Decembre 1723. sur les differens Actes & Expeditions des Notaires de la Ville de Paris ; & en consequence commuë les differentes formules en une formule uniforme, dont l'établissement sera fait à compter dudit jour premier Janvier 1731. sur tous les Papiers & Parchemins servant ausdits Actes & Contrats qui seront passés, à compter dudit jour premier Janvier 1731. par lesdits Notaires de Paris, Brevets, Grosses, Expeditions, Copies collationnées, & Extraits desdits Actes & Contrats, & sans aucune distinction desdits differens Actes, ni des premieres & autres seüilles des Grosses, Expeditions, Copies collationnées ou Extraits, laquelle formule sera timbrée à côté du timbre ordinaire des Fermes, des mots A C T E S D E S N O T A I R E S D E P A R I S, & fixe les Droits de Marque de ladite nouvelle formule ; sçavoir, celui de chaque seüille de papier à 7. sols 6. den. celui de chaque seüille de parchemin à 20. sols, & celui des demi - seüilles de parchemin à 12. sols ; & seront les Droits, tant de la nouvelle formule, que de l'ancien timbre ordinaire des Fermes, perçûs par l'Adjudicataire des Fermes Generales, &c.

Du 5. Decembre 1730.

* Arrest du Conseil, qui déboute les Religieux Celestins de Villeneuve-lès-Soissons de leur Requête : Ordonne que la Sentence renduë par les Officiers de l'Election de Soissons le 20. Mai 1730. qui les condamne au payement des Droits de Riviere des Vins de leur crû, voiturés en leur maison sur la Riviere d'Aisne , & aux dépens, sera executée selon sa forme & teneur : Enjoint ausdits Religieux lorsqu'ils feront arriver des Vins par ladite Riviere, d'en faire leurs declarations , & d'en payer les Droits au plus prochain Bureau , à peine de confiscation , & de cent livres d'amende , conformément à l'Ordonnance ; & condamne lesdits Religieux au coût dudit Arrest liquidé à soixante-quinze livres, &c.

Du 5. Decembre 1730.

* Arreſt du Conſeil, qui declare nuls, après le premier Avril 1731. les Ordonnances de liquidation & Quittances de Finances des Offices ſupprimés ſur les Ports, Quais, Halles & Marchés de la Ville de Paris, enſemble les Recepiſſés du Tréſor Royal expediés pour rembourſement deſdites Finances, faute de les avoir employé conformément à l'Edit du mois de Juin & à l'Arreſt du 22. Octobre 1730. & fait défenſes aux Gardes des Regiſtres du Controlle General des Finances, & du Tréſor Royal, de décharger aucune Quittance deſdits Offices, ni de faire aucuns rembourſemens, tant deſdites Finances, que deſdits Recepiſſés, après l'expiration dudit délai, à peine d'en demeurer garans & reſponſables en leurs propres & privés noms, &c.

Du 5. Decembre 1730.

* Arreſt du Conſeil, qui declare Bernard Martin, de la Paroiſſe de Courlon, & Claude Journée, de la Paroiſſe de Villemury, non-recevables dans leurs oppoſitions aux Sentences des Officiers de l'Election de Langres du 15. Juillet 1730. par leſquelles ils ſont condamnés en ſoixante-quinze livres d'amende, & à la confiſcation des Vins ſaiſis par les Procès verbaux des Commis, dreſſés contre eux pour vente en détail ſans declaration; Caſſe quatre Sentences deſdits Elûs des 29. Juillet & 22. Aouſt 1730. qui les avoient reçûs oppoſans à celles du 15. Juillet, parce que leſdites oppoſitions n'ont pas été formées dans les trois jours de la ſignification d'icelles, conformément à la Declaration du 17. Fevrier 1688. Declare auſſi leſdits Martin & Journée non-recevables dans les inſcriptions de faux qu'ils ont formées contre leſdits Procès verbaux contenant aſſignations, ſous prétexte qu'ils n'en avoient point reçu copie, &c. Et enjoint aux Officiers de ladite Election de juger en conformité des Reglemens, à peine de demeurer reſponſables en leurs noms des dommages & interêts du Fermier des Aydes, même d'interdiction, &c.

B ij

Du 13. Decembre 1730.

* Arrest de la Cour des Aydes, qui confirme la Sentence
des Elûs de Doulens du 29. Juillet 1728. par laquelle sans
avoir égard à la Requête des Maire, Echevins & Habitans
de Montreüil-sur-Mer, il est ordonné que les Droits d'augmentation, Jauge & Courtage, & autres dûs à la vente, seront payés à la fabrication & enlevement des Bierres declarées être brassées pour la provision des Bourgeois dans
les Brasseries & Chaudieres des Brasseurs & Cabaretiers.

Du 15. Decembre 1730.

* Sentence de Police, qui ordonne que les Ordonnances
& Reglemens, concernant la vente & débit du Foin & de
la Paille, seront executés selon leur forme & teneur; & en
consequence fait défenses à tous Laboureurs, Fermiers &
autres, faisant commerce de Foin, & à leurs Chartiers &
Conducteurs de Voitures, de refuser la visite aux Jurez Controlleurs de la marchandise de Foin & de Paille qu'ils seront entrer dans Paris, à peine de confiscation, tant desdits
Foins & Pailles, que des Voitures sur lesquelles ils seront
chargés, ensemble des chevaux & charois, & de cinq cens
livres d'amende, &c.

Du 19. Decembre 1730.

* Lettres Patentes du Roy, *registrées en la Chambre des Comptes le 9. Janvier 1731.* qui prescrivent les formalités à observer pour assurer le remboursement des Offices sur les Ports,
Quais, Halles & Marchés de la Ville de Paris, supprimés
par Edit du mois de Septembre 1729. & dont les titres pri-
mordiaux n'ont pû être rapportés, *contenant six articles.*

Du 22. Decembre 1730.

* Sentence de Messieurs les Prevôt des Marchands & Eche-

vins de la Ville de Paris, qui condamne le nommé Barbier, Marchand de Vin, domicilié à Paris, en cent livres d'amende, pour avoir mis des Vins à la Halle aux Vins, & s'être indûëment immiscé à la vente des Vins des nommés Nicolas Simon & Benoist Chauniare, Marchands de Vins Forains.

Du 23. Decembre 1730.

* Sentence de Monsieur le Prevôt de Paris, & Monsieur le Lieutenant General de Police, qui fait défenses à toutes personnes, autres que les Maîtres & Marchands Bouchers à Paris, d'exposer, vendre & débiter de la viande de Boucherie dans les Halles, ni dans aucuns autres endroits de cette Ville & Fauxbourgs de Paris, à peine de cinquante livres d'amende contre chacun des contrevenans, confiscation, tant des viandes, balances, poids, outils, qu'autres ustensiles qui se trouveront, même d'emprisonnement; comme aussi fait défenses à tous Bourgeois & Habitans de recevoir, serrer ou cacher lesdites Viandes, ni de donner retraite à ceux qui feront ce commerce, à peine de cinquante livres d'amende contre chacun d'eux, & de tels dommages-interêts qu'il appartiendra.

Du 9. Janvier 1731.

* Declaration du Roy, *registrée en Parlement le 31. Janvier 1731.* qui continuë pendant six années, à commencer du premier Janvier 1731. la levée & perception au profit de l'Hôpital General, de deux sols six deniers par jour sur chaque carosse de remises de la Ville & Fauxbourgs de Paris, qui se loüent dans les maisons par journée, demi-journée & au mois; & qu'à cet effet ledit Droit sera perçû par les Proprietaires des Carosses de Places, leurs Commis & Préposés, à la charge par eux de payer audit Hôpital General, la somme de dix mille livres pendant chacune desd. six années, de quartier en quartier, franches & quittes, à leurs risques, perils & fortunes, le tout aux termes de la Declaration du 25. Mai 1725. fait défenses à toutes personnes qui loüent des Carosses de remises, d'en loüer aucun dans la Ville & Fauxbourgs

de Paris , fans avoir auparavant fait leur declaration aufdits Proprietaires des Caroffes de Places , & leur foumiffion de payer la retribution de deux fols fix deniers par jour, à peine de cinq cens livres d'amende , & de faifie & confifcation defdits Caroffes & Chevaux ; & feront les conteftations qui naîtront , à l'occafion de la perception defdits deux fols fix deniers , jugées en premiere Inftance par le Prevôt de Paris, ou fon Lieutenant General de Police, en la maniere accoutumée , fauf l'appel au Parlement , &c.

Du 9. Janvier 1731.

* Ordonnance de Monfieur le Lieutenant de Police , qui fait défenfes au nommé Lalbertault , Maître Rôtiffeur à Paris , & Regratier fur le Carreau de la Vallée , de plus à l'avenir injurier , infulter ni troubler les Commis de Remy Barbier , Fermier des Droits fur la Volaille, dans les fonctions de leurs Emplois , fous telles peines qu'il appartiendra ; & pour l'avoir fait , le condamne en cinq cens livres d'amende , & aux dépens , conformément aux Reglemens , au payement defquelles il fera contraint , même par corps , comme pour les propres affaires de Sa Majefté.

Du 9. Janvier 1731.

* Ordonnance de Monfieur Herault , Lieutenant General de Police , qui declare bonne & valable une faifie faite fur Michel Goffet , Marchand Forain ordinaire , de huit paniers remplis de Volailles & Gibiers , pour avoir été entrepofés chez la veuve Hebert , Hôtelliere demeurant à Roquencourt ; ordonne la confifcation des chofes faifies au profit de Me Remy Barbier , Fermier des Droits fur la Volaille & Gibier ; & condamne folidairement lefdits Goffet & veuve Hebert en cinq cens livres d'amende , modérée par grace à cinquante livres , & en tous les dépens ; ordonne que les Reglemens qui défendent d'entrepofer aucunes marchandifes de Volaille & Gibier dans les anciens bornes & limites de la Ville de Paris , feront executés felon leur forme & teneur.

Du 9. Ianvier 1731.

* Ordonnance de Police, qui défend au nommé Delaisement, Marchand Boucher établi dans la Paroisse du Pecq, & à tous autres, de plus vendre à l'avenir ni debiter aucune Viande de Boucherie dans le Village de Chatou, ni ailleurs que dans le lieu de leur domicile, à peine de saisie des Viandes, Ustensiles, Chevaux & Equipages contre les contrevenans, & de confiscation du tout, même d'emprisonnement, s'il y échet, & de tous dépens, dommages & interests ; condamne en outre ledit de Laisement aux dépens, liquidés à treize livres, y compris la signification de ladite Ordonnance.

Du 16. Janvier 1731.

* Arrest du Conseil, concernant la préference que doivent avoir les Fermiers des Droits de Sa Majesté pour le loyer, ou l'acquisition des maisons convenables à l'établissement des Bureaux, & à la sûreté des deniers qui s'y perçoivent.

Qui ordonne que l'Article 565. du Bail general des Fermes fait à Pierre Carlier, sera executé ; & en consequence, subroge Jean Baptiste Desmaretz, Sous-Fermier des Domaines de Flandres, Hainault & Artois, dans l'acquisition faite par le nommé Vautroyen, d'une Maison dans la Ville de Cassel, occupée par le Sieur d'Heule, Chanoine de ladite Ville, à la charge de rembourser audit Vautroyen le prix de ladite acquisition, en affirmant par lui & par le Vendeur que les prix, clauses & conditions de la Vente sont sinceres & veritables, & encore à la charge par ledit Sous-Fermier, de remettre ladite Maison au Fermier qui lui succedera, en lui faisant pareil remboursement.

Du 16. Janvier 1731.

* Arrest du Conseil, qui casse une Sentence des Officiers de l'Election de Montfort-Lamaury, qui avoit reçû les Ha-

bitans de la Ville de Houdan, oppofans à la contrainte du Gros manquant, fous prétexte que les Vins de la Recolte, dont il étoit queftion, avoient été gaftés & défectueux, & que ces-Droits n'y avoient jamais été perçûs, pour quoi ils ignoroient les declarations qu'ils avoient à faire pour en operer les décharges; les condamne à payer lefdits Droits; enjoint aufdits Officiers d'obferver les Reglemens, à peine d'interdiction, & de tous dépens, dommages & interefts.

Du 16. Janvier 1731.

* Arreft du Confeil, qui deboute Guillaume Morin, infcrivant en faux, de fon oppofition à l'Arreft du Confeil du 19. Septembre 1730. ordonne que ledit Arreft fera executé; en confequence, juge que le jour de l'écheance d'une Affignation donnée à la huitaine, eft le neuviéme jour, en comptant & comprenant celui de la datte de l'exploit, & que celui d'une Affignation à trois jours, eft le quatriéme, compris auffi le jour de l'exploit.

Du 16. Janvier 1731.

* Arreft du Confeil, qui deboute Pierre Joly, Cabaretier à Aumalle, de fon oppofition à deux Arrefts du Confeil du 20. Decembre 1719. rendus au profit de Charles Boyer, Sous-Fermier des Aydes de la Generalité de Roüen, & de Maître Adrien Bloquel, Prefident en l'Election de Neufchâtel; ordonne l'execution defdits Arrefts; en confequence, juge que la Plainte que Boyer avoit prefentée fur le Procès verbal de fes Commis, prend fa datte de celle du Procés verbal; rejette la Plainte de Joly comme pofterieure au Procès verbal & recriminatoire, tendante à détruire le Procès verbal fans infcription de faux; renvoye proceder devant les Elûs de Roüen fur la Plainte de Boyer, fauf en procedant au Jugement du Procès, à admettre Joly (s'il y a lieu) en fes faits juftificatifs, conformément à l'Ordonnance du mois d'Aouft 1670. & decide que l'appel interjetté par le Fermier, d'une reception de Plainte, & permiffion d'informer,

a un

a un effet fufpenfif en matiere Criminelle comme en matiere Civile, fuivant les Lettres Patentes du 4. Avril 1724.

Du 16. Janvier 1731.

* Arreft du Confeil, qui décharge Charles Boyer, Fermier des Aydes, des Affignations à lui données pour proceder à la Cour des Aydes de Roüen fur l'execution de l'Arreft du Confeil du 24. Fevrier 1728. concernant les Provifionnaires d'Eau-de-Vie ; juge que ces matieres font de la competence de Meffieurs les Intendans ; condamne le nommé Loüis Rouffel ci-devant Controlleur des Aydes, & Boüilleur d'Eau-de-Vie, à payer les Droits de détail de quatre mille deux cens dix pots d'Eau-de-Vie, aux déductions portées par l'Arreft ; lui enjoint, & à tous autres particuliers, de quelque qualité & condition qu'ils foient, de fouffrir les Vifites & exercices des Commis, tant qu'ils auront des Eaux-de-Vie en pieces & en cercles, encore bien qu'elles foient declarées pour leur provifion, à peine de cent livres d'amende pour chaque refus, qui demeurera encouruë fur le fimple Prcès verbal des Commis.

Du 30. Janvier 1731.

* Arreft du Confeil, qui caffe une Sentence des Elûs de Falaize, en ce qu'elle avoit admis, avant le recollement & confrontation, des moyens de faux contre un Procès verbal de fraude & rebellion pourfuivi extraordinairement ; un Arreft de la Cour des Aydes de Roüen, qui l'avoit confirmé ; un Decret de prife de corps, prononcé contre les deux Commis qui ont fait ledit Procès verbal ; l'emprifonnement d'un d'iceux, & autres procedures faites en confequence. Ordonne l'execution du Titre 28. de l'Ordonnance Criminelle du mois d'Aouft 1670. & de l'Arrêt du Confeil du 7. Juillet 1719. declare Catherine Lelarge, Veuve de Jean Binet & Gregoire Binet fon fils, Cabaretiers, quant à prefent, non-recevables dans l'inftruction de l'infcription de faux par eux formée contre ledit Procès verbal, fauf à y être fait droit, s'il y écheoit après le recollement & confrontation de ladite Veuve Binet & fon

fils. Cafle un Decret d'ajournement perfonnel contre un
Commis, & un Decret de foit oüi contre trois autres, rendus fur une plainte & information faite à la Requête de ladite veuve Binet & fon fils, pour détruire un procès verbal
de refus de vifite & rebellion rendu contre eux par lefdits
Commis. Cafle un autre Decret de prife de corps rendu contre
Saint-Leger, Controlleur, fur un procès verbal fait contre
lui par le Préfident de l'Election de Falaize pour prétenduës
infultes; renvoye ledit Saint-Leger en état d'ajournement
perfonnel, & renvoye les Parties devant les Officiers de l'E-
lection d'Alençon, pour proceder, tant fur lefdites Inftances,
que fur un autre procèsverbal de fraude indécis en l'Election
Falaize.

Du 30. *Janvier* 1731.

* Arreft du Confeil, qui cafle & annulle un Procès verbal
de defcente fait par le Sieur Morel, Lieutenant General au
Bailliage de Châtillon-fur-Seine, au Fourneau de Villotte le
2. Decembre 1730. enfemble les exercices faits par les Commis par lui prépofés: Declare acquifes & confifquées au profit d'Adrien de la Fofle, Fermier du Droit Domanial fur les
Fers, quatorze Gueufes énoncées audit procès verbal, &
celles coulées audit Fourneau depuis ledit jour 2. Decembre
1730. Condamne Pierre André, Maître de Forges en trois
cens livres d'amende, & ledit Morel, Juge de Châtillon en
cent livres de dommages-interêts envers ledit de la Fofle; lui
fait défenfes, & à tous autres Juges des Jurifdictions ordinaires,
de prendre aucune connoiffance des conteftations nées &
à naître, à l'occafion de la régie & perception defdits Droits,
circonftances & dépendances, à peine d'interdiction.

Du 30. *Janvier* 1731.

* Arreft du Confeil, qui ordonne qu'il fera informé de l'Au-
teur d'un Libelle imprimé, contenant des injures fcanda-
leufes contre les Fermiers des Aydes de Normandie, & de
l'Imprimeur d'icelui; fait défenfes à toutes perfonnes de faire
imprimer de femblables Libelles ni Memoires, & à tous

Imprimeurs d'en imprimer , vendre ou diſtribuer ſans permiſſion , à peine de cinq cens livres d'amende , & de punition corporelle ; ordonne que le Libelle en queſtion ſera
ſupprimé comme ſcandaleux & injurieux , tendant à troubler & empêcher la perception des Droits de la Ferme des
Aydes : Enjoint à toutes perſonnes qui en ont des Exemplaires , de les rapporter au Greffe de l'Intendance de Roüen , à
peine d'être procedé extraordinairement contre eux.

Du 30. Janvier 1731.

* Ordonnance de Monſieur Herault , Lieutenant General
de Police , qui declare bonne & valable une ſaiſie faite ſur
Jean Letot , Marchand Forain , d'un panier de Volailles , &
de deux Paniers de Lapins , pour fauſſe declaration dans la
qualité , & preſcrit la forme des Lettres de Voitures à cet
effet : ordonne la confiſcation des choſes ſaiſies au profit de
Mᶜ Remy Barbier , Fermier des Droits ſur la Volaille & Gibier ; condamne ledit Letot en l'amende , & aux dépens.

Du 30. Ianvier 1731.

Arreſt du Conſeil , qui caſſe & annulle la Sentence des
Elûs de la Ville d'Eu du 29. Avril 1730. qui a déchargé le
Sieur de la Barre , Gendre & Caution du feu Sieur de Marines , ci-devant Directeur des Aydes de l'Election de Li-
zieux , de la demande qui lui étoit faite par Loüis Bourgeois , Fermier General , ſubrogé à Charles Cordier pour
toutes les Fermes régies ci-devant par ledit Cordier ; & condamné ledit Bourgeois aux dépens : Ordonne que les heritiers dudit feu Sieur de Marines , & Antoine de la Barre ſa
Caution , ſeront tenus de payer dans quinzaine du jour de la
ſignification dudit Arreſt , la ſomme de douze cent quarante-
deux livres treize ſols onze deniers à la Caiſſe dudit Loüis
Bourgeois , pour demeurer quitte de pareille ſomme dûë ſur
le compte qui a été rendu par ledit de Marines du produit
de la formule de la cinquiéme année du Bail dudit Bourgeois,
à peine d'y être contraints par les voyes ordinaires & accoutumées , &c.

Du 13. Fevrier 1731.

* Arreſt du Conſeil & Lettres Patentes , *regiſtrées en la Chambre des Comptes le* 4. *Avril* 1731. qui ordonnent que les anciens Titulaires des Offices de Receveurs des Octrois ſupprimés par l'Edit du mois de Juin 1725. qui n'ont fait que partie de l'exercice de ladite année 1725. compteront neanmoins de l'année entiere en la maniere accoutumée , conformément à l'article V. de la Declaration du 15. Janvier 1730. & que dans leurs comptes il ſera fait quatre chapitres de Recette ; le premier , de ce qu'ils ont reçu ſur le produit de ladite année 1725. Le deuxiéme , du ſurplus dudit produit de ladite année , reçu par Nicolas Bouriée , chargé de l'execution de l'Edit du mois de Juin 1725. Le troiſiéme, du montant des taxations ſur ledit ſurplus, qui leur ſeront payées comptant par ledit Bouriée ; & le quatriéme , de ce qui aura été reçu par ledit Bouriée ſur les debets de l'année 1724. &c.

Du 13. Fevrier 1731.

* Arreſt du Conſeil , qui déboute les Habitans d'Hirſon, prenant le fait & cauſe de Jean Lefevre , Hôtelier audit lieu, de leur Requête en oppoſition à celui de la Cour des Aydes du 13. Decembre 1730. par lequel ledit Lefevre a été condamné au payement des Droits de Gros , augmentation , & autres dûs à la vente ſur les Bierres que les nommés Lacanté & Chaſtelain ont declaré fabriquer chez lui pour leur proviſion ; declare l'Arreſt de ladite Cour commun avec les Habitans des autres Elections où leſdits Droits ont cours.

Du 13. Fevrier 1731.

* Arreſt du Conſeil , qui ordonne que les Edits , Declarations , Ordonnances & Reglemens de Police , concernant la fabrication , vente & débit de la Chandelle , & la perception des Droits de Sa Majeſté ſur les Suifs , ſeront executés ſelon leur forme & teneur ; & en conſequence , fait défenſes

à tous Chandeliers, & autres particuliers de quelque état & condition qu'ils soient, de colporter, faire colporter, & d'exposer en vente, soit dans les maisons, ou dans les ruës de la Ville, Fauxbourgs & Banlieuë de Paris, de la Chandelle, pour la vendre & débiter à quelque personne que ce soit, sous aucun prétexte de Privilege ou autrement, soit qu'elle ait été fabriquée dans la Ville de Paris, ou hors d'icelle, à peine de cinq cens livres d'amende, de confiscation des marchandises saisies, ensemble des chevaux, charettes & équipages dont on se servira pour les conduire, même d'emprisonnement des contrevenans.

Du 13. Fevrier 1731.

* Arrest du Conseil, qui ordonne que tous Particuliers, Gens du commun des Villes & Lieux où les Aydes ont cours, seront sujets aux Droits de Détail comme les Cabaretiers, sur les Vins, & autres Boissons qu'ils consommeront au-delà de ce qui est necessaire pour leur provision, eu égard à leur état, condition, famille & impositions à la Taille, ou Capitation, & qui attribuë à Messieurs les Intendans la connoissance des contestations qui pourront naître à ce sujet.

Du 13. Fevrier 1731.

* Arrest du Conseil, qui ordonne que les Acquereurs des Offices sur les Quais, Ports & Halles de Paris, rétablis par Edit du mois de Juin 1730. seront mis en possession des fonctions & Droits y attribués, lorsque tous les Offices auront été acquis; que les Acquereurs des Offices d'une Communauté, dont la totalité n'aura point encore été levée, joüiront seulement de la portion des Droits attachés à leurs Offices; & qu'en attendant que la totalité desdits Offices de chaque Communauté soit levée, Remy Barbier & ses Cautions continueront la perception desdits Droits, à la charge de payer tous les mois à chaque Acquereur d'Office la portion des Droits à lui revenant, &c. *Contenant huit articles.*

Du 13. Février 1731.

* Ordonnance de M. Herault Lieutenant General de Police, qui défend au nommé Noël Rotiſſeur, & à tous autres, de maltraiter, injurier ni troubler les Commis de Remy Barbier, Fermier des Droits ſur la Volaille, dans les fonctions de leurs emplois ; en execution de la Déclaration du Roi du 27. Juin 1716. & de l'Arrêt du Conſeil du 11. Decembre 1722. & en conſequence, condamne ledit Noël en 500. l. d'amende, & aux dépens, au payement deſquelles il ſera contraint, même par corps.

Du 21. Février 1731.

* Arreſt contradictoire de la Cour des Aydes, qui condamne Nicolas Gadebois, Concierge des Priſons de Crécy, à être admoneſté, en trois livres d'aumône, & aux dépens, tant des cauſes principales que d'appel, pour avoir refuſé ſon Regiſtre des Ecrouës aux Commis du Fermier, pour y écroüer un particulier pris en fraude des Entrées, d'avoir injurié les Commis, voulu uſer de voye de fait, & ameuté la populace.

Du 21. Février 1731.

* Ordre & Inſtruction, pour les Receveurs de la Ville & Fauxbourgs de Paris, au ſujet des Bordereaux de Recette & Dépenſes qu'ils ſont en uſage de fournir chaque ſemaine *contenant dix-huit Articles.*

Du 27. Fevrier 1731.

* Arreſt du Conſeil, portant Réglement, ſur les Concluſions que les Procureurs du Roi des Elections doivent donner avant le Jugement des procès, concernant les Fermes des Aydes ; à cet effet fait défenſes aux Officiers des Elections de rendre aucunes Sentences dans leſquelles il s'agira d'amendes & confiſcations, ſans concluſions du Procureur du Roy ; enjoint aux Greffiers d'en faire mention ſur le plumitif, & dans

l'expedition des Sentences , à peine de répondre des dommages & interêts des Parties; enjoint pareillement aux Procureurs
du Roi de se trouver exactement aux Audiences pour y con-
clure ; & en leur absence , à l'Officier de l'Election (dernier
pourvû ,) de faire la fonction de Procureur du Roi, si ce n'est
en cas d'insuffisance du nombre des Juges , auquel cas il sera
commis par les Officiers du Siege pour faire ladite fonction ;
& ayant égard au surplus de la Requête de Charles Boyer ,
Sous-Fermier des Aydes & droits y joints de la Generalité de
Roüen ; renvoye la veuve Jorre & Berquier , en l'Election du Pont-de-l'Arche , pour y proceder sur les procès-
verbaux des 26. Mars 1729. & 24. Fevrier 1730. portant saisie sur ladite Jorre d'une gonne de Bierre, faute de déclaration,
& d'environ un demi-septier d'eau-de-vie , sur Berquier , dis-
semblable à celle de sa Cave.

Du 27. Fevrier 1731.

* Arrest du Conseil , qui déboute les nommés Martin &
Journée , habitans de l'Election de Langres , de leur opposition à l'Arrêt du 5. Decembre 1730 confirmatif de deux Sentences de ladite Election du 15. Juillet de ladite année , par lesquelles ils ont été condamnés en la confiscation des Vins sur
eux saisis & en soixante & quinze livres d'amende , pour avoir
été surpris vendant du vin en détail sans déclaration ; & en outre déclarés non-recevables dans l'Inscription de faux formée
contre les procès-verbaux sur lesquels lesdites Sentences sont
intervenuës : Condamne aussi lesdits Martin & Journée au coût
& sceau dudit Arrêt de débouté , liquidé à soixante-quinze livres.

Du 27. Fevrier 1731.

Arrest du Conseil , qui ordonne sans tirer à consequence ,
qu'outre les mille muids de vin de Privilege accordés à l'Hôpital General de Paris , & dont l'emploi est fait dans l'Etat des
Privilegiés , les Directeurs dudit Hôpital General de Paris ,
pourront dans le cours de l'année , commencée au premier Octobre mil sept cent trente , faire entrer sur leurs
Certificats , cinq cent muids de vin d'augmentation pour

la confommation dudit Hôpital, fans payer aucuns droits tant au Pont de Joigny, qu'aux Entrées de Paris, ni ceux des Droits rétablis dont ils demeureront déchargés en vertu dudit Arrêt, &c.

Du 27. Fevrier 1731.

Arreft du Confeil, qui ordonne que la Requête de Loüis Bourgeois Adjudicataire des Fermes Generales, fera communiquée au fieur Grandval, ci-devant Directeur des Aydes à Mondidier, pour répondre fur les radiations faites dans le compte par lui rendu, de la Recette par lui faite fur le produit des amendes & confifcations depuis le premier Octobre 1723.

Du   Mars 1731.

*   Circulaire inftructive aux Directeurs & autres Employés des Aydes, en confequence de l'Arreft du 13. Fevrier 1731. qui affujettit les Artifans, Manouvriers & Journaliers au payement des Droits de Détail des Vins & autres Boiffons qu'ils auront fait venir au de-là de leur confommation.

Du 6. Mars   1731.

░   Arreft du Confeil & Lettres Patentes fur icelui, regiftrées en Parlement le 4. May 1731. Portant réünion de cent quatre-vingt-cinq Offices fur le Poiffon de mer, frais, fec, fallé & d'eau douce créés par Edit du mois de Juin 1730. aux dix anciens Offices de Vendeurs de Poiffon de mer, frais, fec, fallé & d'eau douce, avec permiffion d'emprunter les fommes neceffaires pour ladite réünion; enfemble la fixation de leur annuel, la confirmation de leurs Privileges, & la joüiffance de deux Minots de franc-fallé, attribués à chacun defdits dix anciens Offices.

Du 7. Mars 1731.

*   Ordonnance de Police, qui ordonne l'execution des Reglemens, concernant le commerce des Beftiaux, en confequence défend à tous Marchands Bouchers d'aller fur les routes

tes

les & au devant des Marchand Forains, pour acheter d'eux des Bestiaux pour les revendre à profit; leur défend aussi d'en acheter ailleurs que dans les Marchés de Sceaux & de Poissy ; enjoint ausdits Marchands Forains de les y conduire directement, à peine de saisie & confiscation desdits Bestiaux , & de cinq cent livres d'amende , tant contre ceux qui les auront vendus , que contre le Marchand Boucher qui les aura achetés ; défend pareillement & sous les mêmes peines aux Marchands Forains de seruir de Commissionnaires aux Marchands Bouchers, & en cette qualité , d'acheter aucuns Bestiaux dans les Foires , pour leurs comptes , ni de les faire conduire directement dans les Bouveries des Bouchers dont ils auront été les Facteurs ou Commissionnaires : Défend en outre à tous Marchands Forains de faire aucuns achats de marchandises de Moutons dans les Fermes des Laboureurs ou Fermiers, dans la distance de vingt lieuës de la Ville de Paris; ordonne que lesdites Marchandises seront conduites aux marchés publics de Sceaux & de Poissy , pour y être venduës , comme destinées pour la provision de Paris, à peine de saisie & confiscation des Moutons , & de trois cent livres d'amende , tant contre ceux qui les auront vendus dans lesdites Fermes, que contre le Marchand Forain qui les aura achetés.

Du 13. Mars 1731.

* Arrest du Conseil, qui ordonne qu'il ne sera payé aucuns Droits de reception, installation ou autrement , par les Acquereurs des Offices créés & rétablis par Edit du mois de Juin 1730. sur les Ports , Quais , Chantiers , Halles , Places , Foires & Marchés de la Ville , Fauxbourgs & Banlieuë de Paris dans quelque Communauté qu'ils puissent entrer.

Des 20. Mars 1731. & 8. Janvier 1732.

* Arrests du Conseil , dont le premier évoque l'Instance appointée en l'Election de Dreux , entre Alexis Baillet Sous-Fermier des Aydes de la Generalité de Paris , & les habitans de la Ville de Dreux opposans aux contraintes des Droits d'Aug-

mentation , Jauge & Courtage des Vins manquans , contre eux décernées ; & faisant droit au principal , ordonne l'execution desdites contraintes , & que conformément à l'Ordonnance de 1680. à la Déclaration du 10, Octobre 1689. & autres Arrêts & Reglemens rendus en conséquence , les habitans de ladite Ville & Election , seront tenus de payer lesdits Droits aux déductions portées par l'Ordonnance.

Et le second , déboute les habitans de ladite Ville & Election , de leur opposition audit Arrêt , & en ordonne l'execution ; casse vingt-une Sentences des Elûs de Dreux & leur enjoint de juger en conformité des Ordonnances & Réglemens , à peine d'interdiction &c. Condamne les particuliers qui ont obtenu lesdites Sentences aux frais faits en l'Election , & les Maire & Echevins de Dreux , au coût dudit Arrêt ; & ordonne qu'il sera enregistré sans frais au Greffe de ladite Election.

Du 10. Mars 1731.

* Ordonnance de M. Herault Lieutenant General de Police , qui défend au nommé Rabans Maître Rotisseur , Regratier sur le careau de la Vallée , à sa femme & à tous autres , d'insulter ni troubler les Commis de Remy Barbier , Fermier des Droits sur la Volaille , dans les fonctions de leurs emplois & ce sur les peines portées par les Reglemens , qui seront executés selon leur forme & teneur ; & pour y avoir contrevenu , condamne ledit Rabans & sa femme solidairement , en cinquante livres de dommages & interêts , & en cinq cens livres d'amende , au payement desquelles sommes , ils seront aussi solidairement contraints , même le mari par corps , comme pour les affaires du Roy , & aux dépens.

Du 21. Mars 1731.

* Ordonnance de Police , concernant la Jurisdiction de M. le Lieutenant General de Police , & le droit de possession où il est de connoître seul des Marchandises de Foin pour la provision de Paris , à l'exclusion des Officiers du Bureau de l'Hôtel de Ville & de tous autres.

Du 27. Mars 1731.

* Arrest du Conseil , & Lettres Patentes fur icelui , *regif-trées à la Cour des Aydes de Paris, le 19. Septembre fuivant :* Qui ordonnent l'execution de l'article premier du Titre IV. des Entrepôts & du Barillage de l'Ordonnance des Aydes du mois de Juin 1680. & cependant permettent la décharge des Vins dans les Ports de Choify, le Port-à-l'Anglois, Charenton , les Carrieres & autres lieux fitués dans les trois lieuës des environs de Paris , & même de les y laiffer féjourner , à la charge tou-tefois par les Voituriers ou Proprietaires , de faire (avant la décharge) leurs déclarations au Bureau , d'y remettre les Con-gés ou les Lettres de Voitures , & de fouffrir la marque des Commis fur lefdits Vins , & la démarque lors de l'enlevement, lequel enlevement ne pourra être fait lorfque les Vins arrivés par eau , auront féjourné plus de huit jours , & ceux venus par terre plus de trois , qu'après que les Voituriers , Proprietai-res ou autres perfonnes folvables auront fourni une foumiffion de rapporter dans quinzaine un certificat des Commis du lieu de la deftination ; portant que le Vin y eft arrivé , à peine de confifcation de la jufte valeur , & de cent livres d'amende ; permettent au Fermier des Aydes du plat pays de Paris d'éta-blir dans les Villes & Paroiffes d'Arpajon , Ablon, Villeneuve, Charenton & autres lieux fitués à l'entrée & fur les routes du plat pays, des Bureaux dans lefquels les Voituriers par terre , qui conduiront des Vins, Cidres & Poirés feront tenus, à peine de confifcation & de cent livres d'amende , de faire déclara-tion des Boiffons & d'en remettre les Congés aux Commis , qui leur délivreront fur le champ & fans frais ni retard , des Laiffez-paffer, pour les conduire à leur deftination; permettent auffi audit Fermier de percevoir dans lefdits premiers Bureaux, les Droits de Gros, & Augmentation fur tous lefdits Vins , Cidres , Poirées & Bierres venants des pays exempts defdits Droits, qui feront deftinés pour les lieux fitués dans le plat païs foit pour des Bourgeois ou pour des Cabaretiers , à peine de confifcation contre les Voituriers qui auront paffé les Bureaux fans déclaration & pour affurer davantage le payement defdits

D ij

Droits, ordonnent aux Proprietaires ou Voituriers de justifier aux Commis du Bureau du lieu de la destination, avant la décharge & encavement des Boissons, de la quittance du payement qui aura dû être fait au premier Bureau, à peine de confiscation du Vin qui aura été encavé, & de cent livres d'amende contre ledit Proprietaire, &c.

Du 27. Mars 1731.

* Arrest du Conseil, qui déboute Catherine Lelarge, veuve de Jean Binet, & Gregroire Binet son fils, Cabaretier à Falaize, de l'opposition qu'ils ont formée à l'Arrêt du Conseil du 30. Janvier 1731. qui avoit cassé la Sentence des Elûs de Falaize du 6. Juillet 1729. l'Arrêt de la Cour des Aydes de Roüen du 30. Juillet 1730. Décrets de prise de corps, Emprisonnemens de Commis & autres procedures faites en consequence, les avoit déclarés non-recevables dans l'Instruction de leur Inscription de faux contre un Procès-verbal des Commis, pour fraude & rebellion, poursuivis extraordinairement en l'Election de Falaize, sauf à y être fait droit, s'il y écheoit, après le recollement & la confrontation de ladite veuve Binet & son fils; & les condamne au coût dudit Arrêt liquidé à soixante & quinze livres.

Du 27. Mars 1731.

* Arrest du Conseil, qui casse sept Sentences de l'Election de Falaise, par six desquelles les Fraudeurs avoient été renvoyés des amendes & confiscations par eux encouruës, & par une d'icelles, l'amende pour vente de Boissons à Muchepot, avoit été moderée à trente livres : Condamne lesdits Fraudeurs aux amendes portées par l'Ordonnance & les Réglemens, & en la confiscation des Boissons saisies par les Procès-verbaux des Commis: Enjoint aux Officiers de ladite Election de se conformer à l'avenir aux Ordonnances, Edits, Déclarations, Lettres Patentes & Arrêts, & de prononcer les amendes portées par iceux; & aux Greffiers tant de ladite Election de Falaize, que des autres Elections de la Province de Nor-

mandie, de mettre dans les Sentences les noms des Officiers qui auront assisté aux Jugemens, ou des Gradués qui auront été appellés en l'absence des Officiers, & ce à peine d'interdiction & de mille livres d'amende, qui demeurera encouruë à la premiere contravention : Et ordonne que ledit Arrêt sera enregistré sans frais au Greffe de l'Election de Falaize & autres de la Province de Normandie, &c.

Du 27. Mars 1731.

* Arrest du Conseil, Portant que les Fermiers des Droits sur les Papier & Parchemin timbrés, seront tenus de timbrer gratuitement le papier qui leur sera fourni par les Officiers des Bailliages, Sénéchaussées & autres Justices royales ou subalternes, pour en composer des Registres, sur lesquels seront transcrits les Edits, Declarations, Ordonnances & Lettres Patentes envoyés par les Cours.

Du 18. Avril 1731.

* Arrêt de la Cour des Aydes de Paris, qui infirme une Sentence des Elûs de Château-Thierry, en ce qu'au premier chef elle avoit déchargé les habitans de ladite Ville & Fauxbourgs, des Droits de Gros & autres y joints, des vins de leur crû & manquans à déprier des Inventaires faits dans les Paroisses de ladite Election, & qu'ils feroient entrer & consommer dans ladite Ville & Fauxbourgs, & la confirme au second chef, en ce qu'elle les avoit condamnés à payer lesdits Droits de Gros & autres y joints, des Vins provenans des Vendanges, Cuvés, Pressoirés & entonnés dans ladite Ville & Fauxbourgs, & manquans à déprier desdits Inventaires faits dans iceux ; & en consequence condamne lesdits habitans à payer en l'un & l'autre cas, lesdits Droits & autres y joints des vins manquans à déprier desdits Inventaires qui y seront faits & continués, jusqu'à ce que les bréches de ladite Ville ayent été reparées, & qu'il apparoisse par un Procès-verbal du Commissaire départi en la Generalité de Soissons, que les Vins & Vendanges ne peuvent entrer ni sortir de ladite Ville, que par les Portes d'icelle, &c.

Du 24. Avril 1731.

Arreſt du Conſeil, qui ordonne avant faire droit ſur la Requête préſentée par Pierre Carlier, Fermier General des Fermes-Unies, tendante à faire condamner le ſieur François de Guyounet de Montbalin, Seigneur de Lord à la confiſcation de pluſieurs Bariques de Vin de Bordeaux & de Graves ſur lui ſaiſis, par procès-verbal des Commis du Village de Paſſy, & en l'amende de cent livres faute de déclaration & de payement des Droits de Gros & Augmentation, qu'elle ſera communiquée audit ſieur Guyounet de Lord, pour y fournir de réponſe dans un mois; ſinon & à faute par lui de répondre dans ledit tems, être fait droit ainſi qu'il appartiendra, toutes choſes cependant demeurans en état, &c.

Du 27. Avril 1731.

* Arreſt de la Cour des Aydes; rendu en faveur de Pierre le Vaſſeur Maître Tonnellier à Paris; & qui fait défenſes aux Commis des Braſſeurs, de ſe tranſporter chez des particuliers autres que leſdits Braſſeurs, ſans l'aſſiſtance ou permiſſion du Juge.

NOTA. Cet Arreſt a été caſſé par un ſubſequent du Conſeil.

Du premier Mai 1731.

Arreſt du Conſeil, qui omologue la Déliberation priſe par la Communauté des Braſſeurs le ſept Avril 1731. ordonne qu'elle ſera executée, & conformément à icelle, que tous les Braſſeurs Privilegiés & non Privilegiés, dans la Ville & Fauxbourgs de Paris, ſans aucuns excepter, même les veuves & autres qui pourroient braſſer ſans qualité, & dans des lieux prétendus Privilegiés, enſemble ceux qui pourront s'établir par la ſuite, ſeront tenus de payer à la Caiſſe de ladite Communauté, outre les Droits ordinaires & accoutumés, quarante ſols par chacun muid de Bierre, & pour les autres vaiſſeaux à proportion, pour en compter, ainſi que des autres Droits, par le Caiſſier en l'acquit de la Communauté, ſans que les deniers puiſſent être divertis ni employés à aucuns autres uſages, lequel Droit de cotiſation de quarante

ſols par muid de Bierre , & à proportion ſur les autres vaiſſeaux , ſera payé , à compter du premier Janvier 1731. & continuera pendant ſix années. Fait défenſes au Caiſſier de ladite
Communauté de faire aucuns payemens , que les ordres ne
ſoient ſignés de ceux qui ſont chargés du ſoin de la regie &
adminiſtration des Droits ſur les Bierres.

Du premier Mai 1731.

* Arreſt du Conſeil, qui caſſe un Arreſt de la Cour des Aydes
de Paris , & condamne le Sʳ Marquis de Sevret, Gentilhomme
de Xaintonge, à payer l'annuel à raiſon de ſept livres ſeize ſols
pour chacune des années 1726. & 1727. & à payer ledit
Droit pour les années ſuivantes , dans leſquelles il a converti & convertira les Vins de ſon crû en Eau-de-Vie ; le
condamne pareillement à ſouffrir les Viſites , Marques &
Exercices des Commis , & aux dépens faits tant en l'Election
qu'en la Cour des Aydes.

Du 10. Mai 1731.

* Arreſt de la Cour des Aydes , qui permet à Pierre Carlier, Fermier General, de faire aſſigner en ladite Cour qui bon
lui ſemblera ; ordonne l'execution de l'Ordonnance des Aydes 1680. & des Arreſts & Reglemens concernant les Declarations & Lettres de Voitures : Enjoint à tous Notaires,
Tabellions & Greffiers , & autres perſonnes publiques qui
paſſeront des Declarations & Lettres de Voitures de les faire
ſigner aux Parties ſi elles ſçavent ſigner ; & au cas qu'elles
ne le ſçachent pas , d'en faire mention , à peine de nullité
deſdites Declarations & Lettres de Voitures , de confiſcations des Vins & Boiſſons , & de cent livres d'amende , &
d'être leſdits Notaires, Tabellions, Greffiers , & autres perſonnes publiques , perſonnellement garands & reſponſables
des confiſcations, amendes , dommages & interêts qui pourroient être prononcés contre les Proprietaires & Voituriers,
& des dommages & interêts du Fermier.

Du 22. Mai 1731.

Arreſt du Conſeil, qui ordonne qu'en payaht par les ſix Vendeurs , Controlleurs & Aydes aux Vendeurs de Poiſſon dans la Ville de Roüen, la ſomme de trente mille livres par forme de ſupplément de finances , ſuivant leur ſoumiſſion du 26. Avril 1731. entre les mains du Tréſorier General des Revenus Caſuels , ils ſeront rétablis dans les fonctions de leurs Offices , & joüiront des privileges , franchiſes, immunités & exemptions y attribués, comme avant l'Arreſt du 24. Fevrier 1720. & ſous la condition expreſſe , que les Officiers ne percevront qu'un ſol pour livre de la vente qui ſe ſera du Poiſſon de mer frais & d'eau douce dans la Poiſſonnerie de ladite Ville de Roüen , de la maniere qu'il ſe perçoit actuellement , en conformité de l'Ordonnance du Sieur de Gaſville , Intendant de ladite Generalité du 6. Mars 1720.

Du 22. Mai 1731.

Arreſt du Conſeil , qui liquide à la ſomme de quatre millions de livres l'indemnité düe à Pierre Carlier pour chacune des deux dernieres années qui reſtent à expirer de ſon Bail, à commencer du premier Octobre 1730. pour lui tenir lieu des Droits des Traites de la Ferme Generale , & attribués aux Offices créés par Edit du mois de Juin 1730. de laquelle ſomme ſera fait fonds dans la dépenſe des Etats de Sa Majeſté de chacune deſdites deux années , & icelle paſſée & alloüée ſans difficulté dans les Etats au vrai & comptes que ledit Carlier rendra au Conſeil , & en la Chambre des Comptes de Paris pour leſdites deux années &c.

Du 29. Mai 1731.

Arreſt du Conſeil, qui liquide l'indemnité düe à Nicolas Deſboves , à la ſomme de quatre millions de livres pour chacune

cune des six années du Bail dudit Desboves, à commencer
du premier Octobre 1730. de laquelle somme sera fait fonds
dans la dépense des Etats de Sa Majesté de chacune desdites
six années, & icelles passées & alloüées sans difficulté dans
les Etats au vrai & comptes que ledit Desboves rendra au
Conseil, & en la Chambre des Comptes de Paris, du prix
de son Bail desdites six années, & ce pour lui tenir lieu des
Droits distraits des Fermes Generales & attribués aux Officiers
créés par Edit de Juin 1730.

Du 29. Mai 1731.

* Arrest du Conseil, qui ordonne que les Freres de l'Hôpital Royal des Quinze-Vingts, & tous autres qui vendront des
Vins, Bierres, Eaux-de-Vie & autres Boissons, tant en Gros
qu'en détail dans l'Enclos dudit Hôpital, seront tenus de faire
leurs declarations, & payer le Droit Annuel, conformément
à l'Arrest du Conseil, & Lettres Patentes des 29. Mars &
3. Avril 1721. à l'effet de quoi les Commis de Pierre Carlier,
Adjudicataire des Fermes Generales, pourront, conformément à l'Article VII. dudit Arrest & Lettres Patentes, faire
les Visites necessaires dans l'Enclos & dépendances dudit
Hôpital, pour connoître les contraventions, sans qu'il soit
besoin d'Ordonnance de Justice, en representant par eux
leurs Commissions, & que la Sentence renduë contre le
Frere Masson, sera executée selon sa forme & teneur.

Du 29. Mai 1731.

* Arrest du Conseil, qui décharge Pierre Carlier, Adjudicataire des Fermes Generales, de l'assignation à lui donnée en la
Chambre du Domaine à Paris, à la Requête des Religieux
de l'Abbaye de S. Germain des Prez; Casse la Sentence de
ladite Chambre du 20. Janvier 1701. qui avoit maintenu lesdits Religieux en la possession & joüissance de l'exemption
des Droits de Domaine & Barrage pour les Denrées provenant de leur crû; ordonne l'execution de la Declaration du

17. Septembre 1692. & des Arrests rendus en consequence, & que lesdits Religieux seront tenus de continuer à payer les Droits de Domaine & Barrage des Denrées qu'ils feront entrer pour leur provision & consommation, soit qu'elles procedent de leur crû ou d'achat.

Du 29. Mai 1731.

* Arrest de la Cour des Aydes, qui déclare Jean Troisvalets, ci-devant Buraliste des Aydes à Carnetin, Election de Meaux, atteint & convaincu d'avoir prévariqué & malversé dans l'exercice de sa Commission, en ne portant point plusieurs Congés & Quittances des Droits d'Aydes au nombre de cent quarante-quatre, sur les Registres de Gros par lui tenus, depuis l'année 1720. jusqu'à 1730. D'avoir au moyen de ces obmissions & soustractions, volé à Alexis Baillet, Fermier des Aydes de la Generalité de Paris, & autres précedens Fermiers, la somme de neuf cens quatre-vingt-seize livres quatorze sols cinq deniers, pour réparation de quoi ledit Troisvalets est condamné à être appliqué au Carcan de la Place du grand Marché de la Ville de Meaux, le jour du plus prochain Marché, le tems & espace de deux heures, avec Ecriteau devant & derriere lui, ou seront écrits ces mots (*Buraliste, Voleur & Prévaricateur,*) ce fait, banni à perpetuité du Ressort de ladite Election, lui enjoint de garder son Ban, sous les peines des Ordonnances, à dix livres d'amende envers le Roi, à restituer audit Baillet la somme de trois mille neuf cens quatre vingt-six livres 17. sols 8. deniers pour le quadruple de celle de neuf cens quatre-vingt-seize livres 14. sols 5. deniers, & aux dépens des causes principales & d'appel ; & ordonne que ledit Arrest sera affiché dans les Paroisses de ladite Election ou il y a Bureau.

Du　　Mai 1731.

* Circulaire instructive aux Directeurs des Aydes, sur l'execution de l'Arrest du 27. Mars 1731. qui leur ordonne de faire timbrer gratuitement le papier destiné aux Registres qui

seront employés par les Officiers des Bailliages, Senéchauſ-
ſées & autres Juſtices Royales ou Subalternes, à tranſcrire les
Ordonnances, Edits, Declarations & Lettres Patentes qui
leur seront envoyées par les Cours.

Du 5. Juin 1731.

* Arreſt du Conſeil, portant qu'il ne ſera fait aucune nouvelle plantation de Vignes dans l'étenduë des Provinces &
Generalités du Royaume; & que celles qui auront été deux
ans ſans être cultivées, ne pourront être rétablies ſans une
permiſſion expreſſe de Sa Majeſté, à peine de trois mille livres d'amende, & de plus grande, s'il y écheoit, contre les
Proprietaires, & tous autres particuliers qui contreviendront
aux diſpoſitions dudit Arreſt;laquelle permiſſion ne ſera accordée, qu'au préalable le Sieur Intendant & Commiſſaire départi dans la Province ou Generalité, n'ait fait verifier le terrain, pour connoître s'il n'eſt pas plus propre à autre culture
qu'à être planté en Vignes; ordonne en outre aux Syndics
de chaque Paroiſſe de veiller aux contraventions qui pourroient être faites, & de dénoncer auſdits Sieurs Intendans
les contrevenans, à peine de deux cens livres d'amende pour
chacune des contraventions qui seront découvertes, dont ils
n'auront pas donné avis.

Du 18. Iuin 1731.

Sentence de l'Election de Paris, qui declare quatre-
vingt-deux demi-queuës de Vin ſaiſies ſur le nommé
Henry Grognet, Tonnelier, demeurant à Vaugirard, par Procès verbal du 21. Mai 1731. acquiſes & confiſquées au Roy
au profit de Pierre Carlier, Fermier General des Fermes
Royales-Unies de France; condamne ledit Grogner à cent
livres d'amende par corps & aux dépens, à la repreſentation
deſquelles quatre-vingt-deux demi-queuës de Vin, ſera ledit
Grognet contraint & par corps, quoi faiſant, il en ſera &
demeurera bien & valablement quitte & déchargé.

E ij

Du 25. Iuin 1731.

*   Ordonnance de Meſſieurs les Prevôt des Marchands & Echevins de la Ville de Paris , qui condamne François Villiot , Marchand de Bois , & par corps, en cinquante livres d'amende & aux dépens , pour avoir troublé, injurié & menacé le Sieur le Moyne, Commis de Remy Barbier , Adjudicataire de la Ferme des Droits rétablis dans ſon Bureau du Bois quarré ; & défend audit Villiot de récidiver , ſous plus grandes peines.

Du 26. Iuin 1731.

*   Arreſt du Conſeil , qui, entr'autres choſes, ordonne que tous Boüilleurs , qui déclarent ceſſer de boüillir , & ont des Eaux-de-Vie chez eux , ſeront tenus de ſouffrir les Viſites , Exercices & Marques des Commis , conformément aux Reglemens , & ſous les peines y portées , juſqu'à l'entiere conſommation des Eaux-de-Vie ; & que l'Arreſt ſera enregiſtré ſans frais dans les Elections de la Province de Normandie.

Du 26. Juin 1731.

*   Arreſt du Conſeil , qui caſſe un Sentence du Juge de la Marque des Fers de Poitiers du 27. Juillet 1729. en ce qu'elle ordonnoit que les deniers qui avoient été conſignés par le Sieur Germain, Marchand de Fer au Bourg des Herbiers en bas Poitou, entre les mains du Receveur du Bureau de Montaigu , fuſſent mis en celles du Greffier de la Juriſdiction , pour y reſter juſqu'au Jugement du Procès ; fait défenſes audit Juge & à tous autres Juges des Fermes, d'ordonner le dépôt des deniers , dont la conſignation eſt faite ou ordonnée en d'autres mains qu'en celles des Receveurs & Prépoſés, ſur leurs Quittances, à la Caution des Baux , & aux Greffiers des Juriſdictions des Fermes , & à tous autres de recevoir de pareils dépôts , conformément à l'Ordonnance ; ordonne la reſtitution de la ſomme conſignée audit Germain ſans aucuns frais , &c.

Du 3. Juillet 1731.

* Arrest du Conseil, qui maintient & garde les Religieux Cordeliers de la Ville de Romans, conformément aux Lettres Patentes du mois d'Octobre 1716. dans l'exemption de tous Droits d'Octrois sur les Denrées néceffaires pour la provision de leur Couvent , à l'exception de six deniers pour Droit de Pâtureffe & Poids de chaque septier de Grain, que le Boulanger defdits Religieux convertira en pain ; défend aux Adjudicataires defdits Octrois d'exiger defdits Religieux aucun autre Droit , à peine de tous dépens , dommages & interêts , & ordonne la reftitution des fommes que lefdits Religieux peuvent avoir payé pour d'autres Droits.

Du 13. Iuillet 1731.

* Arreft de la Cour du Parlement , qui condamne Pierre de Villemont, Compagnon Voiturier de Vins par terre , au Carcan pendant trois jours, pour avoir piqueté des tonneaux de Vins , & les avoir remplis d'eau , avec Ecriteaux devant & derriere , portant ces mots, *Chartier Picqueteur de Vins.*

Du 17. Juillet 1731.

* Arreft du Conseil, qui ordonne l'execution de l'Art. III. du Tit. IV. des Entrepôts & du Barillage de l'Ordonnance des Aydes, caffe un Arreft de la Cour des Aydes du deux Juin mil sept cent trente-un , par lequel les Parties avoient été mifes hors de Cour & de Procès fans dépens ; condamne en cent livres d'amende , & aux dépens faits, tant en l'Election, qu'en la Cour des Aydes Henry Pigalle demeurant au Fauxbourg de Gloire fur l'Entrée , qui avoit pris le fait & caufe de fa fille arrêtée avec une groffe bouteille de terre pleine de Vin qu'elle apportoit du Plat - Pays , Taillable fur l'Entrée, en fa maifon fous fa juppe, & qu'elle caffa fur le pavé à la vûë des Commis de la Barriere.

Des 17. Juillet & 11. Septembre 1731.

Deux Arrests du Conseil, le premier ordonne l'execution de l'Article IX. du Titre II. de la Vente du Vin en détail, de l'Ordonnance des Aydes de 1680. casse & annulle l'Arrest de la Cour des Aydes du 22. Juin precedent ; confisque pour fraude de remplage sur Etienne Sellier, Cabaretier aux Porcherons, une demi-queuë de Vin, & un Entonnoir ; & le condamne en cent livres d'amende & aux dépens, faits tant en l'Election qu'en la Cour des Aydes. Et le second, déboute ledit Sellier de son opposition, & le condamne au coût d'icelui, liquidé à quarante livres.

Des 17. Juillet & 2. Octobre 1731.

* Deux Arrests du Conseil, dont le premier casse & annulle celui de la Cour des Aydes du 8. Juin 1731. confisque sur Jacques Troupeau & sa femme, Cabaretiers aux Porcherons, trois Demi-Queuës de Vin rapés-copeaux trouvées remplies, un Entonnoir de fer blanc, & une Demi-Queuë de Vin percée à canelle, au tiers restant, trouvée au deuxiéme étage, cachée sous une Tapisserie ; & le condamne solidairement en cent livres d'amende, & aux dépens faits tant en l'Election qu'en la Cour des Aydes.

Et le second, déboute lesdits Troupeau & sa femme de leur opposition, & les condamne au coût d'icelui, liquidé à quarante livres.

Nota. *Troupeau & sa femme avoient soutenu le procès verbal nul, pour avoir été fait un jour de Fête solemnelle pendant le Service Divin ; les Elûs l'avoient declaré tel, & condamné le Fermier aux dépens. Sur l'appel du Fermier, la Cour des Aydes avoit ordonné l'execution de l'Article IV. du titre II. de la Vente en Détail de l'Ordonnance de 1680. qui permet aux Commis d'entrer dans les maisons des vendans vin en détail, même aux jours de Fêtes & Dimanches, hors les heures du Service Divin ; & sur l'appel & demande du Fermier, mis les Parties hors de Cour & de Procès sans dépens.*

Du 18. Juillet 1731.

* Arreſt de la Cour des Aydes en faveur du Sieur Charles Sicaud, Ecuyer, Sieur de Courtines, Receveur General des Aydes de Lyon, contre Germain Fortier, Receveur Particulier des Aydes au Département de S. Genis-Laval en Lyonnois, lequel eſt déclaré Retentionnaire ſur ſa recette envers Alexandre Legrand, Sous-Fermier des Aydes de la Generalité de Lyon, & eſt condamné à un banniſſement perpetuel du reſſort de l'Election de Lyon, pour avoir employé en dépenſe un Recepiſſé qui avoit ſervi précedemment à faire quittancer ſes Regiſtres.

Du 8. Aouſt 1731.

* Ordonnance de Meſſieurs les Prevoſt des Marchands & Echevins de la Ville de Paris, portant que les Marchands de Bois à bâtir, ouvrés & à ouvrer, ſciage & charonnage, ſeront tenus de tirer de l'eau leurs Bois quinze jours après l'arrivée d'iceux; & que faute par leſdits Marchands d'y ſatisfaire dans ledit tems, il ſera permis à Remy Barbier, Fermier des Droits rétablis, ou à ſes Commis, de faire tirer les Bois, & d'en avancer les frais, au rembourſement deſquels les Marchands ſeront ſolidairement contraints.

Du 4. Septembre 1731.

* Arreſt contradictoire du Conſeil, qui déboute le Sieur Marquis du Sevret, Gentilhomme de Xaintonge, de l'oppoſition par lui formée à l'Arreſt du Conſeil du premier Mai 1731. qui, entr'autre choſe, caſſe un Arreſt de la Cour des Aydes de Paris, & le condamne au payement du Droit Annuel pour les années où il a converti & convertira les Vins de ſon crû en Eau-de-Vie; pareillement à ſouffrir les Viſites, Marques & Exercices des Commis, & aux dépens faits tant en l'Election de Xaintes qu'en la Cour des Aydes, & au coût de l'Arreſt de débouté, liquidé à ſoixante-quinze livres.

Du 7. Septembre 1731.

* Tarif des Gages que prendront les Commis des Portes &
Barrieres des Entrées de Paris pour la sureté des Droits de
la Volaille qui entrera par leur Bureau en détail, & même
en gros, lorſque ce ſera des Marchands qu'ils ne connoîtront point pour Forains qui menent ordinairement des marchandiſes ſur le Carreau de la Vallée.

Du 11. Septembre 1731.

* Arreſt du Conſeil, qui déboute le nommé Sellier, Cabaretier aux Porcherons, de l'oppoſition par lui formée à l'e-
xecution de celui du 17. Juillet précédent, par lequel en
ordonnant l'execution de l'Art. IX. du titre II. de la vente
en détail de l'Ordonnance des Aydes de 1680. a caſſé un Arreſt de la Cour des Aydes du 22. Juin 1731. confiſqué, pour
fraude de remplage, une Demi-Queuë de Vin & un Entonnoir ſaiſis ſur ledit Sellier, le condamne en cent livres d'a-
mende & aux dépens faits tant à l'Election qu'à la Cour des
Aydes; le condamne en outre au coût dudit Arreſt de débouté, liquidé à quarante livres.

Du 11. Septembre 1731.

* Arreſt du Conſeil, qui ordonne que les Receveurs des
Tailles ſeront tenus de délivrer aux Collecteurs d'icelles des
Quittances en papier timbré, à raiſon de douze par an, pour
chacune des Paroiſſes dont leur Election eſt compoſée, dont
ſix ſeront à la charge des Collecteurs, & ſix autres à celle des
Receveurs; les décharge du Droit du Timbre des Quittances qu'ils pourront leur délivrer en papier non timbré au-
delà de ce nombre; leur enjoint de prendre au Bureau du
Fermier des Formules, en une ſeule fois dans le quartier
d'Octobre de chacune année, la quantité du papier timbré
qui leur ſera neceſſaire pour leſdites Quittances, dont ils
prendront un Certificat du Directeur ou des Commis, &
leur

leur en laifferont une Ampliation fignée d'eux, à l'effet de jufti-
fier qu'ils en auront pris la quantité portée par ledit Arreft.
Permet au Fermier defdits Formules d'ajouter au timbre
d'icelles une legende qui déterminera l'ufage defdites Quittances ; & fait défenfes à toutes perfonnes de s'en fervir à
aucun autre , à peine de trois cens livres d'amende pour
chacune contravention.

Du 11. Septembre 1731.

Arreft du Confeil, qui ordonne que par provifion ; & en
attendant qu'il y ait été pourvû dans la forme ordinaire par
l'Affemblée generale du Clergé, il fera dans un mois du jour
de la fignification d'icelui, arrêté par les Sieurs Evêques de
Clermont & de Saint Flour , & par leurs Bureaux Diocefains, que Sa Majefté a autorifés chacun en ce qui concerne
fon Diocefe , un Rolle ou Etat de repartition fur tous les
Ecclefiaftiques , Corps ou Communautés Seculieres ou Regulieres qui compofent le Clergé defdits Dioceses, la fomme
de foixante-trois mille fix cens cinquante-cinq livres dix fols
huit deniers pour ce qui eft dû par ledit Clergé depuis le
premier Avril 1722. jufques & compris le dernier Septembre 1731. pour fa cotte-part dans l'abonnement des Droits
de Courtiers-Jaugeurs & Infpecteurs aux Boiffons & aux
Boucheries ; ordonne en outre, qu'à l'avenir, à commencer
en l'année 1732. & auffi long-tems que lefdits Droits auront
lieu, & que ledit abonnement fubfiftera dans la Generalité
de Clermont il fera arrêté par lefdits Sieurs Evêques
& leurs Bureaux Diocefains , un Rolle ou Etat de
repartition au mois de Janvier de chaque année , de la fomme à laquelle la cotte - part du Clergé defdits Dioceses
aura été fixée par l'Etat des impofitions de ladite Generalité,
pour raifon dudit abonnement ; pour en être le recouvrement fait, & le fonds remis d'année en année aux Receveurs Generaux des Finances , le tout dans la forme ci-deffus
ordonnée, & que lefdits Ecclefiaftiques , Beneficiers, Corps
& Communautés Seculieres & Regulieres qui compofent le
Clergé defdits Dioceses , feront contraints , fi befoin eft ,

chacun en droit foi, par toutes voyes dûës & raifonnables, même par faifie des revenus de leur temporel, au payement des fommes pour lefquelles ils feront employés dans lefdits Rolles ou Etats de repartition, &c.

Des 11. *Septembre &* 4. *Decembre* 1731.

* Arrefts du Confeil, le premier caffe celui de la Cour des Aydes de Paris du 7. Avril 1731. par lequel elle avoit annullé le procès verbal dreffé par les Commis prépofés par le Fermier des Droits fur les Bierres de la Ville de Paris, contre Pierre Levaffeur, Maître Tonnelier, furpris braffant de laBierre fans declaration, & avoit fait défenfes auxCommis de fe tranfporter chez les particuliers fans affiftance ou permiffion du Juge ; ledit Arreft du Confeil confirme la Sentence renduë en l'Election de Paris le 13. Fevrier 1730. par laquelle pour cette contravention, Levaffeur a été condamné en cent livres d'amende, en la confifcation de la Chaudiere, des Uftenfiles & des Matieres qui fe font trouvées en iceux, faifis par ledit procès verbal, & aux dépens.

Et le fecond, déboute Levaffeur de fon oppofition, & le condamne au coût d'icelui, liquidé à quarante livres.

Du 18. *Septembre* 1731.

* Arreft du Confeil, qui continuë jufqu'à ce qu'il en foit autrement ordonné, la levée & perception des Droits refervés aux Hôpitaux dans la Generalité de Paris ; & fixe les fommes & Droits qui feront payés dans chaque endroit fur les Vins & autres Denrées & Marchandifes.

www.ingramcontent.com/pod-product-compliance
Lightning Source LLC
LaVergne TN
LVHW010955180726
843502LV00004B/1201